HEYNE FILMBIBLIOTHEK

W0087803

MARCELLO
MASTROIANNI

Seine Filme – sein Leben

von CLAUDIO G. FAVA
und MATHILDE HOCHKOFLER

Deutsche Erstveröffentlichung

WILHELM HEYNE VERLAG
MÜNCHEN

HEYNE FILMBIBLIOTHEK
Nr. 32/122

Herausgeber: Bernhard Matt

Titel der Originalausgabe:
Claudio G. Fava / Matilde Hochkofler:
Marcello Mastroianni
Aus dem Italienischen übersetzt von Gabriele von Groll-Ysenburg

Redaktion: Cornelia Zumkeller

Copyright © 1988 by Wilhelm Heyne Verlag GmbH & Co. KG, München
und Autor
Copyright © 1982 by Gremese Editore, Rom
Umschlagfoto: Stiftung Deutsche Kinemathek, Berlin
Rückseitenfoto: Archiv Dr. Karkosch, Gilching
Innenfotos: Archiv Lothar Just, München; Bildarchiv Engelmeier, München;
Keystone Pressedienst, Hamburg; Archiv Dr. Karkosch, Gilching;
Stiftung Deutsche Kinemathek, Berlin; Süddeutscher Verlag, Bilderdienst, München;
Ullstein Bilderdienst, Berlin
Umschlaggestaltung: Atelier Ingrid Schütz, München
Printed in Germany 1988
Satz: Fotosatz Völkl, Germering
Druck und Verarbeitung: Ebner Ulm

ISBN 3-453-02625-X

Inhalt

Das bereitwillige Talent
eines unfreiwilligen »Schönen«
7

Eine Unterredung mit Marcello,
einem superaktiven, faulen Menschen
23

Sein Leben
61

Filmographie
87

Filmregister
312

Das bereitwillige Talent eines unfreiwilligen »Schönen«

Am Anfang war da ein gutaussehender junger Mann südländischen Typs, lässig und doch zu allem bereit; ein Römer aus dem Volke, der sich mit netten Diebinnen und naiv-schlauen Modistinnen herumschlägt; ein Schauspieler mit beachtlicher Theatererfahrung, der ohne viel Aufsehen, aber mit ständig wachsendem Erfolg zum Film hinüberwechselt. Später dann der Haushofmeister fellinischer Träume; beeindruckender Hauptdarsteller in einigen der wichtigsten italienischen Filme der 60er Jahre; für einige Zeit ein fröhlicher »Abtrünniger«, der sich nach Frankreich absetzt und dann in die Heimat zurückkehrt – mit gelegentlichen transalpinen Abstechern unter der Regie Ferreros. Heute, gealtert, aber nicht zu sehr, ein Darsteller, der noch immer glaubwürdig die Rolle des reifen Liebhabers spielen kann – die verständnisvolle, dem Zauber junger Mädchen aber völlig ausgelieferte Vaterfigur; des sechzigjährigen Italieners, der leicht verunsichert und verstört den unerbittlichen Wandel der bürgerlichen Gesellschaft erlebt – einer Gesellschaft, die ihn als eine intellektuelle, gutbürgerliche Version jenes hausgemachten Starmodells aufgenommen hatte, das eine kurze Zeit auch das Markenzeichen des gutaussehenden, wenn auch nicht gerade begnadeten Schauspielers Maurizio Arena war. Gleichzeitig – eher durch Talent denn durch Neigung – ein Schauspieler von internationalem Format. Einer der wenigen, wenn auch nicht der einzige Profi des italienischen Films, der als solcher unverwechselbar anerkannt wird, und zwar auch im Ausland. Längere Zeit hindurch wurde er sogar ganz offiziell als *latin lover* gehandelt. Einen neuen Rossano Brazzi sah man in ihm, nur auf ein höheres Niveau gehoben, gleichsam geadelt durch die namhaften Regisseure, unter denen er spielte.
Mastroianni hat sich gegen dieses Klischee mit allen Mitteln zur Wehr gesetzt. Um sich und anderen sein Schauspielertalent zu beweisen, war er bereit, bald grotesk, bald dick, hier

mit Bart, dort entstellt oder auch in stark überzeichneten Rollen aufzutreten.

So in wenigen Worten das Diagramm einer glücklichen und beglückenden Karriere, an deren Entwicklung Mastroianni mit einer ebensolchen Mischung aus liebender Ungeduld und römischem Gleichmut teilgenommen hat, die so viele seiner Rollen ausgezeichnet, die seine Art zu spielen und sich zu geben geprägt hat. Eine womöglich unfreiwillige Mischung aus der Akribie eines vortrefflichen Theaterschauspielers und der ungerührten Gelassenheit, die den jettenden, skeptischen Studiomatador kennzeichnet, der sehr gut weiß, daß häufig nicht das Talent allein den großen Filmschauspieler ausmacht, sondern ein glückliches Zusammentreffen mehrerer Umstände: Beleuchtung, Musik, Schnitt, der richtige Auftritt zum richtigen Augenblick und schließlich die Begegnung mit dem kongenialen Regisseur im entscheidenden Moment. Er ist einfach, um auf einen Begriff der 20er und 30er Jahre zurückzukommen, den man zwar heute fast überall schamhaft verschweigt oder herunterspielt, der aber für den Erfolg und die Bestätigung eines Filmschauspielers unerläßlich ist, er ist einfach *fotogen!* Ein seltsames, häufig überraschendes Ergebnis aus physiognomischen Attributen und deren Eignung, die Vermittlung durch das Mechanisch-Unerbittliche der Aufnahme zu überdauern, sowie aus unverwechselbaren Merkmalen des Gesichtsausdrucks, der Art zu blicken und des Benehmens ingesamt, das jemanden dazu befähigt, sich auf der Leinwand mit einer Lebendigkeit, mit einer Genauigkeit, einer Intensität und Einzigartigkeit zu präsentieren, die er in Wirklichkeit oft gar nicht besitzt. Das Bild, das Mastroianni im allgemeinen von sich gibt, ist ganz genau das eines »Stars«, und zwar von der Sorte, wie man sie am ehesten ertragen und begreifen kann. Er vereinigt in sich mühelos die Charakterzüge eines ganzen Volksstammes, den des Zentralitalieners, des »quasi-Römers« (nicht des »reinen Römers«, denn er stammt aus der Gegend von Frosinone), und eignet sich daher vortrefflich als Repräsentant Italiens überhaupt – so wie es sich in der Nachkriegszeit nach außen hin dargestellt hat; dieses besiegten, aber gleichwohl blühenden Volkes, das

Genauso hat man sich einen »latin lover« vorzustellen: dunkler Teint, um-
florter Blick, und jederzeit bereit, ein Liedchen von »amore« zu singen

aus jedem Waffenstillstand als Sieger hervorgeht, unmittelbar
nachdem es die Entscheidungsschlacht verloren hat; dieses in
seinem Gesamtverhalten so vollkommen rätselhaften Volkes,
das z. B. nicht imstande ist, am Fahrkartenschalter oder an
der Bushaltestelle eine ordentliche Schlange zu bilden, es
aber schafft, minuziöse technologische Perfektion bei der
Herstellung von Rennautos, Rennrädern, von Luxuswaren,
anspruchsvolleren Spielfilmen und Unterhaltungsfilmen an
den Tag zu legen – wobei die Unterhaltungsfilme wahrscheinlich das Beste sind am italienischen Film. Für dieses viel-
schichtige, schwere und anstrengende Erbe, das allerdings

mit einem absoluten Gleichmut und einem Zynismus getragen wird, der zu durchsichtig ist, um glaubwürdig zu wirken, ist Mastroianni jahrelang der offizielle und inoffizielle Vertreter geworden, das am einfachsten zu exportierende Kennzeichen, die am einfachsten zu interpretierende Verkörperung. Für die programmatische Seite des »Schönen« mögen beispielhaft jene Zeilen aus dem Jahre 1961 stehen, die eine Redakteurin von »L'Express« anläßlich eines Interviews über Louis Malles Film *Privatleben* (Vie privée) und zu dem Tratsch verfaßte, den es um wirkliche oder angebliche Auseinandersetzungen zwischen dem Schauspieler und Brigitte Bardot gegeben hatte: »Er ist zweifellos schön. Weiches Haar, volle Lippen, die zwei Reihen prächtig weißer Zähne freilegen, gerade Nase und dann, um den Zauber zu vollenden, einige Fältchen rund um die Augen und ein Grübchen am Kinn, das sich beim Lächeln bildet. Kein Mensch weiß, wie er zu diesem traurigen und müden Gesichtsausdruck kommt, mit dem er das unwillkürliche Verlangen auslöst, ihn zu trösten …«Was die andere typische Seite Mastroiannis angeht, so ist er bereitwillig, müde, schlau, liebevoll, ein wenig untreu – aber auf gutherzige Weise –, leidenschaftlich und sogar fast düster im geeigneten Augenblick, doch auch immer mit einem Anflug unterschwelliger, römischer Skepsis, der sich auf wunderbare Weise der Klang der Stimme anpaßt. An dieser Stimme erkennt man den Theaterschauspieler, an jener kontrollierten Aussprache, wie sie in Italien nur jemand aufweist, der von der Bühne kommt und behauptet, jene mysteriöse und liturgische Sprache zu beherrschen, die das Italienisch der Orthophonie-Texte ist. Diese Stimme zeichnet sich andererseits auch durch ihren sehr persönlichen, sehr sensiblen, ein wenig, aber wirklich nur ein wenig, artifiziellen Klang aus. In einem gewissen Sinne könnte man von einer Gauklerstimme sprechen, denn Mastroianni versteht sich, je nach den Anforderungen, ebenso glänzend auf den breiten wie auf den höfischen, auf den bewegten wie auf den getragenen Tonfall, dessen man sich in Italien vor allem bei scharfsinnigen Erklärungen, bei bedeutenden Ankündigungen, beim Zitieren berühmter Autoren oder literarischer Stellen befleißigt, auf die kein Drehbuch glaubt verzichten zu können. Im Grunde aber bleibt es immer eine häusliche Stimme – spitz und unglaublich geeignet vor allem zum Einsatz in typische abendliche Restaurantgespräche, wie sie in Rom zwischen alten und neuen Freunden üblich sind: für die unmerklichen Zugeständnisse, für die entschiedenen, aber sogleich durch einen spöttischen Unterton wieder in Frage gestellten Bekräftigungen, für freundschaftlich geäußerte Zweifel und die bald heftigen, bald leisen Anspielungen, die ebenfalls zum »kapitolinischen Streitgespräch« gehören. All dies ist der ganz natürliche Ausdruck des Lebensgefühls einer Stadt (die die Wiege des italienischen Films ist und die mit diesem auf so vielfache Weise verbunden ist) in seiner eigenartigen Mischung aus fast legalisierter Gerissenheit und programmiertem Mißtrauen. Mißtrauen gegenüber jeglicher Art von Betätigung, die jemanden als »Fanatiker« bestätigt oder auch nur erscheinen lassen könnte. Dieses Mißtrauen hat zur Folge, daß ein Römer, der ein »Fanatiker« ist (und davon gibt es mehr, als man meinen sollte), gezwungen ist, das Doppelte zu arbeiten, um mit tausend kleinen, auf verlogene und unangreifliche Weise wirkenden Tricks das wieder hereinzuholen, was er in den Augen der anderen verliert, wenn er allzu »seriös«, zu »skrupulös« und – um ein zur Zeit in Rom besonders beliebtes Modewort zu gebrauchen – zu »perfektionistisch« zu Werke geht. Im Gegensatz zum äußeren Anschein einer gewissen Gleichgültigkeit gegenüber dem Verlauf seiner (im übrigen dem Ruf, dem Titel und Auszeichnungen nach überaus reichen) Karriere hat Mastroianni an seinem Beruf doch stark gearbeitet, wie eine Prüfung der Tatsachen und der Filme erweist. Anfangs hat er sehr viel Mühe gehabt, seinen Weg zu machen und sich als Hauptdarsteller zu bestätigen. Zunächst zwang man ihn zu Nebenrollen vom Typ »guter Kerl« oder in Statistenrollen klassischer Kostümstücke. So z. B. in *Domenica d'agosto* (Ein Sonntag im August), *Parigi è sempre Parigi* (Paris ist immer Paris), *Le ragazze di Piazza di Spagna* (Die Drei vom Spanischen Platz), alle von Luciano Emmer (der seinerzeit auf sehr schlichte, doch intelligente Weise das alltägliche Liebesgespräch besang – ganz »bodenständig« und ganz italienisch), außerdem in *Il viale della speranza* von Dino Risi, in der Episode »Il pupo«, in *Tempi nostri, Peccato che sia una canaglia* (Schade, daß du eine Kanaille bist) und *La fortuna di essere donna* (Wie herrlich, eine Frau zu sein), alle von Blasetti, *Padri e figli* (Väter und Söhne) und *Il medico e lo stregone* (Der Arzt und der Zauberer) von Mario Monicelli. All diese Filme legen Zeugnis ab für Mastroiannis Engagement, seine filmische »Güte«, für seinen gesunden latinischen Menschenverstand, seine widerstrebende Liebenswürdigkeit, für diesen ganz gewissen Hauch von Weichheit und Irritiertsein, von Verschlagenheit und Verständnisbereitschaft, von Diebeslist und zuversichtlichem Zynismus. All dies gehört zur Würze der »Commedia« und damit zu den Essentialien des italienischen Unterhaltungsfilmes jener Jahre (wobei »Unterhaltung« steht für unfeierlich und ungespreizt, nicht-soziologisch, nicht belehrend, nicht schockierend – im Gegensatz zu einem Teil der »ernsten« italienischen Filme der damaligen Zeit, die von gewissen Zeitschriften und von bestimmten, auf den längst überholten Neo-Realismus eingeschworenen Kritikern zum Dogma erhoben wurden).

Zum anderen soll an Filmtitel mit mehr dramatischem Akzent erinnert werden, die leicht in Vergessenheit geraten. So z. B.: *Atto d'accusa* (Einer war zuviel) von Gentilomo, *L'eterna catena* von Anton Giulio Majano, *Sensualità* (Die Sinnlichkeit) von Clemente Fracassi, *Febbre di vivere* (Die Lust des Bösen) von Claudio Gora, *Lulù* von Fernando Cerchio, *Schiava del peccato* (Dirnentragödie) von Raffaello Materazzo, *Cronache di poveri amanti* (Chronik armer Liebesleute) von Carlo Lizzani, *Giorni d'amore* (Tage der Liebe) von Giuseppe De Santis, *Tam Tam Mayumbe* (Bringt ihn lebend) von Gian Gaspare Napolitano, und *Il momento più bello* (Frauennot – Frauenglück) von Luciano Emmer. In all diesen Filmen trifft der Versuch, einen dramatischen oder komisch-dramatischen Mastroianni auf etwas konventionelle und daher traditionellere, konkreteren Mustern des klassischen Stars verpflichtete Weise zu präsentieren, beim Schauspieler auf eine große Einsatzbereitschaft. Er gibt der Rolle

Für ›Weiße Nächte‹ erhielt Marcello Mastroianni 1955 das Silberband der italienischen Presse

eine Mischung aus Duckmäuserei und Zerstreutheit und verbirgt damit im Grunde sein natürliches Gespür für den Film und sein leicht ironisches Bewußtsein von der Hinfälligkeit einer Rolle – derjenigen des Stars nämlich, in die er dann in den 60er Jahren und in der Zeit danach so erfolgreich selbst hineinschlüpfen wird. Mastroianni wird als Star entdeckt, als italienischer Exportartikel wie Fellini, Gucci, Ferrari und Franco Maria Ricci – mit einem vergleichsweise stabilen Kurswert an den schwankenden und hektischen internationalen Filmbörsen. Rechtzeitig für die »Kultur« zurückgewonnen (man denke an *Le notti bianche* –Weiße Nächte –, wo ihn

Visconti, der auch auf der Bühne schon sein Regisseur gewesen war, mit künstlichem Nebel und dem noch sehr viel künstlicheren Lächeln der Maria Schell umgibt, wie auf dem Galaabend eines Matadors alter Zeiten), hat er das Spiel mit einer Mischung aus unvermeidlichem Wohlgefallen und lächelnder Nachlässigkeit eines Profis aufgenommen, der die Spielregeln kennt und weiß, daß er nach dem Tor in die Kurve mit den treuesten Fans laufen, Kußhändchen zum Himmel werfen und mit den Armen rudern muß, wie ein Torero in einem Hollywood-Film.

Zu denken ist außerdem an den grazilen, doch glühenden dichterischen Ausdruck in *Un ettaro di cielo* von Aglauco Casadio, an die wehmütige, tadellose, fantastische Eleganz des Polizisten und der Diebin Michèle Morgan in *Racconti d'estate* (Sommererzählungen) von Gianni Franciolini, an die verhaltene komische Explosion bei *I soliti ignoti* (Diebe haben's schwer) von Monicelli, wo die frühere Gutmütigkeit des Mannes aus dem Volke von einem ungeschickten Dieb mit Familiensinn überaus listig ausgenutzt wurde, und schließlich an *La dolce vita* (Das süße Leben) von Federico Fellini. Dieser Film (der uns noch ganz frisch im Gedächtnis geblieben ist, obgleich doch gut zwanzig Jahre seither vergangen sind) platzte unversehens mitten in die in vieler Hinsicht doch noch sehr provinzielle Welt des italienischen Films hinein und löste endlose, polemische Auseinandersetzungen aus. Im Autobus sprach man über ihn als ginge es um ein Fußballspiel, und eine empörte Zuschauerin – wenn ich mich recht entsinne – spuckte in Mailand den Regisseur an. Ich widmete dem Film in meiner Zeitung eine ganze Seite, wie das heute für kriegerische Auseinandersetzungen, Dollar-Baissen und aufsehenerregende Terrorereignisse geschieht. Der Heftigkeit der damaligen Polemik steht man heute etwas ratlos gegenüber. Wenn *La dolce vita* heute, nach so vielen Jahren, im Fernsehen wieder einmal gegeben wird, löst der Film vor allem Enttäuschung aus. »War das alles?«, fragen dann die jüngeren Zuschauer. Doch dieser Film fixierte nicht nur einen Moment unserer Geschichte – Fellini war es gelungen, einen bestimmten, falschen Schein der Massenkultur jenes Zeitabschnitts genau in dem Moment aufzugreifen, in dem diese Kultur starb und zu Grabe getragen wurde –, er bedeutete auch eine entscheidende Wende in der künstlerischen Entwicklung Mastroiannis. Zwar erweckte er in den darauffolgenden zwanzig Jahren vielfach den Eindruck, als wolle er den Schatten der Rolle des Journalisten Marcello abschütteln, doch dies ist ihm trotz seiner vielfältigen schauspielerischen Leistungen wohl nie gelungen.

Natürlich ist Mastroianni nicht stehengeblieben. Das zeigen Filme wie *Il bell' Antonio* (Bel Antonio) von Mauro Bolognini, *Fantasmi a Roma* und *Adua e le compagne* (Adua und ihre Gefährtinnen) von Antonio Pietraneli und *La notte* (Die Nacht) von Michelangelo Antonioni. Alles Filme, in denen er eine elegante und fast beiläufige Fähigkeit entfaltet, die innersten Regungen, das eigentliche Wesen seiner Gestalten wiederzugeben, und das am eindrucksvollsten, wenn er Halbtöne verwendet und mit gekonnter Einfachheit zu Werke geht. In dem Bolognini-Film erhält die von Brancati geschaffene Romangestalt des ungewöhnlich schönen, impotenten und neurotischen jungen Mannes aus Catania, von seinen Mitbewohnern und den schönen Römerinnen angebetet, von den Gefährten seiner Kindheit und seiner Studienzeit dagegen mit verbrämter Eifersucht und blindem Neid verfolgt, deutliche Züge, die in der feingesponnenen Prosa sehr viel mehr im Verborgenen und Geheimnisvollen belassen werden. Mastroianni gelingt es jedoch, durch seine geistesabwesende und leidende Verkörperung, durch seine lüsterne und zugleich verschlafene Ruhe einen Teil der verborgenen schriftstellerischen Idee, die in der Filmfassung verlorengegangen war, wiederzugewinnen. In *La notte* drängt sich uns für die Hauptfigur die Frage auf, welche Art von Romanen dieser Schriftsteller wohl schreibt, denn seine Erscheinung, seine Art, sich zu geben, will zu der präzisen und vielfach langweiligen Detailarbeit eines Schriftstellers nicht so recht passen. Ganz anders stellt sich Mastroianni in der Kostümkomödie *I Fantasmi di Roma* (Das Spukschloß in der Via Veneto) dar, in der er sich mit angeborener Eleganz bewegt. Man spürt, daß Mastroiannis komödiantisches Urtalent sich den besonderen Anforderungen dieser Kunstgattung willig beugt – einer Kunstgattung, für die der Film schon immer eine Vorliebe hatte: die Verstorbenen, die mit nachsichtiger Toleranz auf die Verrücktheiten und Fehler ihrer Nachkommen blicken, sind für eine Verfilmung wie geschaffen, denn damit lassen sich die ureigensten Möglichkeiten filmischer Traumdarstellung vortrefflich ausnutzen. Das Nebeneinander verschiedener Ebenen darzustellen, die einander zugleich wahrnehmen und ignorieren, die aber vor den Augen des Zuschauers beide offen daliegen, ist ein uraltes Vergnügen, dessen weder die Kamera noch der Zuschauer jemals überdrüssig werden. Dabei bietet sich Mastroianni die Möglichkeit, seine Bühnen- und Leinwanderfahrungen miteinander zu verbinden und vermischen. Fast alle seine Filme aus den 60er Jahren zeigen übrigens eine Leichtigkeit, eine Sicherheit und eine Fülle des Talents, die, wenn gepaart mit Professionalität, fast beiläufig wirken. Dies alles ermutigt ihn, häufig sein bewährtes Image scheinbar aufs Spiel zu setzen, neue Charaktere und Ausdrucksmöglichkeiten zu erproben – wie z. B. in *L'assassino* (Trauen Sie Alfredo einen Mord zu?) von Elio Petri, dessen Verwirklichung zu einem guten Teil auch Mastroiannis persönlichem Einsatz zu verdanken ist. In diesem Zusammenhang sind noch weitere Filme zu nennen: etwa *Cronaca familiare* (Tagebuch eines Sünders) nach einer Romanvorlage von Pratolini – einer Folge von filmisch fast nicht darstellbaren literarischen Erinnerungen. Außerdem *I compagni* (Die Weber von Turin/ Die Peitsche im Genick) von Mario Monicelli, wo Mastroianni mit viel Hingabe die Gestalt des sozialistischen Professors verkörpert: intelligent und verkommen, überaus sanft und unerbittlich, hart und auf eine verspielte Art überzeugt von der Gerechtigkeit seiner Ideen – eine Figur aus dem letzten Jahrhundert, die dem Schriftsteller De Amicis gewiß gefallen hätte – ein Abklatsch jenes vielfältig bemühten Typs des intellektuellen Revolutionärs, dessen einzige Waffe die menschliche und »wissenschaftliche« Fülle seiner Überzeugungen ist, und der die Romane und Pamphlete jener Epoche bevölkerte. Vergessen wir auch nicht *Der Fremde* (L'étranger/Lo straniero) –

einen Film, in dem Mastroiannis respektvolles Bemühen sehr deutlich zu spüren ist, Visconti zufriedenzustellen, der finster entschlossen war, diesen extrem schwierigen Roman auf die Leinwand zu bringen (nicht von ungefähr lebt das Filmwerk von Marginalien, wie der gehässigen und bedrohlichen Trägheit des *pieds-noir* Raimond, dem Hut der Schauspielerin Anna Karina oder der flüchtigen Einblendung einer »kolonialen« Zigarettenmarke) und dieses Vorhaben auch auf die Gefahr hin zu verwirklichen, den Ausdrucksmöglichkeiten einer im Grunde sonnigen und klaren Natur wie der Mastroiannis nicht gerecht zu werden. Mastroianni, überzeugt davon, daß sein Beruf in gewissem Sinne der schönste und leichteste auf der Welt ist (»Man wird nie erwachsen, man wird umhegt, geschminkt und geführt, man darf immer das große Kind bleiben und seine Träume ausspielen.«), versucht jedes Mal, sein Bestes zu geben. Dabei legt er eine geradezu erstaunliche Einsatzbereitschaft an den Tag für jemanden, der ein Star ist oder es zumindest viele Jahre hindurch gewesen ist, für einen Mann, der Schlagzeilen produzierte und unendlichen Interviews und Autogrammwünschen ausgesetzt war, kurz, für jemanden, der zum Gegenstand der allgemeinen Neugierde in Italien und im Ausland geworden ist. In den 60er Jahren leistet sich Mastroianni den Luxus aller möglichen darstellerischen Experimente. Dank der Rolle des in eine Lebenskrise geratenen Regisseurs in *Achteinhalb* (1962), eines älteren Bruders des Marcello aus *Das süße Leben* und – damals noch unbewußt – eines Bruders des verwirrenden Traumreisenden aus *Die Stadt der Frauen* (La città delle donne), verwandelt er sich in das offizielle alter ego, den Film-Sozius Fellinis, mit Mitspracherecht und uneingeschränkten Vollmachten. Er ist aber auch, erblondet und verträumt, der Hauptdarsteller des Films *La decima vittima* (Das 10. Opfer), mit dem Elio Petri sich – leider nur ein einziges Mal – auf dem Gebiet des Science-fiction-Films versuchte. Die Mitwirkung Mastroiannis, der damals den Höhepunkt seines Ruhms erreicht hatte, ist von seiten des Schauspielers eine beachtliche Geste der inneren Selbständigkeit, der Ausdruck seiner Liebe zum Schauspielerberuf und seiner noch ungestillten Neugierde. Die Tatsache, daß er – zu einem Zeitpunkt, da er an und für sich jede Forderung stellen kann – bereit ist, in einer Art Science-fiction-Film mitzuspielen (ein Film-Genre, das vom offiziellen und inoffiziellen Kulturleben niemals anerkannt und trotz gelegentlichen Interesses immer verachtet wurde), beweist erneut (wenn es denn eines solchen Beweises überhaupt noch bedurfte) seine große Liebe zum Film, die ihn dazu bringt, immer wieder neue und unerwartete Möglichkeiten auszuschöpfen, und sich neue Freundschaften zu erschließen. In dieser Einstellung offenbaren sich die Zeichen einer grenzenlosen, vielleicht auch nur lässigen Großzügigkeit, die auch in seinem Privatleben zum Ausdruck kommt. Sehen wir von seinem Freundschafts- und Treueverhältnis zu Fellini einmal ab (angeblich diskutiert er mit Fellini nicht, sondern akzeptiert die von ihm kommenden Rollen und seine Vorschläge mit einer vertrauensvollen Ergebenheit, die auch bei weniger bekannten und talentierten Schauspielern kaum anzutreffen ist), so fällt die große, selbstverständliche Achtung auf, die Mastroianni den Regisseuren häufig entgegenbringt, ohne zu unterscheiden, ob sie berühmt sind oder nicht, bedeutend oder unbedeutend – wenn er sie nur als Freunde, Kollegen und Profis betrachtet, denen er vertrauen kann. Das hat ihn unter anderem bewogen, für De Sica in *I girasoli* (Die Sonnenblumen) zu spielen – obwohl ihm der emilianische Dialekt zu schaffen machte; für Indovina in *Giochi particolari,* für Magni in *Scipione detto anche l'Africano.* Für Ferreri, der seine geniale Werktreue nicht gebührend belohnte, hat er mitgewirkt in Filmen wie *L'uomo dai cinque palloni* (Break-Up), *Liza* (Allein mit Giorgio) und später in *Touche pas à la femme blanche* sowie in *Ciao, maschio* (Affentraum), in denen er zuließ, daß sein herkömmliches Image zerstört und verschwendet, fast lächerlich gemacht wurde – dank der Verkörperung von Gestalten, die man schon nicht mehr possenhaft tragisch nennen kann. Damit bewies Mastroianni erneut seine ausgezeichnete Spielernatur, den großzügigen Umgang mit seinem Image und seine fast spielerische Kindlichkeit in der Verschwendung seiner Star-Ausstrahlung in negativen oder unbedeutenden, far-

Familie Mastroianni im Jahre 1963

cenhaften oder überspitzten Filmen. In diese Rubrik fällt auch die kuriose britannische Erfahrung in *Leo, the Last* (Leo der Letzte) von John Boorman, oder die Bereitwilligkeit, mit der er auf die einfallsreichen, aber vielfach zu simplen, klischeehaften Einfälle des Regisseurs Risi einging – so als Priester in *La moglie del prete* (Die Frau des Priesters) und Jahre später in *Mordi e fuggi* (Ein Scheiß-Wochenende), einem Film, der wie eine Vorhersage des Terrorismus anmutet. Erwähnenswert ist außerdem, mit welcher Präzision er eine andere Priestergestalt verkörpert hat, und zwar den zwielichtigen, doppeldeutigen, betrügerischen Don Gaetano in *Todo modo* (Todo Modo), einem düsteren, zerrbildartigen, bedrückenden, aber fast hellseherischen Film seines Freundes Elio Petri. Wenn man die Karriere Mastroiannis in den letzten Jahren verfolgt, wird man unwillkürlich mit einer wachsenden Vielfalt der von ihm gespielten Rollen, der fast unglaublichen Verschiedenartigkeit seiner Typisierungen vertraut gemacht: die Karikatur eines italienischen Schmierenkomödianten in *Salut, l'artiste* (Mach's gut, Nicolas) scheint nichts gemein zu haben mit dem bescheidenen, wegen Homosexualität aus Italien verbannten Radiosprechers aus *Una giornata particolare* (Ein besonderer Tag), mit dem nachgiebigen, verständnisvollen und toleranten Zeitungsdirektor aus *La terrazza* (Die Terrasse), dem vollgefressenen italienischen Piloten aus *La grande bouffe* (Das große Fressen) (eine Huldigung an Ferreri und sein »tout azimut«-Filmschaffen) oder mit dem Revolutionär in der Krise, einer blutleeren Verteufelung des Risorgimento der Brüder Traviani in ihrem Film *Allonsanfan*.

Man hat wirklich den Eindruck, als ob sich Mastroianni mit fortschreitendem Alter als Schauspieler immer mehr verjünge. Seine Experimentierfreude wächst ständig: er setzt sich immer neue Masken auf, entstellt sich, macht sich plump und häßlich – gibt sich fröhlich und hemmungslos diesem merkwürdigen Spiel der Erwachsenen hin, das man »Film« nennt. Und hat er wirklich einmal all seine Ressourcen erschöpft, dann ist Fellini zur Stelle (eine Art Schulfreund, wie ihn ein jeder von uns in seiner Klasse hatte: schlauer, reifer, verträumter, fast schon ein richtiger Mann), der ihm augenzwinkernd den Stand der Dinge erklärt: auf diese Weise landet Marcello weit in dem großen Irrgarten, in der von einer kameradschaftlichen und kollektiven Sexualität durchdrungenen Scheinwelt der Frauenstadt, um sich sogleich in den krisengeplagten Regisseur in *Achteinhalb* zurückzuverwandeln, oder in den neugierigen, naiv-schlauen Marcello in *Das süße Leben,* dessen skeptische Miene zum Ausdruck bringt: »Es könnte auch wahr sein, doch ich glaube nur die Hälfte davon, denn ich weiß sehr gut, wie alles im wirklichen Leben endet.«

So paart sich diese gutmütige und leicht grausame Hingabe mit der Bereitwilligkeit eines Jünglings, mit der Schläue des römischen Angestellten, der sich, nachdem er seine Zeituhr

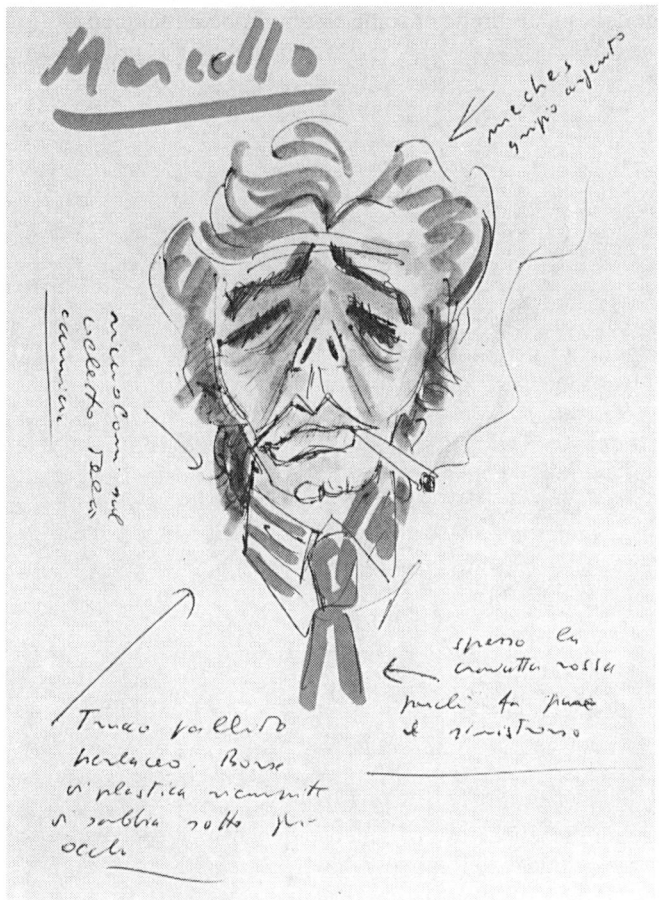

Mastroiannis Kopf in einer Zeichnung zu dem mittlerweile legendären Fellini-Film ›Das süße Leben‹

gestempelt hat, aus dem Büro fortstiehlt und für die Ehefrau zum Supermarkt einkaufen geht.

Man könnte somit meinen, daß der großartige und bescheidene, gefeierte, gelobte, anerkannte und berühmte Mastroianni bei jedem neuen Film mit bewundernswürdiger Schüchternheit, halb traurig, halb fröhlich, ganz von vorn anfängt – gerade so, als drehe er seine ersten Probeaufnahmen.

Claudio G. Fava

Eine Unterredung mit Marcello, einem superaktiven, faulen Menschen

In den ersten Jahren Ihrer Tätigkeit, waren Sie hauptsächlich ein Theaterschauspieler, der sich vorgenommen hatte, den Film zu erobern. Doch wann haben Sie sich überhaupt überlegt, Schauspieler zu werden?

Ich weiß es nicht. Ich wollte schon immer Schauspieler werden, auch wenn ich keine Schauspielschule besucht habe und nicht als Schauspieler ausgebildet bin. An der Universität hatte ich mich für Wirtschaft und Handel eingeschrieben, doch nur in der Absicht, dem *Cut* (Theaterzentrum der Universität) beizutreten, wo ich dann auch meine ersten Erfahrungen gesammelt habe. Dies schien mir der einzig mögliche Weg, ich wußte nicht, wie ich sonst zu meinem Ziele gekommen wäre, auch weil ich gleich nach dem Diplom angefangen habe zu arbeiten. Meine erste Begegnung mit dem Kino lag schon einige Jahre zurück. Ich hatte als Statist in einem Film von Gallone gearbeitet – *Marionette* oder so ähnlich hieß er, wenn ich mich recht erinnere. Die Szene, in der ich spielte, sollte ein »Fest der Weintraube« in einem Dorf darstellen. Ich befand mich in einer Gruppe junger Leute, die Gigli zuhörten. Ja, der Hauptdarsteller war Beniamino Gigli. Ich habe dann noch in einigen anderen Filmen als Statist mitgewirkt – so in *Eisenkrone* von Blasetti, in *Eine Liebesgeschichte* von Camerini und in *Die Kinder schauen uns zu* von De Sica. Ich kann mich erinnern, daß es während der Dreharbeiten von Camerinis Film für mich zu einer sehr aufregenden Begegnung kam, als ich mich, aus dem Aufzug steigend, der Schauspielerin Assia Noris gegenüber sah. De Sica kannte ich schon von früher, damals war ich 16 oder 17 Jahre alt. Seine Schwester Maria war eine gute Freundin meiner Mutter. Als junge Mädchen hatten sie im gleichen Büro gearbeitet. Auf meine Bitte hin schrieb sie mir einige Zettel für ihren Bruder.

Ich meldete mich regelmäßig in der Mittagszeit in den verschiedenen Filmstudios, in denen er arbeitete. Er wiederholte mir immer wieder: »Lerne, lerne. Wenn du fertig bist, werden wir weitersehen.« Ich kann nun gut verstehen, daß ich ihm sehr lästig fiel durch meine Anwesenheit, während er essen wollte!

Anfang des Jahres 1949 spielten Sie eine wichtige Rolle in Endstation Sehnsucht *unter der Regie von Visconti, unter dem Sie schon in »Rosalinde« debütierten. Was hatten Sie zuvor schon im Theater gespielt?*

Mit dem *Cut* hatte ich in »Angelica« gespielt, einer allegorischen Komödie von Leo Ferrero – ein antifaschistisches Stück, geschrieben in der faschistischen Ära. Die Personen waren alle hinter Masken versteckt, doch die närrischen Rollen dienten nur dazu, die öffentlichen Ämter, die sie darstellten, besser zu erkennen. Ich war Orlando, Giulietta Masina die Angelica, Antonio Crast der Diktator. Giulietta Masina war es auch, die mich in die Theatergruppe »Besozzi« brachte. Giulietta gehörte zusammen mit Carla Del Poggio zu diesem Ensemble. Sie spielten »Die Gleichgültigen« nach einem Roman von Moravia. Carla hat das damals vermittelt. Mein erster Auftritt war sozusagen unsichtbar, ich mußte einen Satz hinter den Kulissen sprechen. Den ganzen Sommer 1948 hindurch blieb ich bei »Besozzi«. Ich kann mich noch erinnern, daß ich einen Diener in »Bunbury« von Oscar Wilde, einen Polizeikommissar in »Der alte Gauner« von Percy und dann, als alter Mann geschminkt, die Rolle des Vaters des Franco Scandurra in »Der alte Schüler« von Mosca spielte. Es waren drei kleine Rollen. Die Rolle des Orlando hat mir allerdings Glück gebracht. Während ich im *Cut* spielte, hatte mich der Geschäftsführer der Visconti-Truppe bemerkt und mich engagiert. Ende dieses Sommers dann begann ich mit den Proben zu »Wie es euch gefällt«.

Nach Ihren gelegentlichen Auftritten in Vorkriegsfilmen kehrten Sie mit den Elenden *unter der Regie von Freda zum Film zurück. Welche Erinnerungen haben Sie an diese Anfänge?*

24

Es war meine erste Nebenrolle – nur eine ganz winzige Rolle. Schon einige Jahre lang war ich immer wieder bei den Produzenten vorstellig geworden. Man muß mich aus schierer Verzweiflung genommen haben.

Der Kleindarsteller aus Die Elenden *wirkt zwischen 1947 und 1952 in mehr als 14 Filmen mit. Das ist nicht wenig für jemanden, der sich weiterhin vor allem als Theaterschauspieler sieht.*

Ich habe nur noch recht vage Erinnerungen an diese Filme. Ich war ja nie einer der Hauptdarsteller. Abends arbeitete ich im Theater, tagsüber drehte ich Filme. Diese Filme waren Lückenbüßer zwischen einer Komödie und der nächsten. Das erklärt auch die große Zahl der Filme, in denen ich in wenigen Jahren mitwirkte. Oftmals arbeitete ich nur vier, fünf Tage. Da ich nie an den gesamten Dreharbeiten teilnahm, habe ich natürlich nur noch verschwommene Erinnerungen an diese Filme. Damit will ich aber nichts gegen die sagen, die mir damals Arbeit gaben. Ich muß auch sagen, daß es mir dabei vor allem ums Geld ging. Es waren ja nur kleine Rollen, und so ist es selbstverständlich, daß sie mir nicht so im Gedächtnis haften geblieben sind wie wichtige Rollen, die mich später länger beschäftigt haben.

Eine Ihrer ersten wichtigen Rollen, mit denen Sie die Aufmerksamkeit des Publikums und der Kritiker auf sich lenkten, war die des jungen »guten« Taxifahrers in dem Film Die Drei vom Spanischen Platz. *Unter Emmer hatten Sie außerdem schon in den Filmen* Ein Sonntag im August *und* Paris ist immer Paris *gearbeitet. Einige Jahre später werden Sie mit dem gleichen Regisseur zwei weitere Filme* Bigamie ist kein Vergnügen *und* Frauennot – Frauenglück *drehen.*

Emmer hatte eine Vorliebe für etwas naive Gestalten. Der Film *Der schönste Augenblick* ist sicher nicht einer seiner besten Filme. Seine Stärke waren die Filme, in denen er den gewöhnlichen Alltag zeigt. Als wir zu den Dreharbeiten von *Paris ist immer Paris* nach Paris fuhren, zeigte man in den dortigen Kinoclubs *Ein Sonntag im August,* den ersten Film, den ich mit ihm gedreht hatte. Emmer war damals sehr bekannt, und der Film war ein Riesenerfolg; er hat tatsächlich einen frischen Wind in diese Art Filme gebracht. Es war fast eine Vorwegnahme der späteren italienischen Komödie, denn er behandelte alltägliche Probleme und die Gefühle des kleinen Mannes. Emmer hat sich mit glücklicher Hand der Kunstrichtung des Neorealismus bedient, um die kleinen Probleme der Italiener zu schildern. In meinem ersten Film gab es immer diese recht krasse Unterscheidung zwischen Gut und Böse. Es war damals schwierig, Gestalten zu finden, die etwas komplexere Züge aufwiesen – so wie in der Wirklichkeit. Mir waren immer die Rollen des Guten, des Naiven vorbehalten, der die Zeche für alle zahlt, auch wenn es dann noch zu einem glücklichen Ende kommt. Mit der Zeit haben sich meine Figuren dann entwickelt: sie wurden differenzierter, zeigten mehr Schattierungen zwischen Gut und Böse. Die Rollen, sie nahmen einen ähnlichen Weg wie jeder von uns in seinem Leben ihn nimmt. Doch vielleicht ähnelte die Jugend auch damals tatsächlich den Gestalten, die ich spielte. Heutzutage hat ein junger Mann einen vielschichtigeren Charakter, als ich ihn damals hatte.

Der Daniel in Die Lust des Bösen *ist ein anderer »Guter«, der versucht, gegen den Strom zu schwimmen, doch diesmal spielt die Handlung in einem bürgerlichen Milieu.*

Ich habe diesen Film von Gora immer sehr geliebt und schon damals gedacht, daß er ein Thema vorwegnimmt, das der italienische Film erst in späteren Jahren in Angriff nimmt. Man könnte ihn paradoxerweise sogar als eine Art Vorgriff auf *Das süße Leben* bezeichnen. Sicherlich zeigt der Film nicht den Reichtum an Ideen, an Situationen, der für Fellini charakteristisch ist, doch führt er in eine Welt des reichen Bürgertums ein, die man als extravagant ansehen kann; Menschen, die mit anderen, mit der Masse, nur flüchtige und unbestimmte Beziehungen unterhalten. Eine merkwürdige kleine Welt, die ein gerütteltes Maß an Ungereimtheiten enthält, die wir damals noch nicht so gut kannten. Für mich war es eine neue Erfahrung, Rollen zu gestalten, die auch einen gewissen, nicht allen Rollen eigenen, trüben Zynismus enthalten.

*In dieser Zeit kommt es auch – für eine kurze Episode in*Tempi
nostri *– zu Ihrer ersten Begegnung mit Blasetti, der Sie in den
darauffolgenden Filmen hauptsächlich als spritzigen Schauspieler und als Partner von Sophia Loren herausbringen wird.*

Ja, ich möchte das hervorheben, Blasetti hat große Stücke
auf mich gehalten. Er sah mich im Theater in der Orestes-In-
szenierung von Visconti, und er war für mich eine Art Talent-
scout. Er hat mich von meinem Talent zum Filmschauspieler
überzeugt und mich sehr gefördert. Die Episode *Il Pupo* nach
einer Erzählung von Moravia war wirklich eine gute Sache.
Es war das erste Mal, daß ich einen Charakter darstellen
durfte, der auch dramatische Züge aufwies. Das war für mich
eine aufregende Erfahrung. Eine kurze, durch und durch
schwermütige Geschichte: die Schwermut der Armut. Später
habe ich dann noch mit Blasetti *Schade, daß du eine Kanaille
bist* und *La fortuna di essere donna* (Wie herrlich, eine Frau
zu sein) gedreht – beide mit Sophia Loren. Sophia Loren
hatte ich als Statistin in Neapel kennengelernt, während ich
den Film *Cuori sul mare* drehte. Jahre später arbeitete ich
nochmals unter der Regie von Blasetti in *Ich, ich, ich ... und
die anderen.* Doch meine Mitwirkung in diesem Film war nur
noch Ausdruck meiner Verehrung für den alten Meister.

*Im Jahre 1954 haben Sie einen Film nach dem anderen ge-
dreht. Die Kritiker loben den »überzeugenden Mastrojanni«
(noch einige Jahre lang wird der Name mit »j« geschrieben),
und einige wagen sogar zu behaupten, Sie seien »ein wichtiger
Schauspieler für unsere Filmbranche, die es anscheinend noch
nicht begriffen hat«.*

Nein, das stimmt nicht ganz. Man begann mich zu verstehen,
und ich konnte so auch erste Erfolge verbuchen. *Tage der
Liebe* und *Chronik armer Liebesleute,* beide von De Santis,
waren zwei hervorragende Filme, zwei interessante Rollen.
Die Darstellung des sympathischen Bauernburschen in dem
De-Santis-Film hat mir viel Freude bereitet. Außerdem
spielte der Film in meiner Heimat, in der Ciociaria. Die
Dreharbeiten waren somit fast eine sentimentale Reise zu

meinen Ursprüngen, und ich erinnere mich gerne an diesen Film. An den Film *Dirnentragödie,* den ich nach Ihren Informationen im gleichen Jahr gedreht haben soll, kann ich mich überhaupt nicht erinnern. Das muß einer von den vielen Filmen sein, für die ich nur eine Woche oder nur ein paar Tage drehte – nur einige Einstellungen, nicht mehr. *Casa Ricordi* war einer der Lieblingsfilme meiner Mutter. Ich verkörperte den Komponisten Donizetti und spielte Klavier. In ihren Augen war ich somit ein Künstler, und das gefiel ihr. In ihrer rührenden Naivität fühlte sie sich dadurch geschmeichelt.

Eine weitere Rolle in einem Kostümfilm ist die des verliebten spanischen Kapitäns in Aufstand im Inselparadies. *Damit begann die Serie Ihrer im Ausland gedrehten Filme, die in den nächsten Jahren dann ständig wuchs.*

Ich würde diesen Film gerne wiedersehen, denn ich war schon immer der Meinung, daß ich als spanischer Kapitän recht lächerlich war: ich hatte ausgestopfte Waden, mußte Strumpfhosen und Pumphöschen tragen. Außerdem kann ich weder reiten noch fechten. Bei der mörderischen Hitze, die im Sommer auf den Kanarischen Inseln herrscht, mußte ich zwei bis drei Strumpfhosen übereinander tragen, um kräftigere Waden vorzutäuschen. Ich kam mir absolut lächerlich vor deswegen und fühlte mich entsprechend unglücklich. Ich würde diesen Film gerne wiedersehen – vielleicht zusammen mit Freunden, um etwas über mich lachen zu können. O ja, das kommt schon vor, es kommt sogar recht oft vor, daß man über sich selbst lachen muß, wenn man einen alten Film wiedersieht. Man sieht sein dummes Gesicht, und dabei war man doch überzeugt gewesen, eine großartige Leistung vollbracht zu haben. Damals, in jenen Jahren, beschwerte ich mich, daß man mir nicht genug Entfaltungsmöglichkeiten gab. Das war absolut lächerlich, denn bei meinem ausdruckslosen Milchgesicht war doch so etwas gar nicht möglich. Erst wenn man richtig erwachsen ist, hat man mehr Ausdrucksmöglichkeiten. Dann helfen einem auch Erfahrung und Routine, auf die es bei all dem sehr viel ankommt. In meinen Jugendjahren, als die hehre Flamme der Kunst noch in mir brannte, war ich der Meinung, unverstanden zu sein. Sehe ich mich jetzt, nach so vielen Jahren, auf der Leinwand wieder, so kann ich nur sagen, daß die anderen mehr als großzügig waren, als sie mir damals überhaupt eine Arbeit gaben. Im gleichen Jahre habe ich den Film *Bringt ihn lebend* gespielt – auch so ein absurdes Abenteuer, doch diesmal in Afrika. Es wurde in Französisch-Kongo gedreht – eine aufregende, verrückte, völlig sinnlose Angelegenheit. Es war ein sehr teurer Film, denn wir drehten in der Wildnis, von allem fern, und waren sogar echten Gefahren ausgesetzt, zum Beispiel den Schlangen. Doch es gab noch anderes: die Hälfte von uns war an Malaria erkrankt – es war die reinste Hölle, wie im Krieg. In Jugoslawien drehte ich dann *Mädchen und Männer,* eine deutsch-jugoslawische Geschichte, die dann auch eine italienische Koproduktion wurde. Es war das erste Mal, daß ich für eine ausländische Filmgesellschaft drehte, und zwar für die deutsche Bavaria Film. Die Geschichte spielte in einer Saline in der Nähe von Triest, und ich stellte einen Fischer dar.

Besser, soviel ich weiß, war der nächste Film, in dem Sie mitwirkten. Es war das interessante Experiment Un ettaro di cielo, *gedreht in den valli di Comacchio.*

Dieser Film ist meinem Herzen sehr nahe, wie es oft bei jenen Werken der Fall ist, die kein Publikumserfolg geworden sind. Es war der Film eines Anfängers, Aglauco Casadio, der bis dahin einige sehr interessante Dokumentarfilme gedreht hatte. Auch der Drehbuchautor Tonino Guerra war ein Kinoneuling und wurde später einer der besten italienischen Drehbuchautoren. Er kam aus der kleinen Stadt Sant'Arcangelo di Romagna und hatte sich als Dichter und Schriftsteller einen Namen gemacht. Der Film war ein bizarres Märchen, das mir außerordentlich gut gefiel, so daß ich mit großer Begeisterung dabei war. Ich bin noch heute der Meinung, daß es ein guter Film war, was auch die positive Resonanz der Kritiker bestätigte. Die Geschichte handelte von einem jener Männer, die mit einem kleinen Lieferwagen in der Provinz herumfahren, besonders in den Dörfern der Poebene. Diesem »Rauchverkäufer« gelingt es mit seinem Geschwätz, einige alte, naive Männer einzufangen. Er verkauft ihnen, die ihr ganzes Leben in den Sümpfen verbrachten, wo man Aale züchtet, den parzellierten Himmel. Der Film war interessant, doch vielleicht zu fantastisch und unglaubwürdig für ein Publikum, das sich mehr an Greifbares hält.

In all jenen Jahren haben Sie weiterhin Theater unter der Regie von Visconti gespielt. Es war eine lange und für die Formung Ihres schauspielerischen Talents auch wichtige Zeit. Weiße Nächte *ist Ihre erste filmische Zusammenarbeit mit Visconti, und zwar nach Abschluß Ihrer Theaterlaufbahn.*

Weiße Nächte war der erste Film, in dem die von mir dargestellte Figur des einfachen, naiven jungen Mannes aus dem Volk einen sozusagen intellektuellen Anstrich bekam. Die Filmidee, nach einer Erzählung von Dostojewski, und die Regie Viscontis, mit dem mich eine zehnjährige Theateraktivität verband, garantierten ein hohes Niveau, eine gewisse Andersartigkeit gegenüber jenen Filmen, die ich bis dahin gedreht hatte. Es war für mich der erste Schritt, der zur Loslösung von der Rolle des naiven Arbeiter- und Chauffeur-Typs und zur Gestaltung komplexerer bürgerlicher und intellektueller Charaktere führte, wie sie dann später von meiner Rolle in *Das süße Leben* verlangt wurde. Für mich brachte dieser Film eine sehr interessante Erfahrung mit sich, auch weil es das zweite Mal war, daß ich in einem Genossenschaftsfilm mitspielte. Es war eine Gemeinschaftsproduktion von Visconti, Suso Cecchi D'Amico, von mir und Franco Christaldi, damals ein junger Produzent, der sich auch um die Organisation kümmerte. Die altbekannte, einfache Formel, auf Honorare zu verzichten und eine Filmproduktionsgesellschaft zu gründen, hatte zwar keinen großen finanziellen Erfolg, brachte uns jedoch einen »Silbernen Löwen« in Venedig ein. Ich bin im Ausland, in Frankreich, Deutschland, Amerika, immer wieder auf diesen Film gestoßen, der unter Kinofreunden und Filmprofis wohlbekannt war. Beim breiten Publikum indessen war der Erfolg nicht so groß – vielleicht, weil es sich doch um einen etwas intellektuelleren, nicht so leicht verständlichen Film handelte und sich die Meinung gebildet hatte: »Es ist alles schwarz, man sieht nichts.« Das stimmte zwar nicht, doch entstand dieser Eindruck wohl durch die verfeinerte, etwas geheimnisvolle Atmosphäre, die im Film herrschte. Für mich als Schauspieler war der Film eine äußerst positive Erfahrung. Einmal, weil ich bis dahin Visconti nur als Theaterregisseur gekannt hatte und nun feststellen konnte, daß sich seine Arbeit als Theaterregisseur vollkommen von derjenigen als Filmregisseur unterschied. Bei der Filmarbeit war Visconti lange nicht so bestimmend wie im Theater. Er ließ dem einzelnen Schauspieler mehr Spielraum, und bei dieser Gelegenheit lernte ich seine großen Qualitäten als Filmregisseur zu schätzen. Im Theater war Visconti sehr anspruchsvoll und dominant. Er verlangte, daß die Schauspieler sich seinen Prinzipien und Vorstellungen unterordneten, und bestimmte selbst noch den richtigen Ton beim Einsatz und die kleinste Einzelheit. Bei den Dreharbeiten waren seine Anweisungen zwar äußerst präzise, doch ließ er dem einzelnen Schauspieler mehr Gestaltungsfreiheit. Das hängt damit zusammen, daß der Film mehr Natürlichkeit verlangt, während die Darstellung beim Theater sehr viel mehr konstruiert ist. Visconti kannte den Unterschied zwischen den beiden Spielarten ganz genau, und ich erfuhr durch diese Zusammenarbeit auf sehr hilfreiche Weise die Bestätigung seiner außerordentlichen Fähigkeiten als großer Regisseur und Lehrmeister. Vielleicht hat *Weiße Nächte* auch gezeigt, daß ich nun für einen Filmtyp reif geworden war, der einige Zeit später aktuell wurde. Und vielleicht überzeugte dieser Film auch andere Regisseure davon, daß man mich für andere Rollen einsetzen konnte als bisher.

Mit Visconti werden Sie zehn Jahre später wieder zusammen arbeiten, und zwar in dem Film Der Fremde. *Diesmal jedoch wurden die Ergebnisse von den damaligen Kritikern als eher enttäuschend bezeichnet.*

Ich war auch der Produzent dieses Films, den ich mit der »Master Film« für De Laurentiis realisierte. Diese Produktionsfirma hatte ich anläßlich des Films *Spara forte più forte ... non capisco!* von Eduardo De Filippo gegründet. Die Regie für den Film *Der Fremde* übernahm Visconti, weil die Witwe Camus' niemand anderem die Rechte für die Verfilmung des Romans abgetreten hätte. Der Film wurde damals nur mit Vorbehalt aufgenommen. Man vertrat die Meinung, Viscontis Verfilmung halte sich zu strikt an die Vorlage. Man hätte sich eine persönlichere Darstellung gewünscht. Visconti aber mußte sich dem Willen von Frau Camus beugen. Die hatte bestimmt, es dürfe nichts geändert werden, das Wesen des Romans von Camus müsse unverändert bleiben. Wie dem auch sei – meiner Meinung nach ist es ein wunderbarer Film, und ich weiß, daß viele Menschen der gleichen Ansicht sind. Als der Film nämlich im Fernsehen gezeigt wurde, war das Echo sehr positiv, auch wenn sich die Kritik nicht gerade begeistert gezeigt hatte. Es kommt vor, daß auch der Zuschauer einen Film nach Jahren anders bewertet. Als zum Beispiel der herrliche Film *I compagni* (Die Peitsche im Genick) von Monicelli herauskam, hatte er überhaupt keinen Erfolg beim Publikum, vielleicht weil man den ironisch gemeinten Titel »Die Genossen« als ernsthafte Aussage ansah, und viele daher meinten, es handle sich um einen »roten« Film. Einige Jahre später wurde dieser Film im Fernsehen gezeigt, und alle waren ganz begeistert. Im Ausland, wo man keinerlei Vorurteile hatte, wurde der Streifen als einer der schönsten italienischen Nachkriegsfilme eingestuft. Und noch heute spricht man von *The Organizer* oder *Les camarades* in lobendem Ton. Mittlerweile wird der Film als Klassiker angesehen.

Mit dem Regisseur Monicelli hatten Sie ja auch schon früher gedreht, und zwar Väter und Söhne, Der Arzt und der Zaubermeister *und* Diebe haben's schwer. *Später wird dann noch* Casanova 70 *folgen.*

In *Väter und Söhne* spielte ich in einer wunderschönen Episode mit einem Kind. Der Film besteht aus mehreren parallel verlaufenden Geschichten, die alle die Vater-Sohn-Beziehung behandeln. Ich bin der einzige »Nicht-Vater« im Film, habe statt dessen aber einen neugierigen kleinen Neffen, der mich immer wieder zu Hause besucht. Ich klammere mich an dieses Kind, denn gerade die Kinderlosigkeit hat dazu geführt, daß zwischen mir und meiner Frau nur noch eine müde und gleichgültige Beziehung besteht. Der Film *Der Arzt und der Zauberer* war zwar sympathisch, doch nicht gerade aufregend. In *Diebe haben's schwer* spielte ich einen Typ, den ich schon mehrmals dargestellt hatte – so zum Beispiel in *Schade, daß du eine Kanaille bist:* den des gutmütigen, naiven jungen Mannes, der zwar nicht komisch ist, mit seinen Reaktionen aber den Zuschauer bisweilen zum Lächeln bringt. Dieser Film ist ein Klassiker geworden und hatte auch im Ausland einen riesigen Erfolg. In Amerika wird er immer wieder im Fernsehen gezeigt und gilt noch immer als treffendes Beispiel für einen komisch-humoristischen Film. Die Entdeckung dieses Films war Gassman, dessen außerordentliche komische Fähigkeiten bis dahin niemand erkannt hatte. *Casanova 70* ist ein amüsanter Film, der den von mir stets sehr geschätzten Versuch unternimmt, das Bild des italienischen *latin lover* oder – in einem weniger sympathischen Bild gesprochen – diejenige des Stiers zu zerstören. Bei meinen Reisen ist mir aufgefallen, daß der Italiener immer entweder als Schaf- oder Ziegenbock oder aber als Stier gesehen wird. Ich habe nichts gegen dieses Bild, doch zum einen stimmt es nicht, und zum anderen wäre es doch ganz interessant, wenn man dieser physiologischen Eigenschaft vielleicht noch etwas Sensibilität hinzufügen könnte. Daran denken die Ausländer allerdings meistens nicht. Darum habe ich immer gern in Filmen gespielt, in denen die Schwäche der Italiener in Liebesdingen gezeigt wird. Denn auf diesem Gebiet sind sie alles andere als Phänomene. Sie sind wie alle anderen auch. Vielleicht lieben sie die Liebe mehr als die anderen, doch auf fantastische Art und Weise und nicht wie Schafböcke. *Casanova 70* ist somit aus dem Wunsch und der Lust entstanden, dieses konventionelle Bild des Italieners zu zerstören. So wird ein Mann gezeigt, der immer scheitert, der, um sich erregen zu können, besonderer, außergewöhnlicher Umstände, ja sogar der Gefahr bedarf.

Das süße Leben ist einer der wichtigsten Wendepunkte in Ihrer Schauspieler-Karriere. Es bedeutet das Ende Ihrer Versuche in

verschiedenen Stilrichtungen und gleichzeitig den Beginn Ihrer
künstlerischen Reife und den Start für eine ganze Reihe von Fil-
men unter bedeutenden Regisseuren.

Über *Das süße Leben* ist schon alles gesagt und geschrieben
worden. Ich glaube, dem ist nichts mehr hinzuzufügen. Für
mich brachte der Film Bestätigung und Erfolg auf internatio-
naler Ebene, auch wenn schon frühere Filme im Ausland bekannt waren. Es war für mich ein großes Ereignis, eine Anerkennung als Schauspieler. Nach *Das süße Leben* bekam ich
Angebote sogar aus Amerika, die ich allerdings nicht einmal
in Betracht zog, denn erstens konnte ich kein Englisch und
zweitens hatte ich genug zufriedenstellende Arbeit in Italien.
Es gab also keinerlei Gründe, nach Amerika zu gehen. Dieser Film vermittelte mir eine außerordentliche, herrliche Erfahrung: sechs Monate fröhliche Arbeit, bei der man gar
nicht einmal das Gefühl hatte, einen Film drehen zu müssen.
Fast war es so, als erführen wir dieses *süße Leben* selbst.
Denn vorher war mir dies alles unbekannt; ich hatte weder
mit dieser Welt noch mit der via Veneto etwas zu tun. Dieses
außerordentliche Erlebnis hatte zur Folge, daß ich von diesem Zeitpunkt an ganz andere Rollen spielte. *Das süße
Leben* ist ein Eckpfeiler meiner Karriere, eine wichtige
Etappe nach genau zehnjähriger Tätigkeit bei Theater und
Film. Nach *Das süße Leben* habe ich dann Filme mit den
größten italienischen Regisseuren gedreht: Germi, Antonioni, Petri, Bolognini. Dank dieses Films bekam ich neue
Rollentypen angeboten. Außerdem kam es zu einer Steige-
rung meines box-office-Werts, denn nach dieser internationalen Anerkennung war es für mich leichter, neue Rollen zu bekommen, und ich hatte eine größere Auswahl. Außerdem war
es der Beginn meiner Freundschaft mit Fellini, die für mich
sehr wichtig ist. Während der Dreharbeiten sagte Fellini öfter,
indem er ein Bild voller Farbe und Fantasie benutzte, wir gli-
chen Schiffbrüchigen, die auf einem Floß, ohne eigenes
Zutun, vom Wind irgendwohin getrieben würden. Das war
ein sehr schönes, ein sehr anregendes Bild. Die Arbeit mit
Fellini war eine Erfahrung, die nichts mit der normalen beruf-

›Das süße Leben‹: Anita Ekberg und Marcello Mastroianni in dem Film, der das Leben der beiden völlig veränderte

lichen Tätigkeit eines Schauspielers zu tun hatte. Es war eine Erfahrung, die mehr den Menschen als den Schauspieler betraf. *Das süße Leben* und zwei Jahre später *Achteinhalb* waren zwei unwiederholbare Erlebnisse: wie eine andere Art, in den Spiegel zu schauen, um sich besser kennenzulernen, um sich selbst zu beobachten. *Achteinhalb* war eine Art psychoanalytische Sitzung, ich könnte es fast eine Autopsychoanalyse nennen, denn Guido war das Bildnis eines Mannes meiner Generation – eines sensiblen, intelligenten Mannes, der Typ eines sehr bezeichnenden Antihelden. Er war der Prototyp der Generation der damals Vierzigjährigen, in all ihrer Schwachheit und Orientierungslosigkeit – einer Generation, eines Menschentyps, der heute nicht mehr nützlich ist, denn heutzutage braucht man Menschen, die genau wissen, was sie wollen. Es war eine gute Radiographie.

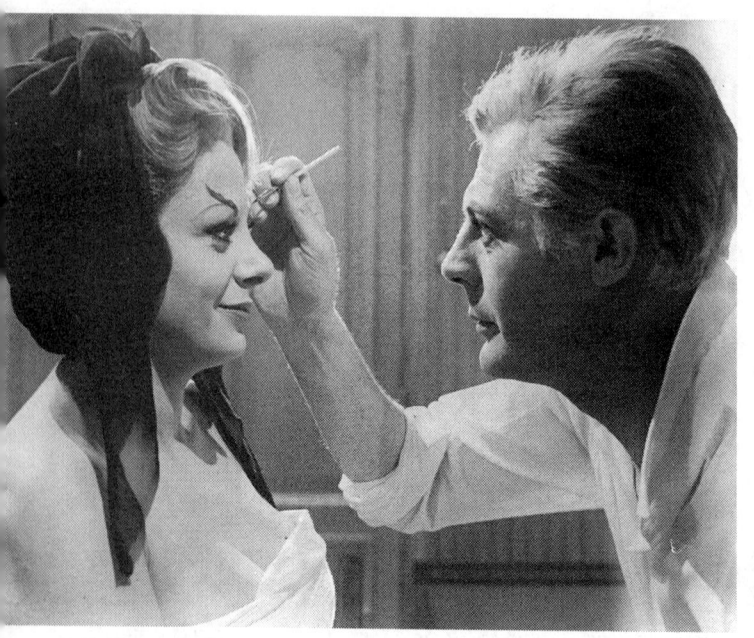

Federico Fellinis ›Achteinhalb‹ war ein weiterer Meilenstein in Mastroiannis Laufbahn. Sandra Milo spielt in diesem Film die Geliebte des Stars

Glauben Sie, daß Sie dazu beigetragen haben, diese Rolle zu gestalten?

Fellini schafft seine Filme nicht gemeinsam mit den Schauspielern. Das ist außerdem auch sehr selten, daß ein Regisseur irgend etwas mit seinen Schauspielern zusammen gestaltet. Der Regisseur hat genaue Vorstellungen, die er verwirklicht, indem er den Schauspielern genaue Anweisungen gibt. Die Rolle des Schauspielers ist es, diese Anweisungen anzunehmen. Er muß sich bemühen, den Geist und die Welt zu verstehen, die der Regisseur als Autor darstellen will. Der Darsteller muß versuchen, die gleiche Wellenlänge wie der Regisseur zu erreichen. Nur so kommt eine Zusammenarbeit zustande. Schön wär's, hätte ich die Fähigkeiten gehabt, mit Fellini gemeinsam *Achteinhalb* zu schaffen. So aber habe ich nur zusammen mit ihm gearbeitet, mich angepaßt. Ich habe versucht, gleich einem Instrument unter Fellinis Händen gut zu erklingen und kein bißchen mehr.

Ihr erster Film nach dieser entscheidenden Begegnung mit Fellini war Il bell'Antonio *von Bolognini. Hier spielten Sie eine Rolle, die gänzlich verschieden war von derjenigen des Journalisten in der Krise aus dem* süßen Leben.

Ja, ich glaube, so war es tatsächlich. Wie dem auch sei, es war eine Rolle, die mir ganz unvermutet zufiel. An sich war Jacques Charrier, der damalige Ehemann Brigitte Bardots, als Antonio vorgesehen. Doch in allerletzter Minute lehnte er die Rolle aus mir unbekannten Gründen ab. Vielleicht befürchtete er, man könne ihn tatsächlich als impotent abstempeln. Schauspieler bringen manchmal einiges durcheinander: sie meinen, sie müßten auch auf dem Bildschirm ihre Männlichkeit darstellen. Doch das hat nichts mit dem Beruf eines Schauspielers zu tun. Ich freute mich über das Angebot, auch wenn es mir erst einige Tage vor Beginn der Dreharbeiten unterbreitet wurde, denn ich liebte den Roman. Es ist doch so: Wenn ein Schauspieler einen Erfolgsfilm gedreht hat, versucht man sofort, ihn auf den dargestellten Typ festzulegen. Nach dem Erfolg des Films *Das süße Leben* hatte ich nur Rollenangebote als Frauenheld bekommen, als Besucher von Nachtlokalen. Ich fand es gut, daß ich dieses Bild sogleich zerstören konnte. Ich wollte nicht mit einem Etikett versehen werden. So war ich froh über die Gelegenheit, einen Mann darzustellen, der genau das Gegenteil von alldem war: einen Impotenten. Aus diesem Grund war ich bereit, den schönen Antonio zu spielen. Ich hatte einfach Angst, man würde mich auf einen Rollentyp festlegen. Die Tatsache, daß ich ursprünglich Theaterschauspieler war, hinderte mich daran, in eine immer gleichbleibende Rolle zu schlüpfen. Ich wollte das einfach nicht. Ich habe es gerne, wenn sich mir als Schauspieler die Möglichkeit bietet, neue Erfahrungen zu sammeln, das heißt: mich zu erneuern, zu ändern, zu modifizieren – all das, was wir im Theaterjargon unter »sich tarnen« verstehen.

Mit Antonioni haben Sie nur den Film Die Nacht *gedreht. Was können Sie uns hierzu sagen?*

Der Film war für mich ein wenig enttäuschend, denn mir schien die Figur des Schriftstellers, der gerade eine Krise durchmacht, doch eher konventionell zu sein. Mir wäre ein etwas zornigerer, eher zynischer Typ lieber gewesen, doch womöglich wäre mir diese Darstellung dann nicht einmal gelungen. Mein Beispiel war ein Schriftstellerfreund, Ennio Flaiano. Ich habe mir eingebildet, daß der Schriftsteller im Film ihm ähnlich sein müsse. Doch das entsprach offensichtlich nicht der Absicht Antonionis. So gab es einige Mißverständnisse zwischen mir und dem Regisseur. Während der Dreharbeiten kam mir die Freude, die Begeisterung etwas abhanden, die mich dazu geführt hatte, diesen Film zu drehen. Das war meine Gemütsverfassung während der ganzen Dreharbeiten. Ich hätte mich gerne als Verbündeter Antonionis gesehen, doch das gelang mir nicht. Ich weiß nicht, ob es meine Schuld war oder ob es (was er auch immer gesagt hat) daran lag, daß er das Zwiegespräch mit den Schauspielern nicht pflegt. Er benutzt die Schauspieler wie Silhouetten – ich will nicht sagen, wie Gegenstände! Das ist nicht wahr. Seine Geschichten erzählt er mehr durch Bilder, durch Stimmungen und nicht so sehr durch das Spiel des Schauspielers, das in seinem Falle nicht so wichtig ist. Das hat wahrscheinlich zu dieser Dissonanz geführt. Ich bin außerdem keine Kämpfernatur und wenn ich nicht gleich zu Anfang – um in der Boxersprache zu sprechen – die richtige Distanz finde, so ziehe ich mich in die Ecke zurück.

Der Film Scheidung auf italienisch *zeigt Sie zum ersten Mal in einer sehr betonten Charakterrolle, auf die uns keine Ihrer vorausgegangenen Darstellungen vorbereitet hatte. Wie sind Sie zu diesem Film gekommen?*

Die Geschichte, wie ich zu der Rolle in *Scheidung auf italienisch* kam, ist zwar nicht weltbewegend, aber doch etwas ungewöhnlich. Ich war nämlich der letzte in einer langen Reihe von Schauspielern, die man gefragt hatte – darunter auch ein

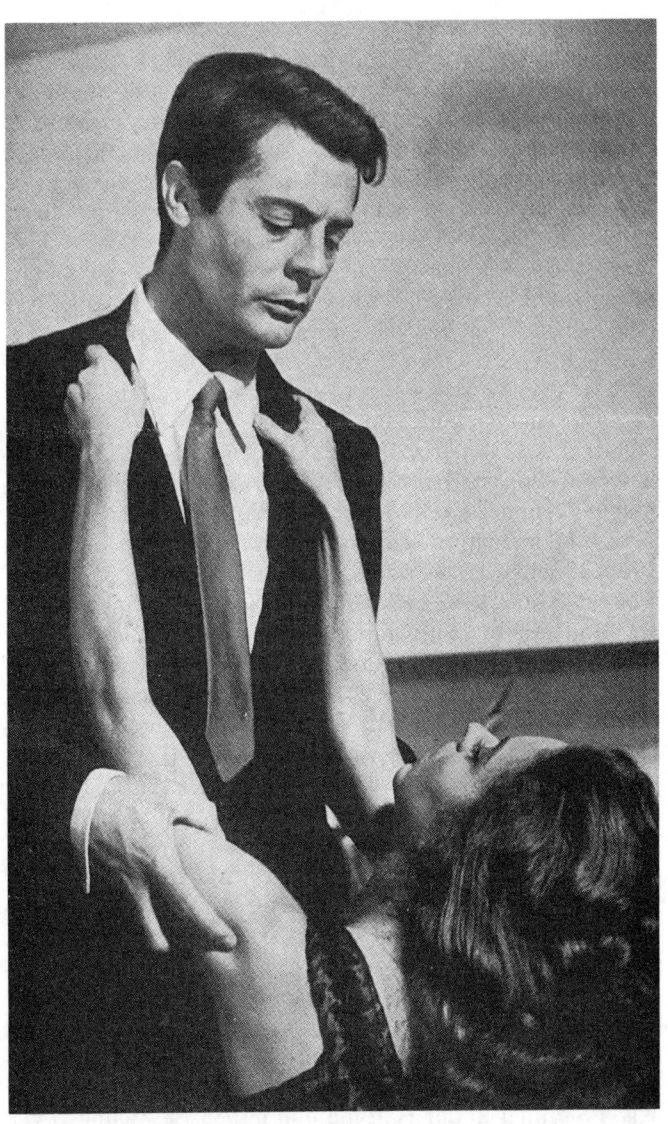

Mastroianni und Jeanne Moreau in ›Die Nacht‹

amerikanischer Schauspieler, dessen Name mir entfallen ist. Germi brachte mich als Schauspieler nur mit dem Film *Das süße Leben* in Verbindung und vielleicht auch noch mit der *Feinen Gesellschaft.* Er war ein sehr introvertierter Mensch, ein Misanthrop. Es schien fast, als verachte er all diejenigen ein wenig, die der oberflächlichen Filmwelt angehörten. Er kannte mich nicht persönlich. Anhand des Fellini-Films hatte er sich ein bestimmtes Bild von mir gemacht, und ich erschien ihm sicher nicht der geeignete Darsteller für seinen Film. Nachdem ihm aber aus verschiedenen Gründen mehrere Schauspieler abgesagt hatten und er andererseits einen bekannten Namen, einen Kassenmagneten brauchte, folgte er endlich dem Vorschlag eines Produktionsberaters, der ihm meinen Namen nannte. Ich zeigte ihm einige Standfotos, die während der Dreharbeiten zu *Das Spukschloß in der Via Veneto* aufgenommen worden waren. Dann zeigte ich mich einmal mit einem Lockenkopf und einmal mit straff nach hinten gekämmten Haaren, Schnurrbart usw. Ich machte auch noch Probeaufnahmen, als wäre ich ein Anfänger, der zum ersten Mal sein Glück beim Film versucht. Nachdem er die Fotografien und die Probeaufnahmen gesehen hatte, änderte Germi seine Meinung, und ich durfte in dem Film spielen, der dann überall in der Welt großen Erfolg hatte. Ich kann wohl sagen, daß es mein persönlicher Erfolg war. Meine Darstellung überraschte alle etwas, vor allem die Amerikaner, die wohl nicht damit gerechnet hatten, daß der junge Herzensbrecher aus dem *süßen Leben* nun eine Charakterrolle wie jene in *Scheidung auf italienisch* spielen könnte. Dazu muß gesagt werden, daß im amerikanischen Film die Schauspieler immer auf bestimmte Rollentypen festgelegt werden. Man kann sogar sagen, daß man früher eine Art Spezialisierung verlangte, das heißt, der Schauspieler sollte nicht eine bestimmte Rolle gestalten, sondern er sollte immer entweder Cowboy oder Gangster oder irgendeinen anderen Typ darstellen. Das erklärt, warum die Amerikaner sich über eine so radikale Änderung wunderten. Während ich meinem Baron Cefalù eine gewisse Steifheit in der Haltung und in den Bewegungen verlieh, mußte ich an die Ratschläge denken, die Monicelli dem

› Trauen Sie Alfredo einen Mord zu? ‹

Schauspieler Tiberio Murgia im Film *Diebe haben's schwer*
gab, indem er ständig wiederholte: »Stolz, Murgia, stolz!«
Diese Ähnlichkeit ist nur einem amerikanischen Kritiker aufgefallen, der mich in einem Interview fragte, ob ich bei meiner Charakterstudie den lustigen Ferribotte im Auge gehabt
habe.

Im Jahre 1961 spielen Sie auch in Trauen Sie Alfredo einen
Mord zu? *von Petri. Dieser Film war nur der Anfang einer er-
folgreichen Zusammenarbeit, der Sie auch Ihren einzigen
Fernsehfilm* Die schmutzigen Hände *zu verdanken haben.*

Ich war mit Petri befreundet. Er gab mir das Drehbuch zu
L'assassino zu lesen, es gefiel mir sehr gut, und ich nahm die

41

Rolle an. Durch meine Mitwirkung in dem Film erleichterte ich auch den Start eines jungen Regisseurs, der zwar auf diese Arbeit gut vorbereitet war, bis dahin aber noch keine Gelegenheit erhalten hatte, sich einen Namen zu machen. Dieser Film war sein Debüt als Regisseur. Petri hatte allerdings als Regieassistent in einigen Filmen gearbeitet, die ich früher gedreht hatte, und es war nicht schwer zu erkennen, daß er beachtliche Fähigkeiten besaß. Ich drehte also diesen Film, und es war für mich keine Enttäuschung, denn der Film war sehr gut und auch erfolgreich. Der Film *Das 10. Opfer* war sehr interessant, denn er war einer der ersten Versuche eines italienischen Science-fiction-Films. Als Vorlage diente eine dramatische, wenn nicht gar tragische amerikanische Erzählung. Die Aussage des Films war: In einer Welt ohne Krieg werden die Menschen Spiele erfinden, um sich gegenseitig zu töten. Petri nun hat mir vor einiger Zeit gesagt, er werde gerne ein neues Ende für diesen Film drehen, denn das Happy-Ending sei ihm von den Filmverleihern aufgezwungen worden. Dieses Beispiel zeigt, daß die Filmindustrie ihre eigenen Gesetze hat, die oft nichts mit der eigentlichen Idee des Autors zu tun haben. *Todo Modo* ist ein weiterer Film, an dem ich sehr hänge, denn zum ersten Male hatte ich eine Rolle, die sich gänzlich von allen meinen bisherigen Darstellungen unterschied. Dieser starke, schreckliche, teuflische Priester bedeutete eine große Herausforderung für einen Schauspieler, und ich habe tatsächlich mein Bestes gegeben. Leider hatte dieser Film keinen großen Erfolg. Trotzdem ist es dramatisch, beunruhigend zu überlegen, wie dieser Roman von Sciascia und der Film die fürchterlichen Ereignisse voraussahen, die später tatsächlich eingetreten sind. Ich glaube, ein Schriftsteller wie Sciascia hat Vorahnungen, besitzt einfach Antennen für das, was in der Luft liegt. Der Fernsehfilm *Die schmutzigen Hände* war für mich eine neue Erfahrung, und ich gehe gerne neue Wege – noch dazu mit einem Freund wie Petri. Ich glaube, Sartres Stück nach mehr als drei Jahrzehnten neu zu gestalten, ist zumindest interessant. Dieses Stück neu vorzustellen nach den Ereignissen, die es nun in einem ganz anderen Licht erscheinen lassen und die wahrscheinlich dazu beigetragen haben, das ehemals völlig negative Urteil der Linken zu ändern, bedeutet, Sartre von dem damals gegen ihn erhobenen Vorwurf des Verrats freizusprechen. Sieht man das Stück heute, so merkt man, daß vieles sich verändert hat, so auch das Urteil über Sartre und dieses sein Werk. Bei den Fernseharbeiten hat mich nur etwas gestört: Daß nämlich beim Fernsehen eine Atmosphäre herrscht wie in einem Ministerium, wie in einem Büro! Beim Filmen unter der Erde hatte ich das Gefühl, zu ersticken – es fehlte mir die Luft. Sicher, auch das Fernsehen kennt Außenaufnahmen. Doch das ist seltener – außerdem ist das ganze System ein anderes. Es war fast etwas deprimierend: Geld bekam man an der Kasse, der Vertragsabschluß fand in einem Büro statt – das alles war mir neu, ich hatte bis dahin nur die Film-Organisation oder vielleicht besser – Disorganisation kennengelernt.

Kehren wir zum Kinofilm zurück, vor allem zu De Sica. Sie waren schon als Junge dem Regisseur De Sica begegnet, doch außerhalb der Dreharbeiten. Erst 1963 arbeiteten Sie endlich in dem Film Gestern, heute, morgen *unter der Regie von De Sica und – wieder einmal – als Partner von Sophia Loren. Sie hatten jedoch als Schauspielerkollege mit De Sica in mehreren Filmen gearbeitet.*

Es gab Jahre, in denen Sophia Loren, De Sica und ich so eine Art unzertrennliches Terzett waren. In *Eine Frau für schwache Stunden* zum Beispiel spielte auch De Sica mit, desgleichen in anderen Filmen, die ich mit Giovanna Ralli drehte, so in *Der Bigamist* (Il bigamo) oder in *Der Arzt und der Zauberer.* Ich habe mit De Sica als Schauspieler viel zusammengearbeitet, bevor ich unter seiner Regie spielte. Mit De Sica verband mich immer eine herzliche Freundschaft, die mehr war als nur eine berufliche Beziehung. Für mich war er wie ein Onkel. Ich habe mich zwar nie getraut, ihn zu duzen, doch er duzte mich, und ich wage zu behaupten, daß es eine fast verwandtschaftliche Beziehung war, vielleicht, weil wir be
aus der gleichen Gegend stammten. Außerdem e
auch seine äußere Erscheinung mit dem vollen
ganz der Rolle des interessanten, sagenu

wandten, des bedeutenden Onkels meiner jungen Jahre. Allerdings gehören die Filme, die ich unter seiner Regie drehte, nicht gerade zu denen, die Filmgeschichte machten: *Gestern, heute, morgen* – eine sympathische und lustige Komödie, die großen Erfolg hatte; auch *Ehe auf italienisch* ist sicherlich ein guter Film; *Der Duft deiner Haut* war ein nur aus kommerzieller Sicht gedrehter, nicht sehr gelungener Film. Auch De Sica wußte das, doch wir hatten beide Schulden, und der Film wurde unter anderem auch aus diesem Grund gedreht; in *Die Sonnenblumen* habe ich sogar eine Szene auf Russisch gespielt, obwohl ich überhaupt kein Russisch kann. Ich mußte einer russischen Schauspielerin Einsatzzeiten und Stichwörter geben, es ging einfach nicht anders.

Mit Sophia Loren haben Sie mindestes zehn Filme gedreht und mit vielen anderen Schauspielerinnen haben Sie mehr als einmal zusammengearbeitet. Doch mit Anna Magnani haben Sie nur in dem Film Im Jahre des Herrn 1870 *zusammengespielt. Welche Erinnerung haben Sie an Ihre Partnerin Anna Magnani?*

Es war das erste Mal, daß ich mit Anna Magnani spielte, und ich war fürchterlich aufgeregt. Ich bedaure, meinen Kolleginnen das sagen zu müssen; doch die Empfindungen, die Gemütsbewegungen, die ich im Zusammenspiel mit Anna Magnani erfuhr, waren einzigartig. Man kann gar nicht darüber sprechen, man kann die Intelligenz und die Größe von Anna Magnani als Schauspielerin nicht in Worte fassen. Ich kann mich erinnern, daß sie eine lange Tirade aufsagen mußte, eine Art Kommentar zu einigen politischen Ereignissen, die im Film geschildert wurden. Doch sie bestand darauf, daß es so nicht ginge, indem sie sagte: »Was soll diese ewig lange Szene, in der Mastroianni mir nur zuhören soll. Teilen wir es auf: Ich spreche den einen Teil und er den anderen.« Damit will ich sagen, daß die Legende nicht stimmt, die Magnani sei eine schreckliche Frau, und mit ihr zusammenzuarbeiten äußerst schwierig. Außerdem bin ich der Meinung, wenn jemand ein so exzellenter Schauspieler ist, so kann er sich alles leisten. Man muß nur an die vielen Launen dummer Schauspielerin-

*Faye Dunaway und Marcello Mastroianni in ›Der Duft deiner Haut‹ – die
beiden waren auch privat mehrere Jahre ein Paar*

nen denken, um zu würdigen, welches Maß an Intelligenz
und welch eine Großzügigkeit sie mir gegenüber gezeigt hat.
Vielleicht war es auch so eine Art Achtung für mich, ich weiß
es nicht. Wir wollten noch einen anderen Film gemeinsam
drehen, nach einer französischen Komödie: »Tchin-Tchin« –
die Geschichte zweier Alkoholiker. Doch es kam nicht dazu.

45

Der Film ist grausam, wenn er Schauspieler fallen läßt und bestimmt, sie seien nicht mehr modern, obwohl ihre Fähigkeiten allgemein anerkannt werden. Ich halte das für einen riesigen Fehler, denn das Publikum liebt Comebacks. Wenn ein Schauspieler nach einer längeren Pause zurückkehrt, ist das Publikum sehr großzügig, denn es liebt die Menschen, die sich wieder emporarbeiten, sich wieder einen Platz im Rampenlicht erobern. Bei uns ist so etwas eher schwierig. Hier setzt man immer auf den Neuankömmling. Es herrscht die Überzeugung, daß bei einer Schauspielerin nur Busen und Hintern etwas zählen. Man geht immer den leichtesten Weg, der sich dann vielleicht als der falsche erweist. Der amerikanische Film, der für mich immer ein Vorbild war, setzt nicht auf solche Äußerlichkeiten, sondern auf die echten Fähigkeiten eines Schauspielers und einer Schauspielerin. Das gute Äußere ist dann nur noch ein Pluspunkt, der das echte schauspielerische Talent ergänzt.

Nachdem Sie gemeinsam mit einigen Kollegen in einer Produktionskooperative die Filme Gegen das Gesetz *und* Weiße Nächte *produziert hatten, dachten Sie, soviel ich weiß, mehrmals daran, auch Produzent zu werden. Dies war 1966 der Fall mit dem Film* Spara forte, piu forte ... non capisco! *unter der Regie von Eduardo De Filippo. Doch der Film war kein Erfolg.*

Dies lag hauptsächlich an Levine, dem amerikanischen Filmverleiher. Levine verließ sich auf mich für die Organisation, ohne zu ahnen, daß es mir noch nie gelungen war, irgend etwas, nicht einmal mich selbst, zu organisieren. Da ich nun der Produzent war, suchte ich mir als Regisseur Eduardo De Filippo aus. Ich bewunderte diesen Künstler sehr und war der Meinung, wenn es mir nicht gelänge, ihn als Regisseur zu gewinnen, dann käme die Gelegenheit wahrscheinlich nie wieder. Vielleicht hätte ich es lieber lassen sollen, denn Eduardo war zwar, wie alle wissen, ein großer Theaterregisseur, hatte aber nur wenige Filme gedreht. Warum das so war, weiß ich nicht. Vielleicht zogen es die Produzenten vor, ihn nur als Schauspieler zu verpflichten, oder vielleicht hat er den Film geschnitten. Ich wollte gerne unter seiner Regie arbeiten und, da ich der Produzent war, konnte ich es mir leisten. Wir mußten uns auch bestimmten Marktregeln anpassen, was dem Film schadete. Der amerikanische Verleiher, der auch den Film finanzierte, setzte die Besetzung mit Raquel Welch in einer kleinen Rolle durch, denn das war wichtig für den amerikanischen Markt. Diese Fehlbesetzung schadete der köstlichen Komödie De Filippos, »Die inneren Stimmen«, etwas, die dem Film zugrunde lag. Es kam zu einer Verfälschung der Geschichte, und der Film überzeugte nicht. Wie dem auch sei, ich habe es nie bereut, diesen Film gedreht zu haben.

Jetzt, nach Jahren, sind die Einnahmen unwichtig – was zählt, sind die Erinnerungen, die gewonnenen Erfahrungen. Für mich war es eine große Ehre, ein großes Privileg, unter der Leitung von Eduardo De Filippo spielen zu dürfen.

Sie haben in den langen Jahren Ihrer Schauspielerlaufbahn mit vielen ausländischen Regisseuren zusammengearbeitet. Der erste war Jules Dassin im Jahre 1958.

Ich habe den Film *Das Gesetz* nie für einen wirklich gelungenen Film gehalten, auch wenn er einige sehr schöne Einzelheiten aufwies. Es ist immer sehr schwierig für einen ausländischen Regisseur, ein Thema zu behandeln, das für ein Land charakteristisch ist, das er nicht genau kennt. Dassin hatte außerdem große Anfangsschwierigkeiten – und auch bei der Montage. Ich glaube, er mußte damals viele Zugeständnisse machen. Ich kenne zwar die Einzelheiten dieser Geschichte nicht, es sind nur Schlüsse, die ich aus Dassins Ausbrüchen ziehen kann. Für mich war dabei nur die Tatsache interessant, daß mir der Film die Möglichkeit bot, Dassin aus der Nähe kennenzulernen, einen ausgezeichneten Regisseur, dessen Bedeutung mir bis dahin nicht so klargeworden war. Er kann fabelhaft mit Schauspielern umgehen, denn er ist selbst Schauspieler gewesen. Ein Jammer, daß ich in einem so glücklosen Film mit ihm zusammengearbeitet habe. Der Film wurde in Rodi Garganico, im Gargano, gedreht und nicht auf Korsika, wie die italienische Synchronisation vermuten läßt.

Einige Jahre später haben Sie dann unter Louis Malle in Privatleben *gespielt.*

Dieser Film war ein rein kommerzielles Unternehmen. Brigitte Bardot war damals sehr bekannt und ich auch, so spannte man uns einfach zusammen. Malle, der gerade den hinreißend schönen und überall erfolgreichen Film *Die Liebenden* inszeniert hatte, drehte hier einen vollkommen uninteressanten Streifen. Ursprünglich sollte die Geschichte eines Paares mit seinen Schwierigkeiten, seinen Krisen erzählt werden. Es wurde jedoch eine Art Biographie daraus, die Biographie einer Filmdiva wie Brigitte Bardot, die einer wahren Verfolgungsjagd seitens der Presse und der Fotografen ausgesetzt ist. Die Aussage des Films wurde also verändert, und der Film war kein Erfolg. Handwerklich war der Film recht gut, das ist sicher. Er wurde jedoch von der Kritik verrissen, auch von der amerikanischen.

Sie drehten dann den Polanski-Film Was?, *in dem Ihre Rolle interessanter war.*

Polanskis italienisches Abenteuer ist nicht überzeugend. Wie dem auch sei, ich hatte eine sehr dankbare Rolle: einen Schwachkopf, dem – vielleicht infolge der Lues – die Hände zittern, und der immer alles vergißt. Er kann sich nicht einmal an seine früheren Begegnungen mit der Hauptdarstellerin, einem Mädchen, erinnern und wiederholt unentwegt: »Es wäre schön, eine Tasse Tee mit dir zu trinken, morgen um fünf oder um sechs.« Auch in diesem Film machte man sich über den *latin lover* lustig, der hier als ein wahres Wrack gezeigt wurde, völlig verblödet durch Alkohol oder Drogen, von Stechmücken geplagt. Ich bin allerdings der Meinung, daß unser Klima, die südliche Sonne und das Licht nicht zu Polanski passen. Wahrscheinlich braucht er eine nördliche Umgebung, eine andere Atmosphäre. Dem Film fehlte die Entschlossenheit, eine gewisse Grausamkeit. Er vermittelte keinerlei Gefühle des Unbehagens oder der Angst. Das Drehbuch war da ganz anders, bei seiner Lektüre bangte man tatsächlich um das Schicksal des Mädchens.

M. M. und Billie Whitelaw in John Boormans › Leo der Letzte‹

In den Jahren 1968 bis 1970 haben Sie zwei sehr unterschiedliche englische Filme gedreht: Diamanten zum Frühstück *und* Leo der Letzte.

Bei dem ersten Film handelte es sich um eine spritzige Komödie. Ich fuhr nach London, unter anderem, weil ich auf einmal Lust bekam, mich außerhalb Italiens umzuschauen und zu reisen. Es erschien mir auf einmal als Fehler, die Angebote

49

aus dem Ausland immer auszuschlagen. Es war ein echtes Abenteuer, denn ich sprach damals kein Wort Englisch; so habe ich meine Rolle auswendig gelernt und wie ein Papagei nachgeplappert. Es war eine schöne Zeit. London war damals voller Leben: die Hippies, die Beatles – es war ein schönes Erlebnis. Die Rolle in *Leo der Letzte* wurde mir vom Regisseur John Boorman angeboten, dem meine Darstellung in *I compagni* (Die Peitsche im Genick) gefallen hatte. Da ich eine gute Erinnerung an meinen Londoner Aufenthalt bewahrt hatte, habe ich das Angebot gerne angenommen. Der Film hat in Cannes den Preis für die beste Regie erhalten, und er ist in der Tat sehr schön, hatte aber überhaupt keinen Erfolg. Niemand hat ihn gesehen, er fand keinen Anklang. Dann und wann treffe ich jemanden, meistens einen Ausländer, der mir sagt: »Leo der Letzte, ein schöner Film.« Ich antworte: »Sie sind der Vierzehnte, der den Film gesehen hat. Nur vierzehn haben ihn gesehen, doch alle fanden ihn schön.« Warum dieser Film überhaupt keinen Erfolg gehabt hat, ist für mich ein Rätsel. Ich nehme an, daß mit dem Verleih irgend etwas nicht geklappt hat, denn es ist merkwürdig, daß dieser Film von Anfang an ein solcher Mißerfolg war.

Ebenfalls erfolglos in Italien waren einige Filme, die Sie in Frankreich gedreht haben. Das betrifft vor allem Mach's gut, Nicolas *und* Die Umstandshose.

Das stimmt, doch habe ich in der Zeit, in der ich in Paris lebte, in einigen Filmen von Ferreri und in *Das passiert immer nur den anderen* von Nadine Trintignant gespielt. Ich war einer der ersten Schauspieler, die unter einer Regisseurin drehten. Es war eine äußerst angenehme Zusammenarbeit, und auch der Film ist nicht schlecht. *Mach's gut, Nicolas* ist ein reizender Film, doch ich glaube, er wurde nur in einigen Städten gezeigt. Der Regisseur Yves Robert wurde durch seinen Film *Krieg der Knöpfe* bekannt. Der von mir mit Robert gedrehte Film hat überall Erfolg und sehr gute Kritiken gehabt, doch in Italien kam er nicht an, wurde fast nirgends gezeigt. Es ist die Geschichte eines kleinen Schauspielers, der sich recht und schlecht durchschlägt, der sich für die große

Karriere abstrampelt, die ihm aber nicht gelingt. Uns Schauspielern geht dieser Film unter die Haut.

Sie haben mit zahlreichen Regisseuren mehrmals zusammengearbeitet, so daß die beiden Namen zusammen ein Begriff wurden und auch finanziell Erfolg hatten. Ich meine jedoch, daß es nur bei einigen zu jenem kameradschaftlichen Verhältnis kam, das Sie für die Beziehung Regisseur/Darsteller für so wünschenswert halten. Gehört Ferreri zu diesen Regisseuren?

Mit Ferreri macht die Arbeit Spaß, denn er läßt seinen Schauspielern viel Bewegungsfreiheit. Natürlich überwacht er die Schauspieler, doch wenn sie sich gut in seine Welt einfügen, gibt er ihnen auch die Möglichkeit zu improvisieren, Spaß zu haben. Der Film *Das große Fressen* ist ein überzeugendes

›Das große Fressen‹: *Michel Piccoli, Philippe Noiret, Ugo Tognazzi und Marcello Mastroianni*

Beispiel, wie Schauspieler und Regisseur Verbündete sein können. Es ist eine Kameradschaft fast wie in der Kaserne, wenn der einzelne Schauspieler nicht mehr darauf pocht, Hauptdarsteller zu sein, wenn es ihm nur darum geht, mit Freunden zu arbeiten und es ihm nichts ausmacht, wenn der eine oder der andere mehr Einstellungen hat als er. In diesem Fall entsteht eine echte Zusammenarbeit, ein außergewöhnlicher Team-Geist. Ferreri hat die Gabe, eine solche Atmosphäre zu schaffen; die Schauspieler werden dazu gebracht, ihre Starallüren abzulegen und echte Mitarbeiter zu werden. Mein erster Film mit Ferreri war *Break-Up*. Der Produzent Ponti war von diesem Film nicht überzeugt. Er ließ ihn zu einem Sketch zusammenschneiden und nahm ihm so jede Überzeugungskraft. Man fügte noch zwei weitere Episoden hinzu, und der Film hieß dann *Heute, morgen und übermorgen*. Ich kann mich daran erinnern, daß ich eine Zeitlang auf Ferreri einredete und immer wieder sagte: »Du hast den Film zusammengeschnitten, weil du nicht an seinen finanziellen Erfolg glaubst. Doch da es sich ja um die Geschichte eines Selbstmörders handelt, warum drehst du nicht zwei weitere Episoden, die das gleiche Thema behandeln?« Es war mir auch mühelos gelungen, Pasolini von der Zweckmäßigkeit zu überzeugen, eine derartige Episode zu drehen. Er sagte mir, er werde den Selbstmord des Petronius Arbiter gerne inszenieren, denn er war der Meinung, dies sei ein heiterer Selbstmord gewesen. Als ich mit dem Produzenten Ponti darüber sprach, fragte der mich, ob ich übergeschnappt sei. Mein Vorschlag, drei Selbstmordepisoden zusammenzuspannen, erschien ihm verrückt. Ich meine aber, daß es ein sehr moderner Einfall war und – interessant zu verwirklichen. Ein Jahr später gab Ponti die Genehmigung, den Film in seiner vollen Länge herauszubringen, doch es war mittlerweile zu spät. So ist der Film nur in der Filmographie Ferreris enthalten und ich bin sicher, daß er auch für Ferreri der interessanteste Film ist, den er jemals gedreht hat. Denn dieser Film enthielt im Ansatz schon alle Themen, die er in den späteren Filmen weiterentwickelte: z. B. das Essen, die Einsamkeit, den Weiberhaß, das Unvermögen, eine Beziehung zu einer Frau herzustellen. Im Entwurf waren all diese Themen in dem Film schon angelegt, und man kann sagen, daß die nachfolgenden Filme eine Weiterentwicklung der einzelnen Themen darstellten. Jeder dieser fünf Ballons ist ein Film geworden. Ein weiteres interessantes Abenteuer war der Film *Touche pas à la femme blanche,* der allerdings mit vielen Vorbehalten aufgenommen wurde. Vielleicht erwartete das Publikum nach *Das große Fressen* einen weiteren Skandalfilm. In diesem Film aber gab es nur eine Umstellung der Epoche, der Sitten und der Ereignisse. Es war ein surrealistischer Film, dessen satirische Absichten vielleicht nicht jedem verständlich waren. Ich weiß nur, daß uns Schauspielern, die wir gleichzeitig Verbündete des Regisseurs waren, dieser Film großen Spaß bereitete. Als mich Ferreri, der sich schon in Amerika aufhielt, für den Film *Affentraum* nachkommen ließ, kannte ich nicht einmal das Drehbuch. Meine Rolle wurde Tag für Tag neu geschaffen. Es hat mir großen Spaß gemacht, zusammen mit Ferreri diese nur in den Ansätzen vorhandene Gestalt zu formen. Indem er mich in der neuen Umgebung beobachtete, immer wieder anregte und leitete, verhalf mir Ferreri zu einer sehr gelungenen Darstellung in einem Film, den ich großartig finde.

Anfang der 80er Jahre spielten Sie den Journalisten in Die Terrasse *und den Snáporaz in* Fellinis Stadt der Frauen (Stadt der Frauen). *Beide Figuren sind wieder eine Variation zu dem Thema des Fünfzigjährigen in der Krise. Ihre Verbindung zu Fellini ist älter und sicher auch enger, doch auch Scola war Ihnen schon vor zehn Jahren mit* Eifersucht auf italienisch *begegnet.*

Eifersucht auf italienisch ist ein wunderschöner Film, mit dem ich mich sehr identifiziere und den ich für ein Meisterwerk halte. Für mich brachte dieser Film die Rückkehr zur Darstellung des Mannes aus dem Volk. Eine differenziertere Schilderung der Charaktere und des Milieus, eine mehr fantastische Atmosphäre und eine ironische Betrachtungsweise kennzeichnen allerdings diese neueren Filme. Die Rolle des naiven, etwas dümmlichen Kommunisten hat mir großen Spaß gemacht, und ich erhielt dafür einen Darstellerpreis beim Festival in Cannes. Anschließend gab es dann das amerikanische Abenteuer mit *Permette? Rocco Papaleo.* Der Film war kein großer Erfolg, trotzdem mag ich ihn, auch weil wir diesen Film unentgeltlich drehten und nur einen Anteil an dem eingespielten Gewinn verlangten. Es gab dann keine Gewinne, doch dafür haben wir drei Monate in Chicago verbracht, und auch das war eine interessante Erfahrung. Ich habe einige Male Filme ohne Honorar gedreht. Wenn die Geschichte interessant und glaubhaft ist, dann arbeitet man gerne mit einem bestimmten Regisseur – dann ist man auch bereit, einen Film ohne Honorar und mit einer Gewinnbeteiligung zu drehen. Hat der Film Erfolg, ist alles gut, sonst hat man Pech gehabt! Selbstverständlich kann man das nicht immer machen. Es muß schon ein Freund sein, der den Vorschlag macht, das ganze wie ein Abenteuer aufzufassen und einen Film zu drehen, weil man gerne zusammenarbeitet. Der große Erfolg kam später, besonders mit dem Film *Ein besonderer Tag,* mit einem Film, dessen Verwirklichung merkwürdigerweise große Schwierigkeiten bereitete. Das Drehbuch wurde von den Geldgebern mit der Begründung abgelehnt: »Na ja, hier passiert doch nichts. Außerdem gehören Sophia Loren und Mastroianni mittlerweile zum alten Eisen!« Dabei darf man nicht vergessen, daß das Drehbuch ja nur eine Inhaltsangabe ist. Man muß den Fähigkeiten des Regisseurs und der Darsteller auch vertrauen. Wenn alle Filme nur noch aus erotischen Szenen und *action* bestehen sollen, dann können wir das Kino bald zu Grabe tragen. Dieser Film ist ein klassisches Beispiel für das, was Kino sein kann. Die Dreharbeiten mußten um sechs Monate verschoben werden, weil sich kein Geldgeber fand – und dann der Riesenerfolg!

Auch im Film Bleib wie du bist *von Lattuada stellen Sie einen reifen und doch im Grunde fast unsicheren Mann dar – eine Darstellung, die nach meiner Meinung nicht gebührend anerkannt wurde.*

Das kommt wahrscheinlich daher, weil es ein sentimentaler Film ist. Ein reifer Mann begegnet einem jungen Mädchen –

Könnte sich einem alternden Lüstling ein schönerer Anblick bieten?
Fellinis ›Stadt der Frauen‹

das ist nicht neu – das ist so alt wie die Menschheit. Das ist
auch ein Thema, das filmisch schon mehrmals verwertet
wurde. Ich meine jedoch, daß Lattuada das Thema mit einer
besonders glücklichen Hand behandelt hat. Es ist das Porträt
eines reifen Mannes. Die Darstellung seiner Feigheit, seiner

Trägheit und seines Lebensüberdrusses, aus dem ihn nicht einmal die Begegnung mit einem jungen, hübschen und intelligenten Mädchen aufrütteln kann. Es ist also nicht die übliche sentimentale Geschichte, denn es wird das Porträt eines Menschen und ein Generationskonflikt aufgezeichnet. Hinzu kommt auch noch ein leicht kriminalistischer Einschlag, denn fast bis zum Ende der Geschichte wird der Mann von dem fürchterlichen Verdacht verfolgt, das Mädchen könnte seine Tochter sein. Wie dem auch sei, ich glaube, nicht so sehr die Angst vor einer nie gekannten Vaterschaft, sondern eher seine Lebensmüdigkeit bringen den Mann dazu, diese Beziehung zurückzuweisen. Mit fünfzig Jahren hat ein Mann nicht mehr die Begeisterungsfähigkeit und die Großzügigkeit, die er mit zwanzig und dreißig hatte. Er ist wie in einem Spinnennetz gefangen, aus dem es schwer ist, sich zu befreien.

Haben Sie nach über hundert Filmen (Die Stadt der Frauen *war der Hundertste) das Gefühl, sich verwirklicht zu haben? Hat es jemals Vorhaben gegeben, die dann in der Schublade geblieben sind, und nie in Szene gesetzt worden sind?*

Für einen Schauspieler ist es leicht, Pläne zu schmieden, unentwegt Einfälle zu produzieren – das ist einer der Vor- oder Nachteile des Berufs, je nachdem, wie man die Sache sieht. Ein Schauspieler steckt voller fantastischer Geschichten, Märchen. Jeder Vorwand kommt ihm gelegen, um sich eine Geschichte auszudenken. Zusammen mit meinem Bruder Ruggero, der nicht Schauspieler, sondern Cutter ist, haben wir uns oft aus Spaß vorgestellt, wie es wäre, zusammen zu drehen und jene amerikanischen Filme zu parodieren, in denen oft ein furchterregendes Bruderpaar auftritt. Bevor die Filme von Dario Argento Mode wurden – und da wir mit dem Regisseur Petri befreundet waren –, schlugen wir ihm einmal einen Film mit dem Titel Necrofilia vor (es war die Zeit, da ich *Achteinhalb* drehte). Mit diesem Film wollten wir Vincent Price nachahmen, einen Schauspieler, der uns belustigte. Necrofilia sollte eine Parodie auf die Horrorfilme sein. Wir hatten ein Schwimmbad voller Blutwürste vorgesehen, Bademäntel aus Kutteln, zwei von Buazelli und Panelli gespielte Dunkelmänner, die Leichen aus dem Keller einer Klinik klauen. Petri hat dieses Projekt jedoch nicht einmal in Erwägung gezogen. Wir haben es noch einmal mit einem Westernfilm versucht, in jener Zeit gab es den sogenannten Italo-Western noch nicht. In diesem Streifen mit dem Titel »Los ruspantos« überfallen zwei angeblich furchterregende Brüder die Dörfer und leeren Küchen und Vorratskammern. Man kann natürlich sagen, das sei eine etwas kindische Art, alles zu parodieren. Doch Petri hat uns nie ermutigt, und wir bedauern es sehr, daß es auf diese Weise nicht zu einem Film gekommen ist. Das einzige Mal, daß mein Bruder und ich zusammen spielten, das war in *Scipione detto anche l'Africano* – ein merkwürdiges Abenteuer. Gigi Magni mußte damals auf meinen Bruder, der sich erst ablehnend verhielt, sehr einreden, um ihn zu überzeugen. Wir haben uns gut dabei unterhalten, ich mußte mir für die Rolle den ganzen Kopf kahl scheren, die Sache gefiel mir. Ich glaube, man kann sagen, die Zahl der nie verwirklichten Projekte ist fast genauso groß wie jene der gedrehten Filme. Es würde den Rahmen hier sprengen, von allen zu sprechen. Ich will mich damit begnügen, nur einige Worte über die Projekte zu sagen, die mir am Herzen lagen. Da war ein Drehbuch von Age und Scarpelli über die »Cosa nostra« mit der Regie von Monicelli. In diesem Film wurde die Mafia aus der Sicht der Italiener geschildert, ein Film, der das Problem ganz und gar ironisierte. Der Mafia-Boß war ein Schwuler, ich ein sizilianischer Schneider, den man nach Amerika schickte, weil er aus dem gleichen Heimatdorf wie der Mafia-Boß stammte. Ich wurde als blinder Passagier auf ein Schiff nach Amerika verfrachtet, doch bei der Ankunft von der Polizei geschnappt und zurückgeschickt. Nachdem es mir endlich gelungen war, nach Amerika zu kommen, verliebte sich der Mafia-Boß in mich. Shirley McLaine sollte die Rolle eines Polizeispitzels spielen. Sie war ein Hürchen, das aber in Wirklichkeit für die Polizei arbeitete oder sogar eine Polizeiagentin war. Ein weiteres, sehr schönes Filmprojekt sollte mit Hitchcock verfilmt werden und im Waldorf Astoria in Rom spielen. Bei dieser Gelegenheit machte ich auch Hitchcocks Bekanntschaft, die ich aber als enttäuschend empfand, denn als ich ihn auf seinen Film *Psycho* ansprach, der mir sehr gut gefallen hatte, antwortete mir der Regisseur, der Film habe ja wirklich großen Erfolg gehabt und ihm zwölftausend Rinder eingebracht. Ich war auf einen solchen fast brutalen Materialismus nicht gefaßt und unangenehm betroffen. Mit Marco Ferreri sollte ich bei der Verfilmung eines Romans mit dem Titel »Piotrus« spielen. Die Geschichte war sehr schön. Ein Mann bietet sich auf einem arabischen Markt in Palästina zum Verkauf an. Wir hätten die Geschichte gerne in eine Stadt wie New York verlegt. Mit Ferreri als Regisseur gab es noch ein Filmprojekt unter dem Titel »Die Kampfdrachen«, der im Chinesischen Viertel von San Francisco spielen sollte. Wir fuhren sogar nach Amerika deswegen, doch dann verlief alles im Sande. Die Geschichte handelte von einem Mann, einem typischen Vertreter unserer Zeit, mit all seinen Ängsten und Verwirrungen, der eine Art Entdeckungsreise durch Chinatown unternimmt. Begleitet und geführt wird er dabei von einem kleinen chinesischen Mädchen, das erwachsener und klar denkender ist als er und eine höherstehende Zivilisation vertritt als die unsere.

Was möchten Sie an dem Bild geändert wissen, das die Zeitungen öfter von Ihnen zeichnen?

Man hat immer behauptet, ich sei faul, und das mag auch durchaus so sein. Doch ich möchte betonen, daß ich trotz des Rufes, ein fauler Mensch zu sein, überall gearbeitet habe, und das sogar in Sprachen, die ich nicht kannte. Ich habe mich dann immer bemüht, diese Sprachen zu erlernen oder wenigstens meine Rolle auswendig zu sprechen wie ein Papagei. Ich bin viel mehr herumgezogen und herumzigeunert als viele meiner Kollegen, die nicht als faul gelten. Im Ausland zu arbeiten ist nicht immer leicht und angenehm. Alles ändert sich: die Mentalität, die Art, sich auszudrücken. Doch ich habe immer eine gute Portion Abenteuerlust besessen. Ich bin schon immer gern gereist. Bei meinen ersten Filmen in England sprach ich kein Wort Englisch, nur gegen Ende der Dreharbeiten zu *Leo der Letzte* konnte ich mich mühsam verständigen.

Es ist mir mehrmals zu Ohren gekommen, daß man Ihnen die Rolle eines taubstummen Sheriffs in einem amerikanischen Film angeboten hat, was ist Wahres daran?

Ein Scherz: Wenn man mir Rollen anbot, so antwortete ich immer, ich könnte ja auch einen taubstummen Sheriff spielen, dann brauchte ich mir wegen der Sprache keine Sorgen zu machen. Ich habe auch nie in Hollywood gearbeitet, obwohl man mir das mehrfach angeboten hat. Ich glaube auch, daß mein ständiges Ablehnen dieser Angebote meinen Kurswert in Hollywood sogar gesteigert hat. Die Leute aus Hollywood können es nämlich nicht verstehen, daß ein in Amerika so beliebter Schauspieler ihren schmeichelhaften Aufforderungen widerstanden hat. Sie halten mich für einen etwas merkwürdigen Schauspieler, einen Kauz und auf irgendeine Weise auch für einen Snob.

Sind Sie gern Schauspieler? Was halten Sie von Ihrem Beruf?

Der Schauspielerberuf ist ein Beruf für Lügner, der es einem ermöglicht, sein Leben lang das Kind zu spielen. Wie dem auch sei, ich hätte niemals einen anderen Beruf gewählt. Ich liebe meinen Beruf und halte mich für einen Privilegierten, weil ich ihn ausüben darf. Selbstverständlich sage ich das, weil ich Glück gehabt habe, denn ich glaube, es gibt keinen anderen Beruf, der so demütigend sein kann, wenn man immer nur kleine Rollen spielt und um jede Arbeit betteln muß. Sogar die Männer der »Truppe« fühlen sich berechtigt, Komparsen und Schauspieler, die nur für einige Szenen engagiert sind, zu duzen, auch wenn es alte Menschen sind. Beim Film zu arbeiten ist faszinierend. Die Filmtruppe ist wie eine Karawane, die jedes Mal auszieht, neue Abenteuer zu bestehen. Die Filmarbeit ist pittoresk – ich finde es zum Beispiel wunderschön, sich einfach auf den Boden zu setzen und aus dem Picknick-Korb zu essen. Ich muß allerdings hinzufügen, daß der Film in den letzten Jahren sich sehr verändert hat: die, wenn auch manchmal hassenswerte, abstoßende und doch immer eindrucksvolle, sagenhafte Figur des klassischen Produzenten ist von der Bildfläche verschwunden. Dieser

Mann konnte zwar raffgierig und grob sein, doch er war ein Besessener des Films – auf Gedeih und Verderb mit dieser Welt verbunden. Heutzutage sitzen die Produzenten um den runden Tisch und befragen die Computer, die elektronischen Hirne. Um aus einer Krise herauszukommen, sucht man immer den einfachsten Weg, und der ist nicht immer der sicherste. Einfache Lösungen sind nicht geeignet, Krisen zu meistern. Zwar gibt es auch das finanzielle Problem, denn Geld ist rar, und wer ein Geschäft abschließt, möchte, daß sein Geld sicher angelegt ist. Doch es wird zu keiner Erneuerung kommen, wenn man den jungen Filmschaffenden nicht etwas mehr Kredit einräumt, auch wenn sie Ansichten und Ideen vertreten, die wir nicht verstehen. Das Publikum geht nur noch in besondere, in sehr ausgefallene Filme, sonst bleibt es zu Hause vor dem Fernseher. Nur mit etwas ganz Neuem, ganz anderem kann man die Leute ins Kino locken.

Sie haben nie mit jungen Regisseuren gearbeitet, aus welchen Gründen?

Das stimmt, ich habe nie mit den Jungen gearbeitet. Das ist vielleicht mehr als normal, denn wenn ein junger Filmschaffender sich besser durch die Schauspieler seiner Generation ausdrücken kann, so wäre es doch unverständlich, wenn er ältere Schauspieler verpflichtete. Als ich ein junger Mann war, habe ich die Filme mit den jungen Regisseuren meiner Generation gedreht. Ich habe weiter mit ihnen gearbeitet und bin mit ihnen gealtert.

Matilde Hochkofler

Sein Leben

1924: Am 28. September dieses Jahres wird im Zeichen der Waage und im Ort Fontana Liri Marcello Mastrojanni (mit »j« geschrieben; der Schauspieler wird den richtigen Namen bis in die fünfziger Jahre tragen, um sich dann aus Gründen der Vereinfachung mit »i« zu schreiben) als Sohn des Ottorino und der Ida, geb. Trolle, geboren. Der Vater Ottorino Mastrojanni war damals als Hilfschemiker beschäftigt.

1928: Ottorino Mastrojanni wird nach der späteren Aussage der Mutter als Antifaschist aus seiner Stellung entlassen. Er nimmt das Angebot eines in Turin lebenden Onkels an und übersiedelt mit der Familie nach Turin. Dort kommt am 7. November 1929 der Bruder Ruggero zur Welt, der ein angesehener Filmcutter geworden ist.

1933: Die Familie Mastrojanni übersiedelt nach Rom. Der Vater macht sich seine Erfahrung im Schreinergewerbe zunutze und eröffnet eine kleine Möbelfabrik. Vorübergehend findet die Familie Unterkunft bei einer Tante. Marcello, der anfangs in Turin zur Schule gegangen ist, setzt den Schulbesuch in der Schule Armando Diaz, Piazza Lodi, im Tusculanischen Viertel fort. Anschließend schreibt er sich an der Berufsschule Duca d'Aosta in der via Taranto im gleichen Stadtviertel ein.

1938: Filmdebüt als Komparse in *Marionette* von Carmine Gallone – Hauptdarsteller: Beniamino Gigli und Carla Rust. Mastroianni erinnert sich: »Ich wirkte in einer Szene mit, in der eine Art Weinlesefest in einem Dorf dargestellt wurde. Ich spielte in einer Gruppe von Kindern, die Gigli beim Singen zuhörten.«

1940: Es kommt zu einem zweiten kleinen Filmauftritt als Komparse in *La Corona die ferro* von Alessandro Blasetti.

1942: Mastroianni setzt seine gelegentlichen, doch nicht zufälligen Kontakte zum Film fort. Er ist Komparse in »Una storia d'amore« von Mario Camerini. »Zusammen mit anderen Komparsen fand ich mich in einem Aufzug des Kaufhauses in der via XX Settembre in Rom. Als sich die Aufzugtür öffnete und ich heraustrat, stand ich plötzlich der Schauspielerin Assia Noris gegenüber. Die Begegnung hat mich sehr aufgeregt«, erinnert sich der Schauspieler. Er tritt auch als Komparse in dem Film *I bambini ci guardano* (Kinder sehen uns an) von Vittorio De Sica auf. Er ist mittlerweile 18 Jahre alt und wünscht sich sehnsüchtig, Schauspieler zu werden. Er sucht immer wieder die einzelnen Produktionsgesellschaften auf und hinterläßt seine Fotografien, in der Hoffnung, bei Bedarf angefordert zu werden. Seine Mitwirkung in dem De-Sica-Film ist nicht zufällig. Marcello hatte Maria, De Sicas Schwester, kennengelernt, die früher mit Marcellos Mutter in einer Bank zusammengearbeitet hatte. Maria gab ihm auch mehrere Empfehlungsschreiben an ihren Bruder Vittorio. Mastroianni erinnert sich: »Ich erschien regelmäßig, gleich wo De Sica gerade drehte, in der Mittagspause, während er bei Tisch saß. Er wiederholte mir immer wieder: ›Lerne, lerne, und wenn du fertig bist, dann werden wir weitersehen.‹ Jetzt verstehe ich gut, daß ich dem Armen wirklich auf den Geist ging.«

1943: Er wird diplomierter Bausachverständiger beim technisch-industriellen Institut Carlo Grella, heute Galileo Galilei, in der via Conte Verde. Er schreibt sich an der Wirtschafts- und Handelsfakultät ein. Um das Studium zu finanzieren, läßt er sich als Zeichner von der Gemeinde Rom einstellen. Es folgt eine Anstellung bei dem Geographischen Militärinstitut Florenz, das nach dem 8. September von der Organisation Todt einverleibt und nach Dobbiaco verlegt wird.

1944: Eine weitere Verlegung des Materials und der Angestellten der Organisation Todt nach Deutschland scheint sicher zu sein. Gemeinsam mit Remo Brindisi, einem später bekannt gewordenen Maler und Zeichnerkollegen, setzt sich Marcello von seiner Stelle ab. Sie verstecken sich zunächst in Venedig und fristen ihr Leben durch den Verkauf von Skizzen und Bildern Brindisis. Bis zur Befreiung der Stadt bleibt Mastroianni in Venedig und kehrt dann nach Rom zurück. Seine gesamte Habe befindet sich in einem mit einem Bindfaden verschnürten Koffer. Außerdem bringt er noch einen Vorrat an Kartoffeln und Bohnen mit, die er als Soforthilfe für seine in Rom verbliebene Familie gedacht hat. In Rom angekommen, entdeckt er, daß die Stadt nach Ankunft der Amerikaner nicht mehr Hunger leiden muß.

1945–1947: Dank seines Bruders Ruggero, der damals als Kellner in einem von amerikanischen Truppenangehörigen besuchten Lokal arbeitet, wird Marcello als Buchhalter bei einer englischen Verleihfirma, der »Eagle Lion Films«, angestellt. Diese Firma gehörte zur Produktionsgruppe von Sir Arthur Rank. Er hat seinen Wunsch, Schauspieler zu werden, noch immer nicht aufgegeben und tritt deswegen dem *CUT* bei, das heißt dem Theaterzentrum der Universität. Da er zu oft das Büro verläßt, um zum *CUT* zu gehen, wird er zu guter Letzt entlassen. Zu Hause verschweigt er seine Entlassung und gibt vor, täglich ins Büro zu gehen. Am Monatsende übergibt er der Mutter das angebliche Gehalt. In Wahrheit kommt das Geld aus der Abfindung, die er von der englischen Gesellschaft erhalten hatte. In dieser Zeit ist Marcellos Vater schon sehr krank, und er will der Mutter weitere Sorgen ersparen. Endlich werden seine ausdauernden Bemühungen um kleine Filmauftritte belohnt. 1947 erhält er eine kleine Rolle in *Die Elenden* unter der Regie von Riccardo Freda. Dieser Film wird dann meistens als sein erster bezeichnet. In diesen Jahren wohnt Mastroianni zusammen mit den Eltern bei einem Onkel, der bei der Bahn angestellt ist. Erst als Marcello mehr verdient, kann sich die Familie eine eigene Wohnung leisten. In dieser Zeit hat er auch einen Flirt mit einem damals noch unbekannten, siebzehnjährigen Mädchen, das ebenfalls versuchte, in der Filmbranche Fuß zu fassen. Ihr Name: Silvana Mangano.

1948: Im Februar spielt Mastroianni den Orlando in »Angelica« von Leo Ferrero. Seine Partnerin in dieser Amateuraufführung des *CUT* ist Giulietta Masina. Einige Zeit später folgt die erste Profi-Erfahrung: eine kleine Rolle in »Die Gleichgültigen«, einer Theaterfassung von Alberto Moravia und Luigi Squarzina nach dem gleichnamigen Roman von Moravia. Das Stück wurde von der Schauspielertruppe Besozzi-Pola-Scandurra-Cei im Theater Quirino in Rom unter der Regie von Mario Landi aufgeführt. Mit der gleichen Truppe wirkt er auch in den Inszenierungen von »Bunberry« von Oscar Wilde, »Der ehemalige Schüler« von Giovanni Mosca und »Der alte Gauner« von Esmé Percy mit – meistens in kleinen Rollen. Während der Aufführungen von »Angelica« von Ferrero fällt er Emilio Amendola auf, dem Geschäftsführer der Schauspielertruppe von Luchino Visconti. Daraus folgt eine wichtige Änderung für Mastroiannis Karriere: er wird endlich ein richtiger professioneller Schauspieler. Visconti verpflichtet ihn für eine kurze Rolle in »Wie es euch gefällt« von Shakespeare, mit dem die Truppe im November 1948 im Theater Eliseo in Rom auftritt. Mastroianni ist einer der Würdenträger im Gefolge des von Nerio Bernardi dargestellten verbannten Herzogs. Es ist das erste Mal, daß Mastroianni mit berühmten Schauspielern wie Ruggero Ruggeri (»er beantwortete nicht einmal meinen Gruß«, erinnert sich heute Mastroianni), Rina Morelli, Paola Borboni, Paolo Stoppa wie auch mit vielen jungen Talenten wie Gassman, Ferzetti und Salce zusammenkommt. Vor seiner Entlassung verdiente er bei der Eagle Lion 31.000 Lire im Monat, bei Visconti erhält er 2.500 Lire pro Tag. Damit beginnt eine ziemlich lange Theaterlaufbahn, denn Mastroianni wird bis 1956 unter Visconti arbeiten.

1949: Er spielt in der Inszenierung von Visconti die Rolle des Mitch in »Endstation Sehnsucht« von Tennessee Williams. Die Premiere war am 21. Januar im Theater Eliseo in Rom. Vittorio Gassman spielte den Kovalsky, die weiblichen Hauptdarstellerinnen sind Vivi Gioi und Rina Morelli. In einer kleinen Nebenrolle, derjenigen der Krankenschwester, spielt auch die junge Schauspielerin Flora Carabella mit. Die beiden Schauspieler lernen sich bei dieser Gelegenheit kennen. Am 9. April bei der Premiere des »Orest« von Alfieri im Quirino-Theater in Rom spielt Mastroianni den Pilades. Zunächst hatte Visconti bezweifelt, ob Mastroianni in der Lage sein würde, in Versen zu sprechen, und er wollte ihn durch den Schauspieler Giancarlo Sbragia ersetzen. Doch dann überlegte es sich Visconti noch einmal. Am 21. Juni tritt Mastroianni in Florenz, in den Boboli-Gärten, als Diomedes in

»Troilus und Cressida« von Shakespeare auf. Allmählich macht er sich einen Namen als Theaterschauspieler. Auch die Filmangebote werden interessanter. Zwischen Juli und August wirkt er bei den Dreharbeiten von *Storia di cinque città* von Montgomery Tully und Romolo Marcellini mit. Er ist der Hauptdarsteller in einer der fünf Episoden dieses Films. Zum ersten Mal hat er die Rolle eines Taxifahrers (seine Partnerin ist Gina Lollobrigida) – eine Rolle, die er in den Anfängen seiner Filmkarriere mehrmals spielen wird. Auch in *Gegen das Gesetz* von Flavio Calzavara, *Ein Sonntag im August* von Luciano Emmer und *Cuori sul mare* von Giorgio Bianchi wirkt Mastroianni mit. Vor allem der Film *Ein Sonntag im August* verfestigt die Vorstellung, die in Mastroianni die Verkörperung des »guten Kerls«, des naiven Mannes aus dem Volk sieht, der sich zwar zu gelegentlichen Zornausbrüchen hinreißen läßt, aber insgesamt gutmütig und häuslich ist.

1950: Mastroianni wirkt in keiner Theateraufführung mit. Er dreht zwei Filme *Hundeleben* von Steno und Monicelli und *Einer war zuviel* von Giacomo Gentilomo. Am 12. August heiratet er in Rom Flora Carabella, die Tochter des Kapellmeisters und Komponisten Ezio Carabella, der durch seine lyrischen Opern, Operetten, sinfonische Musik, Kammermusik und Ballettmusik bekannt ist. Carabella ist seit 1931 auch Filmmusikkomponist. Damals schrieb er die Musik zu dem Film *Vele ammainate* von Anton Giulio Bragaglia. Trauzeugen sind die Schauspieler Tino Buazelli und Paolo Panelli.

Im Monat November stirbt Mastroiannis Vater.

1951: Weitere herausragende Theaterrollen in Inszenierungen von Luchino Visconti. Am 10. Februar hat das Stück »Tod eines Handlungsreisenden« von Arthur Miller Premiere im Eliseo-Theater in Rom. Mastroianni spielt den Giocondo, genannt »Giò«. Am 28. April im Teatro Nuovo in Mailand wird »Endstation Sehnsucht« wieder in den Spielplan aufgenommen. Diesmal ist Mastroianni der Hauptdarsteller, Stanley Kovalsky, während Giorgio De Lullo den Mitch spielt, den Mastroianni früher dargestellt hatte. Flora Carabella ist diesmal die Eunice, eine Rolle, die früher von Carla Bizzari gespielt wurde. Im gleichen Jahr laufen drei Filme mit Mastroianni in den Kinos an, und zwar *L'eterna catena* von Anton Giulio Majano, *Die Drei vom Spanischen Platz* und *Paris ist immer Paris,* die beiden letzteren von Luciano Emmer. Mit seinen Filmrollen wird er noch immer unter der Rubrik »gutmütig« geführt. Am 2. Dezember Geburt seiner Tochter Barbara.

1952: Am 2. Oktober gibt die Visconti-Truppe im Theater »La Fenice« in Venedig das Stück »Mirandolina« von Goldoni. Anlaß ist das internationale Theater-Festival. Mastroianni spielt den Kavalier von Ripafratta. Die weiteren Darsteller sind Stoppa, Gianrico Tedeschi, Morelli und Falk. Flora Carabellas Rolle ist die der Dejanira. Mit der gleichen Rollenverteilung wird das Stück nochmals am 7. November in Rom gespielt. Am 20. Dezember, wiederum im Eliseo-Theater, ist Premiere der »Drei Schwestern« von Tschechow. Mastroianni spielt die Rolle des Stabkapitäns Vasilj Vasileviy Solenyi. Unter den übrigen Mitwirkenden viele berühmte Schauspieler: Stoppa, Tedeschi, Benassi, De Lullo, Falk, Ferrati und Morelli. In diesem Jahr wirkt Mastroianni in vier Filmen mit, darunter *Sensualità* von Clemente Fracassi.

1953: Am 15. Februar spielt die Luchino-Visconti-Truppe wieder »Die drei Schwestern« in der gleichen Besetzung wie im Dezember des Vorjahres, doch diesmal in Mailand. Am 28. März, immer noch in Mailand, im Theater in der Via Manzoni, Wiederaufnahme von »Mirandolina«, wiederum in der gleichen Besetzung wie in Venedig. Fünf Filme, unter ihnen *Il viale della speranza* von Dino Risi und *Die Lust des Bösen* von Claudio Gora (in diesem letzteren Film wird ihm eine etwas komplexere Rolle anvertraut, die nicht wie in seinen sonstigen Darstellungen nur seine »Gutmütigkeit« hervorhebt). In der Episode *Il Pupo* des Films *Tempi nostri* von Alessandro Blasetti wird er von der Kritik am meisten gelobt.

1954: In diesem Jahr wirkt Mastroianni in sechs Filmen als Hauptdarsteller mit – unter ihnen *Chronik armer Liebesleute* von Carlo Lizzani, *Tage der Liebe* von Giuseppe De Santis und *Schade, daß du eine Kanaille bist* von Alessandro Blasetti. Seine vielen Verpflichtungen für den Film erlauben es ihm nicht, in diesem Jahr Theater zu spielen.

Marcello Mastroianni und Lea Padovani in ›Tempi nostri‹

1955: Wiederum Hauptdarsteller in vier Filmen, darunter *Wie herrlich, eine Frau zu sein* von Alessandro Blasetti und *Bigamie ist kein Vergnügen* von Luciano Emmer. Mittlerweile ist Mastroianni ein anerkannter Filmschauspieler. Für seine Darstellung in *Schade, daß du eine Kanaille bist* erhält er die »Grolla d'oro« und für *Tage der Liebe* das »Silberne Band«.

Während seine Frau in die »Compagnia dei Giovani« eintritt, kehrt er unter der Regie von Visconti zum Theater zurück, und zwar in die Morelli-Stoppa-Truppe. So erhält er die Rolle des Michail Lvovic Astrov in dem Tschechow-Stück »Onkel Wanja«, das am 20. Dezember im Eliseo-Theater in Rom Premiere hat.

1956: Er beschließt seine Theaterlaufbahn, indem er in drei Wiederaufnahmen mitwirkt: in der Rolle des Biff in »Tod eines Handlungsreisenden« (Rom, Teatro Quirino am 11. Februar), in der Rolle des Michail Lvovic Astrov in »Onkel Wanja« (Teatro Carignano, Turin, 3. Mai) und in der Rolle des Kavaliers von Ripafratta in »Mirandolina« (Nationen-Festival, Paris). Die Regie führt in allen Fällen Luchino Visconti. In zwei Stücken spielt er seine alte Rolle, während er in »Tod eines Handlungsreisenden« Giorgio De Lullo's frühere Rolle übernimmt. Erst 1966 wird er wieder im Theater auftreten mit »Ciao, Rudy«. 1956 aber dreht Mastroianni auch keine Filme, während einige seiner im Vorjahr gedrehten Filme im Kino anlaufen.

1957/1958 wirkt Mastroianni insgesamt in elf Filmen mit, unter ihnen sind besonders zu erwähnen *Väter und Söhne, Il medico e lo stregone* und *Diebe haben's schwer*, alle von Mario Monicelli; *Weiße Nächte* von Luchino Visconti; *Un ettaro di cielo* von Aglauco Casadio und *Sommererzählungen* von Gianni Franciolini; *Das Gesetz* von Jules Dassin. Während der Erfolg von *Diebe haben's schwer* seinen Ruf als Komiker festigt, wird er für den Visconti-Film mit dem »Silbernen Band« ausgezeichnet. 1958 ist er Gast bei der Fernsehsendung »Musichiere«, die damals unter der Moderation von Mario Riva äußerst erfolgreich und populär war. Im gleichen Jahr spricht man von einer Theatergruppe mit Valentina Cortese, doch der Plan kommt nie zur Ausführung.

1959/1960: Im Februar 1960 kommt das im Vorjahr gedrehte *Süße Leben* in die Kinos. Mit diesem Film schafft Mastroianni den Durchbruch als international anerkannter Schauspieler. Seine Darstellung in *Das süße Leben* wird nicht nur mit dem »Silbernen Band«, sondern auch mit einer Unmenge von Fotografien, Artikeln und Klatsch in den Spalten der internationalen Presse belohnt. In diesen beiden Jahren dreht Mastroianni außerdem noch *Il bell'Antonio* unter Mauro Bolognini, *Adua und ihre Gefährtinnen* von Antonio Pietrangeli und *Die Nacht* unter der Regie von Michelangelo Antonioni. Mit gleichem Erfolg verkörpert Mastroianni Fellinis Journalisten, Antonionis weltfremden Schriftsteller und Bologninis gutaussehenden, doch impotenten jungen Sizilianer nach einer Romanvorlage von Brancati.

1961 zeigt Mastroianni in drei neuen Filmen, und zwar: in *Trauen Sie Alfredo einen Mord zu?* von Elio Petri, in *Das Spukschloß in der Via Veneto* von Antonio Pietrangeli und in *Divorzio all'italiana* (Scheidung auf italienisch) von Pietro Germi. In der Darstellung dieser drei so verschieden angelegten Rollen zeigt Mastroianni wieder einmal ein subtiles und differenziertes Spiel und beweist eine Anpassungsfähigkeit, die ihm manchmal abgestritten wird. Für Petris Erstlingswerk war Mastroiannis Teilnahme sicher eine Hilfe und dieser recht niveauvolle Film ließ damals große Hoffnungen aufkommen. Für seine Darstellung in *Scheidung auf italienisch* bekam Mastroianni das »Silberne Band« als bester Hauptdarsteller und eine Nominierung für den Oscar. Die Charakterrolle des Baron Cefalù bereitete ihm viel Freude, und es machte ihm Spaß, ihn gleichzeitig arrogant und steif zu spielen. Mastroianni selbst erinnert sich, die Ratschläge Monicellis an den Schauspieler Tiberio Muria im Film »I soliti ignoti« beherzigt zu haben. Im gleichen Film macht sich Mastroianni ein Gesichtszucken des Regisseurs Germi zu eigen (der tatsächlich unter diesem Tick litt), was der Rolle des Barons Cefalù zusätzlich einen grotesken Zug verlieh.

1962: Zwei weitere Filme: *Tagebuch eines Sünders* von Valerio Zurlini und *Achteinhalb* von Federico Fellini. In diesem Film stellt sich Mastroianni erneut als der ideale Darsteller der reiferen Schaffensperiode Fellinis vor und wird fast dessen symbolische, visuelle Übersetzung. In diesem Jahr tritt Mastroianni in der dritten Folge der Fernsehsendung »Studio Uno« auf, die von Lelio Luttazzi moderiert wird. Mastroianni singt ein von ihm selbst geschriebenes Lied mit dem Titel »Novemberabend«. Im Oktober dieses Jahres veröf-

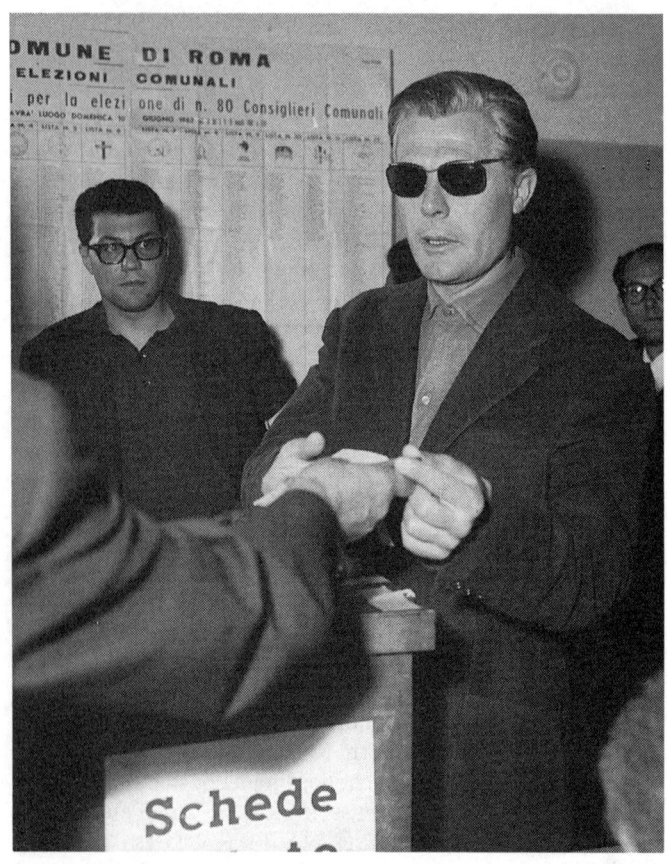

Marcello Mastroianni am 10. Juni 1962 bei der Erfüllung seiner Bürgerpflicht: Italien wählt sein Parlament

fentlicht die amerikanische Zeitschrift *Time* ein Charakterbild und einen Lebensabriß Mastroiannis. *Time* schreibt, es habe sich in Amerika ein merkwürdiges Phänomen ereignet; das des ausländischen Stars, der in Amerika so bewundert werde, wie früher die amerikanischen Stars in aller Welt. Unter diesen ausländischen Stars sei Mastroianni der bekannteste.

1963: Mastroianni wirkt als Hauptdarsteller in zwei weiteren Filmen mit. *Ieri, oggi, domani* (Gestern, heute und morgen) von Vittorio De Sica, eine Collage aus drei Episoden, in denen Sophia Loren seine Partnerin ist, und in *I compagni* von Mario Monicelli, einem Film, den Mastroianni besonders schätzt. Für seine Darstellung in *Trauen Sie Alfredo einen Mord zu?* und *Scheidung auf italienisch* erhält er den deutschen Filmkritikerpreis.

1964 wirkt Mastroianni nur in einem einzigen Film mit, und zwar in *Matrimonio all'italiana* (Ehe auf italienisch) von Vittorio De Sica. Auch diesmal ist Sophia Loren seine Partnerin. Die Autoren Garinei und Giovannini unterbreiten ihm das

Die Frau an seiner Seite war schon seit dreizehn Jahren mit ihm verheiratet, als dieses Foto gemacht wurde: Flora Carabella

Projekt eines Musicals über das Leben und die Abenteuer des Schauspielers Rodolfo Valentino. Am 3. April verleiht ihm die Britische Film Akademie in London den Preis als bester ausländischer Schauspieler für seine Darstellung in *Scheidung auf italienisch*. Als beste ausländische Schauspielerin wird Patricia Neal für *Hud, der Wilde* ausgezeichnet. Die Zeitschrift *Paris Jour* veranstaltet eine Meinungsumfrage bei vierzehn international bekannten Schauspielerinnen und bittet sie, den Schauspieler zu benennen, dessen Filmpartnerin sie am liebsten sein würden. Fünf Stars (Sophia Loren, Claudia Cardinale, Joanne Woodward, Annie Giradot, Anouk Aimée) nennen Mastroianni, der so die meisten Stimmen erhält. Cathérine Deneuves Stimme geht an Samy Frey. Ungefähr zu dieser Zeit, während einer Reise in die Vereinigten Staaten als Gast von Joseph H. Levine, kommt es zu einer flüchtigen Begegnung und zu einem kurzen, nichtssagenden Gespräch mit Greta Garbo. Diese Begegnung endet abrupt, denn eine Dame spricht Greta Garbo auf ihre Schönheit zur Zeit der *Kameliendame* an, was Greta Garbo veranlaßt, fluchtartig zu verschwinden.

1965: Mastroianni wirkt in drei Filmen mit: *Casanova 70* von Mario Monicelli, *Das 10. Opfer* von Elio Petri und *Break-Up* von Marco Ferreri. Diesem letztgenannten Film ist kein Glück beschieden, denn nach Beendigung der Dreharbeiten gefiel er dem Produzenten Ponti nicht mehr. So läßt er ihn zu einem Sketch mit dem Titel *Break-Up* zusammenschneiden. Zusammen mit zwei weiteren Episoden (Regisseure Eduardo De Filippo bzw. Luciano Salce) entsteht ein abendfüllender Film mit dem Titel *Heute, morgen, übermorgen*. Erst 1979 wird der Film in seiner Originalfassung im Kino gezeigt. In dieser Zeit veröffentlicht eine Wochenzeitschrift einen Artikel, in dem behauptet wird, daß Mastroianni, nach Sophia Loren, der bestbezahlte Schauspieler Italiens sei und einer der höchstdotierten internationalen Stars. In dieser Zeit nimmt Mastroianni das Angebot an, als Hauptdarsteller in dem Musical »Ciao, Rudy« über das Leben des Kinostars Rodolfo Valentino mitzuwirken. Am 1. Oktober beginnt er im Theater Sistina mit den Proben. In dieser Rolle muß er nicht

Marcello Mastroianni und Sophia Loren bei der Premiere zu ›Ehe auf italienisch‹

nur tanzen sondern auch singen, obwohl seine Stimme nicht geeignet ist. Unter den vielen Filmangeboten, die der Schauspieler in dieser Zeit laufend erhält, ist auch das des Regisseurs Richardson, der ihm die Hauptrolle in »Der Matrose der ›Gibralta‹« anbietet. Mastroianni, der damals keine Lust verspürte, im Ausland zu arbeiten, lehnte ab. Im Frühjahr tritt er in der Fernsehsendung »Studio Uno« unter der Moderation der Sängerin Mina auf. Bei diesem Auftritt singt er »L'uomo per me« und gibt einen Sketch mit einem Hund zum besten, in dem er den Sänger Bobby Solo parodiert.

Diese drei Herren haben soeben ihre Zusammenarbeit für drei Filme vereinbart: der Regisseur Eduardo De Filippo, der Produzent Joseph E. Levine und Marcello Mastroianni

1966: Am 7. Januar findet im Theater Sistina in Rom die Premiere des Musicals »Ciao, Rudy« statt. Zwar halten die Kritiker mit ihrem Lob zurück, doch der Erfolg beim Publikum ist groß. Sogar Barbra Streisand und Gloria Swanson sind unter den Zuschauern. Nach drei Monaten ist Mastroianni jedoch der Sache überdrüssig und entschließt sich, die Rolle nicht weiterzuspielen. Angeblich kostet ihn das eine Konventionalstrafe von hundert Millionen Lire. In diesem Jahr kommt auch wieder ein altes Projekt von Federico Fellini zur Sprache, doch der Film, der »Il viaggio di G. Mastorna« heißen sollte, wurde auch diesmal nicht gedreht. Mastroianni wirkt mit in *Ich ich ich ... und die andern* von Alessandro Blasetti, in *Mohn ist auch eine Blume* von Terence Young und in *Spara forte, più forte ... non capisco!* von Eduardo De Filippo. Der letztgenannte Film wurde von der »Master Film« produziert, einer Firma, die Mastroianni zusammen mit dem reichen und exzentrischen Amerikaner Joseph H. Levine gegründet hatte. Er war Produzent geworden, nachdem er vorher viel Geld mit dem Verleih italienischer »mythologischer« Filme verdient hatte. Um den Film *Spara forte, più forte ... non capisco!* zu lancieren, organisiert Levine für Mastroianni eine Propagandareise in die Vereinigten Staaten, die Aufenthalte

Marcello Mastroianni und Raquel Welch bei einem Presseempfang während der Dreharbeiten zu ›Spara forte, più forte ... non capisco!‹

in vielen Städten und aufsehenerregende Pressekonferenzen vorsieht. Am 12. März nimmt Mastroianni als Gast von Sandra Milo an der Fernsehsendung »Studio Uno« teil. Bei seinem Auftritt im Fernsehen spielt Mastroianni Trompete, singt und tanzt, obwohl er gleichzeitig so tut, als wolle er das nicht. Selbstverständlich tanzt er auch den Tango aus »Ciao, Rudy«, zusammen mit dem Ballett der Theatergruppe. Im Laufe des Jahres zieht die Familie Mastroianni um, und zwar in eine in der Nähe der Caracalla-Thermen gelegene, große und luxuriös eingerichtete Villa.

1967: Auf Einladung Renzo Tians, eines Theaterkritikers, des Direktors der Akademie für dramatische Kunst, nimmt Mastroianni im März am Unterricht und an einer Diskussion teil, die in der Akademie mit Schülern aus drei Kursen gehalten wird. Der Schauspieler äußert sich bescheiden, ernüchternd, skeptisch und ohne Illusionen über seine Berufung und seinen Schauspielerberuf. Im Frühjahr dieses Jahres spielt er in der Verfilmung des Camus-Romans unter der Regie von Luchino Visconti *Der Fremde,* der dann am 6. September in Venedig uraufgeführt wird. *Der Fremde,* war die zweite und letzte Filmproduktion der »Master Film«, und man muß sagen, daß auch diese neuerliche Erfahrung als Produzent sich als enttäuschend erweist (Mastroianni hatte sich schon früher an der Produktion von *Gegen das Gesetz* und später von *Weiße Nächte* beteiligt). Zu diesem Thema befragt, hat Mastroianni vor kurzem in einem Interview zugegeben: »... Es war eine Katastrophe. Levine las nicht einmal die Drehbücher, er vertraute mir blind und konnte sich nicht einmal vorstellen, daß ich keinerlei Organisationstalent besaß. Ich bin in meinem ganzen Leben nie fähig gewesen, irgend etwas zu organisieren ...« Trotz dieser Erfahrungen hat Mastroianni immer wieder mit dem Gedanken gespielt, sich als Filmproduzent zu betätigen. So soll er 1966 die Absicht gehabt haben, einen Film nach dem Musical »Ciao, Rudy« und einen Thriller unter der Regie von Lina Wertmüller zu produzieren. Im Dezember dieses Jahres erhält Mastroianni für den Film *Gestern, heute, morgen* den Preis der Britischen Film Akademie. In dieser Zeit hält sich Mastroianni in Lon-

M. M. 1967 bei einem Strandspaziergang mit der Schauspielerin Anna Karina

don auf, wo er in *Diamanten zum Frühstück* von Christopher Morahan mitwirkt. Es ist der erste Film, den er – nach langem Zögern – in einem englischsprechenden Land dreht. Da er kein Englisch spricht, muß er seine Texte auswendig lernen und wie »ein Papagei nachplappern«, wie er selbst sagt. Mastroianni hat dieses Angebot – nachdem er viele ähnliche abgelehnt hatte – nur angenommen, weil er nach dem Konkurs der »Master-Film« Geld brauchte. In diesem Jahr sind mehrere Filmprojekte im Gespräch, die niemals verwirklicht werden sollten. So »Cosa nostra«, der unter der Regie von Mario Monicelli in den Vereinigten Staaten gedreht werden sollte, »Sissignore« von Dino Risi, zwei Filme unter der Regie von Luchino Visconti – so »Macbeth« und eine Biographie Giacomo Puccinis – wie auch ein Film über Kolumbus unter Edward Dmytryk. In all diesen Filmen sollte Mastroianni die Hauptrolle übernehmen. Am 27. Dezember verleiht ihm der damalige Präsident Italiens, Saragat, den Verdienstorden der Republik Italien.

1968 laufen die Filme *Diamonds for Breakfest* (Diamanten zum Frühstück) und *Amanti* (Der Duft deiner Haut), letzterer unter der Regie von Vittorio De Sica, im Kino an. Mastroiannis Partnerin in *Der Duft deiner Haut* ist die Schauspielerin Faye Dunaway, und es wird viel über eine angebliche Liebesgeschichte zwischen den beiden Hauptdarstellern in den Zeitungen geschrieben. Es kommt zu einem längeren Aufenthalt Mastroiannis in Amerika als Fayes Gast.

1969 In dieser Zeit wirkt Mastroianni in vielen Filmen mit, unter ihnen *Dramma della gelosia* (Eifersucht auf italienisch) von Ettore Scola, *La moglie del prete* (Die Frau des Priesters) von Dino Risi und *Leo der Letzte*. Die Rolle in *Leo der Letzte* hatte ihm der Regisseur John Boorman angeboten, nachdem er ihn im Film *Die Peitsche im Genick* gesehen hatte. In England dreht Mastroianni den Film *Giochi particolari* von Franco Indovina und in der Sowjetunion *Die Sonnenblumen* von De Sica mit Sophia Loren als Partnerin.

1971 wirkt Mastroianni in zwei Filmen mit. Der in Amerika unter Ettore Scola gedrehte *Permette? Rocco Papaleo* hat in Italien wenig Erfolg, was wahrscheinlich auch mit der schlechten Synchronisation zusammenhing. Im Film *Correva l'anno di grazia 1870* (Im Jahre des Herrn 1870) von Alfredo Giannetti spielt Mastroianni das erste Mal zusammen mit

Anna Magnani. Nach diesem Film ist die Rede von einem weiteren gemeinsamen Film nach der französischen Komödie »Tchin-Tchin« – die Geschichte zweier Alkoholiker –, doch wird dieses Projekt niemals verwirklicht, denn die Komödie war schon beim Festival di Spoleto gegeben worden,

Marcello Mastroianni und die britische Schauspielerin Anne Heywood im November 1968

mit Daniel Gélin und Betsy Blair in den Hauptrollen. Im Laufe dieses Jahres übersiedelt Mastroianni nach Paris, wo er mit der Schauspielerin Cathérine Deneuve zusammenlebt. Er lebt und arbeitet bis 1974 in Frankreich.

1972 ist Mastroianni Hauptdarsteller in drei Filmen. In Frankreich dreht er *Ca n'arrive qu'aux autres* (Das passiert immer nur den anderen) von Nadine Trintignant, in Italien *Liza* (Allein mit Giorgio) von Marco Ferreri und *What?* (Was?) von Roman Polanski. In den beiden erstgenannten Filmen ist seine Partnerin Cathérine Deneuve. Aus seiner Beziehung mit der französischen Schauspielerin stammt die am 28. Mai des Jahres geborene Tochter Chiara.

1973: Mastroianni dreht drei Filme wiederum in Frankreich – *Salut l'artiste* (Mach's gut, Nicolas) von Yves Robert, *L'événement le plus important depuis que l'homme a marché sur la line* (Die Umstandshose) von Jacques Demy und *La grande bouffe* (Das große Fressen) von Marco Ferreri. Dazu kommen zwei Filme in Italien: *Ein Scheiß-Wochenende* von Dino Risi und *Rappresaglia* (Tödlicher Irrtum) von George Pan Cosmatos. Vor allem die in Frankreich gedrehten Filme zeigen, daß Mastroianni immer wieder Rollen annimmt, die seinem Wunsch entsprechen, sich nicht auf einen bestimmten Typ festlegen zu lassen, wie das sonst in Italien oftmals der Fall ist.

1974 kehrt Mastroianni aus Frankreich zurück und lebt seitdem wieder ständig in Italien. Vorher dreht er noch in Frankreich und wiederum als Partner von Cathérine Deneuve den Film *Touche pas à la femme blanche* unter der Regie von Marco Ferreri, mit einer fast ausschließlich italienischen Besetzung. In diesem Jahr spielt er noch in zwei weiteren italienischen Filmen mit, und zwar in *La pupa del gangster* (Die Puppe des Gangsters) zusammen mit Sophia Loren und unter der Regie von Giorgio Capitani sowie in *Allonsanfan* unter den Brüdern Taviani.

1975/1976 steht Mastroianni in sechs Filmen vor der Kamera. Erwähnenswert sind *La donna della domenica* (Die Sonntagsfrau) von Luigi Comencini, nach der Romanvorlage der bekannten Autoren Fruttero und Lucentini, sowie *Todo*

*Marcello Mastroianni mit seiner damaligen Lebensgefährtin Cathérine
Deneuve und Juliette Greco auf dem Filmfestival in Cannes 1973*

modo (Todo Modo) von Elio Petri. Die Vereinigung der ausländischen Presse in Italien verleiht ihm den »Goldenen Globus« für seine Darstellung in *Die Sonntagsfrau*, in *Per le antiche scale* und in *Todo Modo*.
1977: In diesem Jahr wirkt Mastroianni in drei Filmen mit,
und zwar: *Una giornata particolare* (Ein besonderer Tag) von
Ettore Scola, *Mogliamante* (Frau und Geliebte) von Marco
Vicario und *Doppio delitto* von Steno. Besonders in dem ersten Film wird Mastroianni seinem Ruf als nuancenreicher

Klatschobjekt Mastroianni mit Klatschkolporteur Michael Graeter 1977 in München

Schauspieler gerecht, der wie kein anderer die leisen Töne beherrscht und seine Ausdrucksmittel äußerst sparsam und wirksam einsetzt. *Ein besonderer Tag* wird als bester ausländischer Film und Mastroianni als bester Hauptdarsteller für den Oscar nominiert.

1978 dreht Mastroianni drei Filme: *Ciao maschio* (Affentraum) von Marco Ferreri in New York, *Cosi come sei* (Bleib wie du bist) von Alberto Lattuada in Italien und *Fatto di sangue tra due uommini per causa di una vedova, si sospettano moventi politici* von Lina Wertmüller. Die Rolle des intelligenten, enttäuschten, gleichzeitig etwas trägen, leidenschaftlichen und doch gleichgültigen Fünfzigjährigen im Film von Lattuada war sicherlich die, die den Fähigkeiten des Schauspielers, seiner subtilen und differenzierten Darstellungskunst am besten entsprach. Er selber allerdings gab der Rolle des Luigi in *Ciao maschio* den Vorzug. In diesem Jahr dreht Mastroianni auch die drei Folgen von *Die schmutzigen Hände* von Elio Petri (nach dem Drama von Sartre) in Mailand und im Auftrag des Ersten Fernsehens der RAI. Es ist das erste Mal, daß Mastroianni für das Fernsehen arbeitet, wenn man von seiner Teilnahme als Ehrengast bei Unterhaltungssendungen absieht.

1979: *L'ingorgo* von Luigi Comencini und Giallo napoletano (Leichen muß man feiern, wie sie fallen) von Sergio Corbucci laufen in den Kinos an. Mastroianni liebt den letzten Film, eine Polizeikomödie, sehr, denn diese Rolle erlaubt ihm, seine komödiantenhafte Fähigkeit zur Improvisation voll auszuleben.

Am 12. November stirbt Mastroiannis Mutter in Rom.

1980 erscheinen *La terrazza* (Die Terrasse) von Ettore Scola und *La città della donne* (Fellinis Stadt der Frauen). Nach *Achteinhalb* ist es das erste Mal, daß Mastroianni nach 18 Jahren wieder mit Fellini zusammenarbeitet.

Am 18. August beginnt Mastroianni in Cinecittà und Neapel mit Dreharbeiten zu *La pelle* (Die Haut) nach dem Roman von Curzio Malaparte. Liliana Cavani führt Regie und hat zusammen mit Robert Katz auch das Drehbuch geschrieben. Mastroianni stellt den toskanischen Schriftsteller dar (geboren am 9. Juni 1898 und gestorben am 19. Juli 1957), weitere Darsteller sind Burt Lancaster, Claudia Cardinale, Carlo Giuffré, Alexandra King und Ken Marshall.

Kaum sind die Dreharbeiten zu *La pelle* abgeschlossen, übernimmt Marcello Mastroianni die Rolle des Nino Monti in der deutsch-französisch-italienischen Koproduktion *Fantasma d'amore* (Die zwei Gesichter einer Frau). Regie führt Dino Risi; die weibliche Hauptrolle spielt Romy Schneider.

1981 spielt Mastroianni in zwei Filmen: *La Nuit de Varennes* (Die Flucht nach Varennes), in dem er den gealterten Giacomo Casanova spielt, und in *Oltra la porta* (Die Pforte zum Fleisch), bei dem – wie schon bei *La pelle* – Liliana Cavani Regie führt. Diese Fernsehproduktion ist allerdings in den Kinos nicht zu sehen.

1982: Mit *Le Général de l'armée morte* wirkt er in einer weiteren Fernsehproduktion mit, bei der diesmal Luciano Tovoli Regie führte. Außerdem spielt er an der Seite der schönen Sonia Braga in Bruno Barretos *Gabriela* den Nacib. Er läuft nur ganz kurz im Kino und wird dann nur noch als Video vertrieben. Es bleibt allerdings nicht bei dem einen Spielfilm für dieses Jahr, vielmehr übernimmt er noch die männliche Hauptrolle in Marco Ferreris *Storia di Piera* (Die Geschichte der Piera), in der er zum zweiten Mal – nach *La Nuit de Varennes* – mit Hanna Schygulla zusammenspielt.

1983: Mit der Fernsehproduktion *Enrico IV* (Heinrich IV.) dreht Mastroianni in diesem Jahr nur einen Film. Das Aufsehenerregendste an diesem Film ist für die internationale Presse die Tatsache, daß Mastroianni hier zum ersten Mal vor der Kamera die Hüllen fallen ließ. Ansonsten bereitet er sich in Paris auf sein Bühnen-Comeback vor.

1984: Seit Januar steht er wieder auf der Bühne des Theaters Montparnasse in Paris. Er spielt die Hauptrolle in François Billetdoux' »Tchin Tchin«, das von einem Paar handelt, das in einen Trunkenheitsexzeß nach dem anderen gerät. Bei dem Filmfestival in Cannes wird *Enrico IV* aufgeführt. Die Kritik ist hingerissen, allerdings nur von Mastroiannis schauspielerischer Leistung, nicht vom Film selbst. Weil man vom Ruhm allein nicht leben kann, dreht er wieder einen Film fürs italienische Fernsehen: nach der Vorlage von Luigi Pirandello entsteht unter der Anleitung Mario Monicellis *Le due vite de Mattia Pascal/Il fu Mattia Pascal*.

1985: Die Arbeit für *Maccheroni* (Macaroni) führt ihn mit einem anderen Großen des Kinos zusammen, mit Jack Lemmon. Regie führt Ettore Scola, der neben Fellini zu einer Art Leib-und-Magen-Regisseur für Mastroianni geworden ist. Seine Leistung in *Maccheroni* bringt ihm erneut eine Oscar-Nominierung ein. Das hindert ihn allerdings nicht daran, bei der Pressekonferenz zum Start dieses Films heftig zu entgleisen. In angetrunkenem Zustand giftet der Star in die versammelten Journalisten: »Habt ihr keine intelligenteren Fragen zu stellen? Solche Pressekonferenzen kotzen mich an. Ihr könnt mich alle …« Sprichts und entschwindet.

*Die Weltpremiere zu ›Ginger und Fred‹ fand in Paris statt, und der dama-
lige französische Kulturminister Jack Lang ließ sich nicht zweimal bitten;
rechts von ihm Giulietta Massina und Marcello Mastroianni*

Im gleichen Jahr dreht Mastroianni nach langer Pause wieder
einen Film mit Federico Fellini: *Ginger e Fred* (Ginger und
Fred), der von der Kritik zum Teil euphorisch besprochen
wird.
1986: Mastroianni dreht gleich zwei große Filme: *O Melissokomos* (Der Bienenzüchter) und *Oci Ciorne* (Schwarze
Augen). Für seine darstellerische Leistung in *Oci Ciorne* wird
er in Cannes im Jahr darauf ausgezeichnet.
1987: Wieder dreht Mastroianni einen Film mit Fellini, und er
steht zum ersten Mal seit *La dolce vita* wieder mit Anita Ekberg vor der Kamera. Auch die Zusammenarbeit mit Nikita
Michalkow hat ihn offenbar sehr beeindruckt, denn mit
Anton Tschechows »Platonow« packen die beiden kurz nach

der Vollendung von *Oci Ciorne* wieder ein gemeinsames Projekt an. Wie er selbst eingesteht, hat er das Theater viel zu lange vernachlässigt, weshalb sein erster Bühnenauftritt auf italienischem Boden nach dreißig Jahren auch prompt zum gesellschaftlichen wie kulturellen Großereignis gerät. Alles, was Rang und Namen hat, taucht im Teatro di Roma auf. Vermutlich ist gar nicht allen klar, daß das Stück, in dem der große Star da spielt, auch seine Bedeutung hat.

Filmographie

I Miserabili (Die Elenden)
Italien 1948
Regie: Riccardo Freda
Nach dem Roman »Die Elenden« (1862) von Victor Hugo; Drehbuch: Riccardo Freda, Mario Monicelli, Steno (Stefano Vanzinal), Vittorio Nino Novarese, Baccio Agnoletti; Kamera: Rodolfo Lombardi; Schnitt: Otello Colangeli; Ausstattung: Guido Fiorini, Guido Del Re; Kostüme: Dario Cecchi; Musik: Alessandro Cicognini; Regieassistenz: Giorgio Lastricati, Valentino Trevisaneto; Produktion: Carlo Ponti für Lux, Rom; Verleih: Lux Film.
Darsteller und Personen: Gino Cervi (Jean Valjean), Valentina Cortese (Fantine/Cosette), Giovanni Hinrich (Javert), Aldo Nicodemi (Mario), Andreina Pagnani (Sua Semplicità), Ada (Duccia), Giraldi (Cosette als Kind), *Marcello Mastroianni* (ein Revolutionär), Luigi Pavese (Thénardier), Gabriele Ferzetti (Tholomyés, Geliebter der Fantina), Ugo Sasso, Joop Van Hulsen, Lucia Giraldi, Jone Romano, Alba Settacioli, Gino Cavalieri, Delia Orman, Massimo Pianfortini, Rinaldo Smordoni, Luigi A. Garrone, Nino Marchetti, Dino Maronetto, Franco Balducci, A. Beretta, Giuseppe Pierozzi.

Handlung: Jean Valjean, der wegen des Diebstahls eines Brotes zu einer Zuchthausstrafe verurteilt worden war, gelingt es, nach zwanzig Jahren zu entkommen. Das Zusammenleben mit echten Kriminellen hat ihn hart und verbittert gemacht. Er wird im Hause des mildtätigen Bischofs Myriel gütig aufgenommen. Er stiehlt jedoch zwei silberne Leuchter und flieht. Nach seiner Festnahme wird er dem Bischof gegenübergestellt, doch dieser behauptet, er selbst habe seinem Gast die Leuchter geschenkt. Die christliche Menschlichkeit des Bischofs gibt dem Zuchthäusler den Glauben an das Gute zurück und läßt in ihm den Entschluß reifen, sein Leben zu ändern. Einige Jahre später begegnet Valjean, der mittlerweile ein wohlhabender Mann geworden ist, dem verführten Mädchen Fantine und hilft ihm und ihrer kleinen Tochter Cosette. Nach dem Tod der jungen Frau befreit Valjean Cosette aus der Gewalt ihrer niederträchtigen Pflegeeltern und nimmt sie zu sich. Als die Polizei einen gewissen Champmathieu festnimmt, den sie mit Valjean verwechselt, gibt sich dieser vor Gericht zu erkennen und wird von Inspektor Javert festgenommen. Er entkommt aber bald und geht nach Paris. Hier lebt er mit Cosette einige Jahre lang unter falschem Namen. Das Mädchen verliebt sich in Mario, einen republikanischen Studenten, der das elterliche Haus verlassen und sich einer revolutionären Gruppe angeschlossen hat, die gegen die Restauration konspiriert. Mario wird bei den Aufständen im Jahre 1832 verletzt und von Valjean gerettet, der die Pariser Kanalisation benutzt, um ihn in Sicherheit zu bringen. Als sie der Kanalisation entsteigen, stehen sie jedoch Javert gegenüber, der entschlossen ist, Valjean festzunehmen. Gemeinsam begleiten die beiden Männer Mario zu seinem Vater, dem Polizeiminister, der sich für Valjean verwendet. In heilloser Verwirrung über so viel Großmut bringt sich Javert um. Mario wird wieder gesund und heiratet Cosette, während Jean Valjean von einem ehemaligen Mithäftling verwundet wird und im Beisein von Cosette und Mario stirbt. Dieser Film wurde in zwei Folgen, *Menschenjagd* und *Sturm über Paris* gezeigt.

Kritik: Nachdem man die »Elenden« schon mehrmals im Ausland verfilmt hat – zu erwähnen ist eine herrliche französische Verfilmung –, hat sich jetzt auch die italienische Filmindustrie des Romans Victor Hugos angenommen. Die Verwirklichung dieses anerkennenswerten Versuchs hat allerdings viele Wünsche offengelassen. Es mußte – in Anbetracht des riesigen Umfangs der Romanvorlage – vieles zusammengefaßt werden. Riccardo Fredas Regie zeichnet sich durch Umsicht und Einfühlungsvermögen in diese schwierige Aufgabe aus. Ein annehmbarer Film, auch wenn er nicht die menschliche Größe und die Tragik des Romans wiedergibt. Im zweiten Teil werden die Flucht Valjeans durch die Kanalisation und das Thema der Revolution zu oberflächlich behandelt. Es war wohl überheblich – sowohl von seiten des Regisseurs als auch der Darsteller –, zu glauben, man könne Victor Hugos Meisterwerk gerecht werden.

Vice, Il Paese, Rom, 5. und 10. März 1948

A Tale of Five Women (Fünf Mädchen und ein Mann)
Italien/Großbritannien 1949–1951
Regie: Montgomery Tully, Romolo Marcellini (und Geza von

Cziffra, Wolfgang Staudte, Emil E. Reinert), nach der Idee von Richard Llewellyn, Pietro Tellini, Günter Weisenborn, Jacques Companeez, Patrik Kirwin; Drehbuch: Pietro Tellini, Patrick Kirwin, Maurice Wilson; Kamera: Giuseppe La Torre, Gordon Lang; Schnitt: Maurice Rootes; Ausstattung: Don Russell; Musik: Francesco Mander, Hans Max; Regieassistenz: Mario Chiari; Produktion: Maurice J. Wilson, Ermanno Donati für ALCE (Alleanza Cinematografica Europeal, Roma/United Artists, London; Verleih: Anglo American Film.

Darsteller und Personen: Bonar Colleano (Robert Mitchell), Barbara Kelly (Lesley Mc Dermott), Gina Lollobrigida (Maria Severini), *Marcello Mastroianni* (Aldo Mazzetti), Enzo Stajola (ein Junge), Eva Bartok (Kathaline Telek), Karin Himbold (Charlotte Smith), Anne Vernon (Jeannine Meunier), Raymond Bussières (ihr Bruder), Lana Morris (Delia Morel Romanoff), Lily Kahn (Charlady), Danny Green, Carl Jaffe, Mc Donald Kork, Oleth Orr, Geoffrey Summer, Philip Leaver, Arthur Gomez, Dany Daubertson, Liliana Tellini, Annette Poivre, Lamberto Maggiorani, Charles Irwin, Vera Molnar, Craig Ivan.

Handlung: Robert Mitchell, ein Pilot der Royal Air Force, hat nach einem Unfall das Gedächtnis verloren und wird in einem Militärkrankenhaus in den Vereinigten Staaten gepflegt. Er kann sich an seine Vergangenheit überhaupt nicht mehr erinnern. In seinem Besitz befinden sich das Foto eines kleinen Jungen und fünf Banknoten. Auf jeder Banknote steht der Name einer europäischen Stadt und der Name einer Frau. Lesley Mc Dermott, eine Journalistin und Mitarbeiterin der Wochenzeitschrift »Familie«, überredet ihren Direktor, Bob nach Europa zu schicken – auf die Suche nach den Frauen und dem Kind. Als Sonderberichterstatter kommt Bob nach Rom, und es gelingt ihm, die erste Frau, Maria Severini, wiederzufinden. Der Verlobte des Mädchens, Aldo Mazzetti, befindet sich in großen Schwierigkeiten, denn in der Überzeugung, eine große Summe im Lotto gewonnen zu haben, hat er sein Taxi verbrannt. Der Gewinn beträgt aber nur dreißigtausend Lire, und der arme Schlucker muß dem Taxiunternehmen den Schaden ersetzen. Bob entdeckt, daß er während des Krieges mit Maria nur eine einzige Stunde verbrachte. Sie gab ihm damals seine erste Italienischstunde. In Wien spürt er sodann Kathaline Telek auf. Das Mädchen erzählt ihm, er sei im Krieg Fliegeroffizier und als Zivilist Künstler gewesen. In Berlin kann er Charlotte Smith wiederfinden, die ihm erzählt, er habe sie aus einer Gestapo-Razzia gerettet. In Paris begegnet er Jeannine Meunier. Das Mädchen erzählt ihm, er sei Flieger gewesen, habe nur einen einzigen Tag mit ihr verbracht und sich dann mit dem Versprechen verabschiedet, wiederzukommen und sie zu heiraten. In London, der letzten Etappe seiner Reise in die Vergangenheit, erreicht ihn die Journalistin von »Familie«, die sich mittlerweile in ihn verliebt hat und ihn mit einer Radiomeldung bei seiner Suche nach Betta Brown unterstützt. Die Suchmeldung bewirkt, daß zahlreiche Frauen sich bei der Londoner Redaktion der Zeitschrift einstellen, doch keine erkennt ihn wieder. Jetzt nimmt Delia mit ihm Verbindung auf, ein Mädchen, das beim Zirkus Romanoff arbeitet. Bob besucht sie in ihrem Wohnwagen und findet dort ein schlafendes Kind. Allmählich kommen die Erinnerungen wieder: Delia ist seine Schwester, Jimmy, der Bub, sein Neffe. Früher hat er auch im Zirkus gearbeitet. »Betta Brown« war der Spitzname, den die Offiziere ihrem Major verpaßt hatten. Keine nennenswerte Kritik.

Una domenica d'agosto (Ein Sonntag im August)
Italien 1950
Regie: Luciano Emmer
Drehbuch: Franco Brusati, Luciano Emmer, Giulio Macchi, Cesare Zavattini, nach einer Idee von Sergio Amidei; Kamera: Domenico Scala, Leonida Barboni, Ubaldo Marelli; Schnitt: Jolanda Benvenuti; Ausstattung: Natur; Musik: Roman Vlad (das Lied »Domenica d'agosto«), Nino Oliviero und Manlio Tito (das Lied »Vieni con me«) und Nino Oliviero und De Mural; Produktion: Sergio Amidei für Colonna Film, Rom; Verleih: Fincine.
Darsteller und Personen: Anna Baldini (Marcella), Franco Interlenghi (Enrico), Vera Carmi (Luciana), Massimo Serato (Roberto), Corrado Verga (der Baron), Ave Ninchi (Fernanda Meloni, Mutter der Marcella), Andrea Compagnoni (Cesare Meloni, ihr Mann), Emilio Cigoli (Mantovani) Pina Malgarini (Ines), *Marcello Mastroianni* (Ercole), Anna Medici (Rosetta), Nora Sangro (Nora), Mario Vitale (Renato), Elvy Lissiak, Anna Di Leo, Salvo Libassi, Fernando Milani, Jone Morino.

Handlung: Am Sonntag, dem 7. August, dem Fest des heiligen Gaetano, verläßt ein Teil der Bevölkerung Rom und fährt ans

Meer nach Ostia, um dort einen Ferientag zu verbringen. Der Taxifahrer Cesare Meloni ist mit seiner ganzen Familie an den Strand gefahren. Seine Tochter Marcella entfernt sich von der Familie und sucht den eleganteren Teil des Strandes auf, wo sie Enrico trifft, einen jungen Mann, der zusammen mit einigen Freunden nach Ostia geradelt ist. Marcella und Enrico täuschen beide vor reich zu sein. Ein von skrupellosen Freunden ausgenutzter Baron interessiert sich für ein einfaches Mädchen, das seine Einladung an den Strand annimmt und ihrem arbeitslosen Verlobten den Laufpaß gibt. Der ehemalige Verlobte läßt sich mit einer Diebesbande ein, nimmt an einem Raub teil und landet im Gefängnis. Ein Witwer und eine adelige Dame beschließen, den Feiertag zusammen zu verbringen, nachdem jeder seine Kinder in einem von Nonnen geleiteten Ferienheim abgegeben hat. Der in Rom gebliebene Verkehrspolizist Ercole läuft den ganzen Tag in der Stadt herum, um für das Dienstmädchen Rosetta, das von ihm ein Kind erwartet und von seiner Herrschaft entlassen wurde, eine Bleibe zu suchen. Später, als durch Rosettas Unaufmerksamkeit in der Wohnung ihrer Herrschaft ein Brand ausbricht, muß sie sofort das Haus verlassen. Rosetta sucht nach ihrem Verlobten. Der hat gerade Dienst, und so setzt sie sich in ein nahegelegenes Café, um auf ihn zu warten. Marcella und Enrico, die als »reicher Leute Kind« den ganzen Tag miteinander geflirtet haben, treffen sich zufällig am Abend in Rom wieder. Nun, da ihr gegenseitiger kleiner Betrug zutage gekommen ist, besteht die Chance für eine wahre Liebe. Der Witwer sehnt den Abend herbei, um seine kleine Tochter wieder bei den Nonnen abzuholen. Das Mädchen, das der Einladung des Barons gefolgt war, hat eine Enttäuschung erlebt.

Kritik: Der beste Teil des Films ist der, in dem das Geschehen ganz spontan wirkt, fast als sei es vor der Kamera inszeniert worden, ohne vorherige mühsame Proben. Es ist ohne Belang, daß Emmer dabei dem Stil und der Art des Dokumentarfilms treu bleibt. Wichtig ist hingegen, daß ihm und dem Drehbuchautor Amidei immer wieder eine für den heutigen Film ungewöhnliche Ausdruckskraft gelang. Es kommt dem Film auch zugute, daß für eine so neue und schwierige Geschichte zum Teil keine routinierten Schauspieler, sondern gute, unbekannte Darsteller eingesetzt wurden.

Arturo Lanocita, Nuovo Corriere della Sera, Mailand, 4. Juli 1950

Vita da cani (Hundeleben)
Italien 1950
Regie: Steno und Monicelli
Drehbuch: Steno (Stefano Vanzina), Mario Monicelli, Sergio Amidei, Aldo Fabrizi, Ruggero Maccari; Kamera: Mario Bava; Schnitt: Mario Bonotti; Ausstattung: Flavio Mogherini; Musik: Nino Rota (Lieder von Aldo Fabrizi, Mario Ruccione, Nino Rota); Regieassistenz: Silvio Clementelli; Produktion: ATA, Rom; Verleih: D. I. (Regionale).
Darsteller und Personen: Aldo Fabrizi (Nino Martoni), Gina Lollobrigida (Margherita), Delia Scala (Vera), Tamara Lees (Franca), *Marcello Mastroianni* (Carlo), Nyla Dover (Lucy d'Astrid), Bruno Corelli (ein Tänzer), Furlanetto (Boselli), Gianni Barella, Mariemma Bardi, Michele Malaspina, Tino Scotti, Pina Piovani, Lidia Alfonsi, Pasquale Misiano, Eduardo Passarelli, Enzo Maggio, Noemi Zeki, Livia Rezin, Anna Pabella, Giuseppe Angelini, Siria Vellani, Giorgina Nardini, Vittorina Benvenuti.

Handlung: Die hübsche Fabrikarbeiterin Franca ist ihres Lebens und ihrer Arbeit überdrüssig, verläßt den Verlobten und geht nach Rom, um dort ihr Glück zu machen. Hier lernt sie an einem drittklassigen Theater Vera kennen, die sie Cavalier Martoni, dem Direktor vorstellt. Franca wird nun Schmierenkomödiantin und zieht mit der Wanderbühne durch das Land. Als die Schauspieler endlich in ein kleines Dorf in der Nähe von Mailand kommen, sind sie finanziell am Ende und völlig verelendet. Franca läßt sich mit zwei reichen Herren ein, die sie und ihre Freundin Vera im Auto mitnehmen. Als das Auto dann anhält und Franca sich mit einem der beiden Männer zurückzieht, weist Vera die Aufdringlichkeiten des anderen zurück und kehrt zur Truppe zurück. In Mailand ersetzt Martoni Franca durch ein schüchternes Mädchen, Margherita, das jedoch einen unerwarteten Erfolg hat. Vera wird letztendlich einen braven jungen Mann heiraten, der sie liebt. Franca gelingt es zwar, einen alten und sehr reichen Industriellen zu ehelichen, doch nach einer Begegnung mit ihrem ehemaligen, mittlerweile sehr erfolgreichen Verlobten, begeht sie verzweifelt Selbstmord. Margherita wird ein Engagement bei einem erstklassigen Theater angeboten. Das Mädchen möchte aus Loyalität Martoni nicht verlassen, der sie jedoch großmütig überredet, das Angebot anzunehmen.

Kritik: Steno und Monicelli wollten mit ihrem Film *Vita da cani* eine neue Interpretation jener glanzvollen und gleichzeitig schäbigen Welt der sogenannten darstellenden Kunst geben. (...) Da sie die Gefahr der Verkitschung dieses Themas zweifellos spürten, hatten sie besonders im ersten Teil die gute Idee, sich auf die Beschreibung eines wenig bekannten Milieus zu konzentrieren: jenes der kleinen Dörfer, die eben nur von Ensembles minderen Ranges besucht werden. So unternahmen wir auch eine Reise durch die Provinz und erkannten mit Vergnügen die düsteren und eisigen Säle wieder, die gewöhnlich als Kinoraum dienten – mit ihren klapprigen Sitzen und den verblüfften Bauern; die winzigen Bühnen und die Blasorchester; die ländlichen Gastwirtschaften, in denen meistens Viehhändler und Handelsreisende absteigen; die kleinen und nur an Markttagen vollen Cafés. (...) Der ganze erste Teil des Films ist nicht nur unterhaltend, sondern auch wahrheitsgetreu. Schade, daß die beiden Regisseure nicht bei diesem so echten und relativ unbekannten Milieu geblieben sind. Denn im zweiten Teil wendet sich der Film von der Beschreibung der unbekannten Provinz ab und der reichen, nur allzu bekannten Stadt zu. Die Milieu-Schilderung wird zur Handlung und gleitet ab zum Gemeinplatz und zur Schablone ...

Alberto Moravia, L'Europeo, Mailand, 15. November 1950

Cuori sul mare

Italien 1950
Regie: Giorgio Bianchi
Drehbuch: Golfiero Colonna, Nicola Morabito, Oreste Biancoli, Siro Angeli, Nicola Manzati; Kamera: Mario Craveri; Schnitt: Gabriele Varriale, Adriana Novelli; Musik: Enzo Masetti; Produktion: Carlo Civallero für Cines-Alcyone Film, Rom; Verleih: ENIC.
Darsteller und Personen: Doris Dowling (Doris), Jacques Sernas (Paolo Silvestri), Milly Vitale (Fioretta), Charles Vanel (Nurus), *Marcello Mastroianni* (Massimo Falchetti), Paolo Panelli (ein Matrose), Gualtiero Tumiati, Enzo Biliotti, Nicola Morabito, Aldo Fiorelli, Mimi Aylmer, Dina Perbellini.

Handlung: Paolo Silvestri, Neffe eines pensionierten Admirals, und Massimo Falchetti, Sohn eines reichen Schiffsindustriellen, besuchen die Marineakademie in Livorno. Beide Freunde lieben das Meer, doch Massimo haßt die Militärdisziplin. Durch einen glücklichen Zufall lernt Massimo Doris, eine amerikanische Schauspielerin, kennen, der er heftig den Hof macht. Er stellt sie seinem Freund Paolo vor, der sich ernsthaft in sie verliebt, obwohl er mit Fioretta verlobt ist. Als Doris nach Neapel fährt, folgt ihr Paolo, muß aber mit schwerem Herzen nach Livorno zurückkehren, wo er sich zur jährlichen Kreuzfahrt auf dem Schulschiff »Vespucci« einschifft. Massimo hat sich inzwischen gegen die Militärlaufbahn entschieden und wird deswegen vom Vater aus dem Haus gejagt. Er schifft sich als Schiffsjunge auf einem spanischen Frachter ein. Als er entdeckt, daß das Schiff Schmuggelware transportiert, versucht er, etwas dagegen zu unternehmen, wird aber von der Mannschaft überwältigt und eingesperrt. Die »Vespucci« und der Frachter legen gleichzeitig im Hafen von Algier an. Massimos Freunde kommen an Bord, um ihn zu begrüßen. Als sie entdecken, daß Massimo in Gefahr ist, kommt es zu einem heftigen Kampf mit den Schmugglern, der mit deren Festnahme und Massimos Befreiung endet. Massimo wird wieder auf die Marineschule zurückkehren und Paolo mit Fioretta versöhnen.

Kritik: Zu der ungezwungenen Natürlichkeit, mit der die Handlung dank der Regie abläuft, kommt die gewinnende Unbefangenheit der Darsteller, angefangen von dem sicheren und eindrucksvollen Hauptdarsteller Jacques Sernas bis zu dem ausgezeichneten Mastroianni, dem witzigen und unterhaltenden Panelli und dem heiteren Vanel. Zu erwähnen sind auch noch Tumiati sowie die beiden Darstellerinnen Dowling und Vitale. Großer Beifall des Publikums.

F. L. R., Il Tempo, Rom, 5. November 1950

Contro la legge (Gegen das Gesetz)
Italien 1950
Regie: Flavio Calzavara
Drehbuch: Guglielmo Santangelo, Giuseppe Mangione, Flavio Calzavara; Kamera: Giovanni Vitrotti; Schnitt: Marcella Gengarelli; Musik: Franco Casavola; Produktion: Giorgio Carini für Scala-Ceiad, Rom; Verleih: Columbia-Ceiad.
Darsteller und Personen: *Marcello Mastroianni* (Marcello Curti), Fulvia Mammi (Maria), Renato Malavasi (Peppino), Mario Terribile (der Vogelhändler), Manilio Busoni (ein Mare-

sciallo), Tino Buazzelli (ein Kommissar), Angelo Canova (»Grigio«), Paolo Panelli (Tremolino), Miranda Campa (Frau Curti), Giulio Batteferri, Maria Pia de Doses, Celeste Marchesini, Marina Bonfigli, Giovanni Reali, Roberto Paoletti, Alfredo Petroni, Angelo Dessy, Orazio Costa, Andrea Petricca, Attilio Dottesio, Maria Teresa Albani, Gianni Bonagura, M. Fusini, M. Terracina, A. Quomo, L. Ricci, Malgaret, Montanari.

Handlung: Der mit Maria verlobte Marcello Curti handelt schwarz mit Devisen. Eines Tages wird er in einen Mord verwikkelt und, obwohl er unschuldig ist, von der Polizei festgenommen. Der Leiter der Kriminalpolizei ist allerdings von seiner Schuld nicht überzeugt. Er läßt ihn auf freien Fuß setzen und beschatten, in der Annahme, der junge Mann werde ihn früher oder später zum wahren Mörder führen. Mit Marias Hilfe begibt sich Marcello auf die Suche nach dem Schuldigen. Niemand will ihm helfen, auch seine Freunde verlassen ihn. Marcello kennt nur den Vornamen desjenigen, den er für den Mörder hält: Alfredo, ein geheimnisvoller Mann, der sich scheinbar in Nichts aufgelöst hat. Mittlerweile bekommt Maria Streit mit ihren Eltern und verläßt ihre Wohnung, fest entschlossen, Marcello zu unterstützen. Beide müssen allerdings einige unerfreuliche Abenteuer bestehen, bis sie sich in Marcellos Wohnung wiedertreffen. Sie entscheiden sich, gemeinsam einen Garagenbesitzer aufzusuchen, den sie für einen Komplizen des Mörders halten. In der Garage stoßen sie auf die Polizei, die dank der Aussage des Garagenbesitzers zum gleichen Schluß gelangt ist. Peppino, der Garagenbesitzer, führt sie daraufhin zu einer Vogelhandlung, deren Besitzer kein anderer ist als der geheimnisvolle Alfredo. Der entlarvte Mann versucht noch, sich zu verteidigen, wird aber von der Polizei erschossen. Marcellos Unschuld ist nun über jeden Verdacht erhaben. Er und Maria entfernen sich. Dieser Film wurde von der Filmgenossenschaft »Scala« produziert, der auch Mastroianni angehörte. Der Film wurde 1950 gedreht, kam aber erst 1952 in den Verleih.

Kritik: Den Kriminalfilm muß man zunächst wie eine Art Wettlauf zwischen Autor und Publikum betrachten, der nur gelingt, wenn der Autor den Fall vor dem Zuschauer befriedigend löst. Unter diesem Gesichtspunkt ist der Film von Flavio Calzavara ein voller Erfolg. Eine spannende Geschichte, die dem Verlauf einer polizeilichen Ermittlung folgt. Die einzelnen Fakten werden nacheinander aufgedeckt, ohne daß dies den abschließenden Überraschungseffekt beeinträchtigt. (...) Allein die Endszene des Schußwechsels, herrlich in ihrem Aufbau, ist vielleicht etwas zu lang geraten, wenngleich der Tod des Schuldigen und des sympathischen Polizisten noch ein abschließender Höhepunkt ist. Ausgezeichnete schauspielerische Leistung aller Darsteller. (...)

(Anonym), Rivista del Cinematografo, Rom, 8. August 1982

Atto d'accusa (Einer war zuviel)
Italien 1951
Regie: Giacomo Gentilomo
Drehbuch: Franco Brusati, Gaspare Cataldo, Ezio d'Errico, Giacomo Gentilomo, nach einer Idee von Silvana Magnoni; Kamera: Alvaro Mancori; Schnitt: Otello Colangeli; Ausstattung: Alberto Boccianti, Gastone Medin; Kostüme: Dina Di Bari; Musik: Carlo Rustichelli; Produktion: Ermanno Donati, Luigi Carpentieri für Athena Cinematografica, Rom; Verleih: CEI.
Darsteller und Personen: *Marcello Mastroianni* (Renato La Torre), Lea Padovani (Irene), Andrea Checchi (der Kommissar Costantini), Karl Ludwig Diehl (Massimo Ruska), Marga Cella (Frau Inghirami), Amilcare Pettinelli (Donate), Alda Mangini, Gaetano Verna, Silvana Muzi, Maria Pia Spini, Mary Genni, Alessio Ruggeri, Emma Baron.

Handlung: Nach seiner Rückkehr aus russischer Gefangenschaft erfährt Renato La Torre, daß seine Verlobte Irene Massimo Ruska, einen alten Rechtsanwalt, der außerdem ihr ehemaliger Professor an der Universität ist, geheiratet hat. Bei einem Wiedersehen entdecken die beiden jungen Leute, daß sie sich noch lieben. Bei einem Rendezvous im Hause einer Schneiderin wird Irene von ihrem Mann beschattet, der sie mit ihrem Liebhaber ertappen will. Die Schneiderin versucht, Ruska an dem Eindringen in das Zimmer zu hindern, in dem sich die beiden befinden. In dem Handgemenge, das dabei entsteht, stürzt die Frau unglücklich, schlägt mit dem Kopf auf und stirbt. Ruska entfernt sich unbeachtet, während eine Nachbarin Renato, der nichts bemerkt hat, beim Verlassen der Wohnung beobachtet. Aufgrund der Aussage dieser Nachbarin sucht die Polizei Renato. Rechtsanwalt Ruska versucht mittlerweile, seine Frau von Renatos Schuld zu überzeugen. Da ihm dies nicht gelingt, erpreßt er Renato und vereinbart mit ihm ein Stelldichein an einem Ort, zu dem er zuvor schon die Zeugin hinbestellt hat. Ruska kommt vor Renato zur Verabredung, ermordet die Frau und verschwindet wieder. Als Renato die Leiche findet, stellt er sich der Polizei. Er verlangt, von Ruska verteidigt zu werden, den er mittlerweile verdächtigt, der wahre Täter zu sein. Ruska, der sich entlarvt sieht, versucht, erst seine Frau umzubringen und begeht dann Selbstmord. Irene und Renato können somit ein neues, gemeinsames Leben beginnen.

Kritik: »… Giacomo Gentilomo scheint bei diesem düstern Drama nur auf effektvolle Szenen aus zu sein. So bemüht er sich um einen reibungslosen Ablauf des Geschehens, ohne sich um Personen, Fakten und Gefühle sonderlich zu kümmern. Das Ergebnis ist ein oberflächlicher Film, der zwar unsere Nerven kitzelt, doch letztlich kalt läßt. Gute schauspielerische Leistungen, besonders von Checchi und Mastroianni …«

Ermanno Contini, Il Messaggero, Rom, 26. Januar 1951

Parigi è sempre Parigi (Paris ist immer Paris)
Italien/Frankreich 1951
Regie: Luciano Emmer
Drehbuch: Sergio Amidei, Luciano Emmer, Ennio Flaiano, Giulio Macchi, Franco Rose, Jean Ferry, Jacques Rémy; Kamera: Henry Alékan; Schnitt: Jacques Poitrenaud, Gabriele Varriale; Ausstattung: Laurent; Musik: Joseph Kosma, Roman Vlad; Regieassistenz: Francesco Rosi, Emile Roussel, Jacques Payen; Produktion: Giuseppe Amato für OIF (Omnium international – Fortezza Film), Paris/Rom; Verleih: Minerva Film.
Darsteller und Personen: Aldo Fabrizi (Herr De Angelis), Ave Ninchi (Elvira, seine Frau), Lucia Bosé (Mimi, seine Tochter), Jeannette Batty (Claudia), Janine Marsay (Praline), Hélène Remy (Christine), Franco Interlenghi (Franco Martini), Galeazzo Benti (Gianni Forlivesi), Henri Genes (Paul Gremier), *Marcello Mastroianni* (Marcello Venturi), Paolo Panelli (Nicolino Percuoco), Giuseppe Porelli (Raffaele D'Amore), Carletto Sposito (Totò Mancuso), Henri Guisol (Monsieur Morand), Yves Montand (er selbst), Vittorio Capiroli, Roland Lesaffrè.

Handlung: Eine Gruppe Italiener fährt nach Paris, um einem

Fußballspiel Italien/Frankreich beizuwohnen. Kaum in Paris angekommen, ist allerdings ihre Hauptsorge, jene Abenteuer zu erleben, von denen sie schon so viel gehört haben. Ein snobistischer junger Mann träumt von der Eroberung einer kosmopolitischen Dame; zwei römische Jungen würden sich schon mit einem Dienstmädchen begnügen; während Signor De Angelis auf die Dienste eines alten Freundes, eines mittellosen Barons, baut, und auf die Gesellschaft eines entgegenkommenden Mannequins oder einer Revuetänzerin hofft. Seine Ehefrau Elvira und die Tochter Mimi klappern sämtliche Modegeschäfte ab und machen schlechte Erfahrungen in einem Schönheitssalon. Der Familienvater wird von seinem Freund in einen Antiquitätenladen geschleppt und erlebt im Verlauf des Abends einige Abenteuer, die allerdings alles andere als angenehm sind. Die Frauen absolvieren das obligate Touristenprogramm und hetzen durch die einschlägigen Nachtlokale. Nur der naive junge Mann, der nichts unternimmt, um die üblichen Träume von Paris zu erfüllen, begegnet einer kleinen Zeitungsverkäuferin, mit der er für wenige Stunden eine wahre Liebesgeschichte erlebt.

Kritik: »*... Parigi è sempre Parigi* von Lucia Emmer zeigt uns den Ausflug der »Provinz« in die Stadt des Lasters, der Nachtlokale und der Folies-Bergères. Aus der verschlafenen und vertratschten Provinz richten die jungen Leute ihre Augen auf Paris. (…) Emmer, der uns mit der Beschreibung eines Sonntags am Strand von Ostia eine leichte, spritzige Komödie beschert hatte, kann diesen Erfolg bei der Beschreibung seines Pariser Sonntags nicht wiederholen. Nur die Episode mit der Zeitungsverkäuferin verrät die gleiche Hand und die gleiche Konstellation.«

Alfredo Panicucci, Epoca, Mailand, 8. Dezember 1951

L'eterna catena (Ketten der Leidenschaft)
Italien 1952
Regie: Anton Giulio Majano
Drehbuch: Anton Giulio Majano, Mario Brancacci; Kamera: Adalberto Albertini; Schnitt: Otello Colangeli; Ausstattung: Arrigo Equini; Musik: Tarcisio Fusco; Regieassistenz: Alighiero Solaro; Produktion: Megale Film Rom; Verleih: Megale Film.
Darsteller und Personen: *Marcello Mastroianni* (Walter Ronchi), Marco Vicario (Sandro Ronchi), Gianna Maria Capale (Maria Laneri), Duccio Sisse, Leda Gloria (Frau Teresa), Carlo

98

›Ketten der Leidenschaft‹

Croccolo (Peppino), Umberto Spadaro, Aldo Nicodemi (Filippo Lanza), Olinto Cristina (Meister Bandini), Mario Galli, Liana Billi, Gisella Monaldi, Nietta Zocchi, B. D. Didana, L. Latini, A. Serbaroli, Giulio Battiferri.

Handlung: Nach einer langen Seereise kehrt der Marineoffizier Walter Ronchi nach Neapel zurück. Hier leben sein Bruder Sandro und dessen Verlobte Maria, ein hübsches Mädchen, das Unterhaltungssängerin werden möchte. Auch Filippo Lanza, Inhaber der Reederei, bei der Walter angestellt ist, ist in Maria verliebt. Sandro ist außerordentlich eifersüchtig auf ihn. Walter ver-

sucht, die Mißverständnisse zwischen den beiden Verlobten aufzuklären und ihren Streit zu schlichten. Dabei entdeckt er, daß
Maria, in die er heimlich verliebt ist, seine Liebe erwidert: die
beiden jungen Leute verbringen eine gemeinsame Nacht. Lanza
läßt Maria unter einem Vorwand in sein Büro kommen und versucht, sie zu vergewaltigen. Sandro, der dem Mädchen gefolgt
ist, greift den Rivalen an und bringt ihn um. Der Mord wird jedoch Walter angelastet, der, um sich zu retten, zur Fremdenlegion geht. Nach fünf Jahren kehrt er an Bord eines französischen Schiffes nach Neapel zurück, und es gelingt ihm, unbeob-
achtet an Land zu gehen. Er macht sich auf die Suche nach
Maria. Er begegnet Sandro, der ihm vortäuscht, Maria geheiratet und ein Kind von ihr zu haben. Dann geht er zur Polizei der
Fremdenlegion und verrät ihnen Walters Aufenthalt. Als Walter
entdeckt, daß der Bruder ihn an die Polizei verraten hat, begreift er endlich, daß dieser auch der Mörder Lanzas ist. Während die beiden Brüder miteinander kämpfen, eilt Maria Canale
mit dem Kind, das sie von Walter hat, herbei. Sandro flieht, wird
überfahren und stirbt. Der Polizeiunteroffizier, der Walter fest-
nehmen soll, hat Mitleid mit ihm und läßt ihn frei. Walter bleibt
in Neapel und kann endlich Maria heiraten.

Kritik: »... Kein ganz schlechter Film, jedoch ein roh zusam-
mengezimmertes Machwerk, ein billiges, triviales Melodrama.
Das Schaustück wird nicht allen mißfallen, und Spielraum für
einen Erfolg in den Vororten ist gegeben. (...) Marcello Mastroianni ist der ewig vom Schicksal verfolgte, der geschlagene, ent-
täuschte Gefühlsmensch, der brave junge Mann, der die Liebe
zu einer Frau mit Gefängnis bezahlt – mit Grenzübertritten, Tränen, unterdrückten Wünschen, Verrat und verschiedenen Mor-
den, derer man ihn fälschlicherweise beschuldigt.«

F. M. P., Corriere Lombardo, Mailand, 10.–11. Juni 1953

Le ragazze di Piazza di Spagna (Die Drei vom Spanischen
Platz)
Italien 1952
Regie: Luciano Emmer
Drehbuch: Sergio Amidei, Karin Valde und Fausto Tozzi; Ka-
mera: Rodolfo Lombardi; Schnitt: Jolanda Benvenuti; Ausstat-
tung: Maria Garbuglia; Musik: Carlo Innocenzi; Produktion:
Astoria Film, Rom; Verleih: D. C. N.

Darsteller und Personen: *Marcello Mastroianni* (Marcello Sartori), Lucia Bosé (Marisa Benvenuti), Cosetta Greco (Elena), Liliana Bonfatti (Lucia), Eduardo De Filippo (Vittorio), Renato Salvatori (Augusto Terenzi), Ave Ninchi (Mutter der Marisa), Galeazzo Benti (Marisas Freund), Giorgio Bassani (der Erzähler), Anna Maria Gugliari (Leda), Gloria, Agnes von Rosen, Luciana Vedovelli, Fanco Brunoni.

Handlung: Marisa, Elena und Lucia arbeiten in einer römischen Schneiderei in der Nähe der Kirche Trinità dei Monti. Sie sind eng befreundet und verbringen deswegen ihre tägliche Mittagspause gemeinsam auf der berühmten Treppe, die zur Kirche führt. Marisa ist ein Arbeiterkind und lebt in Garbatella; Elena kommt aus einer bescheidenen Angestelltenfamilie und lebt mit der verwitweten Mutter in einer kleinen Wohnung in Monteverde; Lucia wohnt in Capannelle, wo ihr Vater Stallknecht in einem Rennstall der Pferderennbahn ist. Alle drei haben einen einzigen Wunsch, ein einziges Ziel: einen Ehemann und ein eigenes Heim. Marisa ist mit einem Arbeiter verlobt, doch als sie Mannequin in der Schneiderei wird, in der sie bisher als Arbeiterin tätig war, droht der Verlobte, sie zu verlassen. Erst am Ende des Films kommt es zur Heirat – nach vielen Mißverständnissen und Streitereien. Elena ist in einen Angestellten verliebt, der in Wirklichkeit nur ihre kleine Wohnung im Sinn hat. Das Mädchen merkt es und unternimmt einen Selbstmordversuch. Es wird jedoch gerettet. Die Liebe eines ehrlichen Taxifahrers läßt sie die Enttäuschung vergessen, und auch sie erreicht ihr Ziel: die Ehe. Die zierlich gewachsene Lucia verliebt sich nur in riesengroße Kerle und weist die Liebe eines kleinen, unscheinbaren Jockeys zurück, der sie seit Jahren liebt. Zu guter Letzt läßt sie sich aber von seiner treuen Liebe überzeugen, und auch die beiden werden ein glückliches Paar.

Kritik: »... Emmer ist seinen Gestalten nicht nähergekommen, sie sind für ihn weiterhin Fremde geblieben. Marisa Lucia und Elena sind zwei quirlige Püppchen, doch sie werden keine bleibende Erinnerung hinterlassen. Und das ist nach meiner Meinung Emmers großer Fehler: Er liebt seine Gestalten nicht, es ist, als habe er fast Angst, sich in sie zu verlieben. Darin ist er genau das Gegenteil von Vittorio De Sica, der sich jedes Mal unsterblich in seine Gestalten, in seine Filme verliebt. Ave Ninchis laute, volkstümliche Art ist mittlerweile gekonnte Routine, Marcello Mastroianni ein »Taxifahrer«, den wir gerne wiedersehen ...«

Pasquale Ojetti, L'Eco del Cinema e dello Spettacolo,
Rom, April 1952

Tragico ritorno
Italien 1952
Regie: Pier Luigi Faraldo
Drehbuch: Leo Bomba, Sergio Pugliese, Giuseppe Mangione; Kamera: Alvaro Mancori; Produktion: Fontana, Rom; Verleih: Fontana-Titanus.
Darsteller und Personen: *Marcello Mastroianni* (Marco), Doris Duranti (Giovanna), Franca Marzi (Nicolas Freundin), Dante Maggio (Nicola), Benedetta Rutili (Elisa), Fisca Freda, Raffaele Pindinelli (Raf Pindi), Paola Dola.

Handlung: Nach acht Jahren Kriegsgefangenschaft, in der er keinerlei Nachricht von seiner Familie erhalten hatte, kehrt Marco nach Italien zurück und findet seine Ehefrau Giovanna und den gemeinsamen Sohn Bruno in einem Flüchtlingslager wieder. Er erfährt, daß Giovanna, in dem Glauben, er lebe nicht mehr, sich wiederverheiratet hat und merkt, daß Bruno ihn nicht wiedererkennt. Die Frau und der neue Mann überlassen ihm die Entscheidung – auch über ihr Leben. Damit die Frau keine Schwierigkeiten bekommt, entfernt sich Marco, doch in seiner Verzweiflung will er sich ertränken. Er wird von Elisa gerettet, die mit ihrem alten Vater in einer Badeanstalt lebt. Marco begibt sich in die nahegelegene Stadt, wo er bei einem Kameraden aus der Gefangenschaft und dessen Freundin Unterschlupf findet. Die beiden Freunde möchten auswandern und begehen einige Raubüberfälle, um sich das notwendige Geld zu verschaffen. Doch es läuft einiges schief und Marco muß sich vor der Polizei bei Elisa verstecken. Nach einiger Zeit taucht Nicola wieder auf, der noch immer sein Geld für die Auswanderung hat. Elisa ist entschlossen, dem geliebten Marco überall hin zu folgen und bietet ihm an, die Ersparnisse ihres Vaters zu stehlen. Als der Alte hinzukommt, kommt es zu einem Handgemenge. Nicola tötet Elisas Vater, nimmt das Geld und flieht. Marco glaubt irrtümlich, er sei der Schuldige, und bringt sich um. Zu spät kommt seine Unschuld ans Tageslicht.

Keinerlei Kritiken.
In den Filmhinweisen aus dem Jahre 1952 wird dem Film jeder moralische und sonstige Wert abgesprochen.

Sensualità (Die Sinnlichkeit)
Italien 1952
Regie: Clemente Fracassi
Drehbuch: Ennio De Concini, Alberto Moravia, Clemente Fracassi; Kamera: Aldo Tonti; Schnitt: Mario Bonotti; Ausstattung: Piero Gherardi; Musik: Enzo Masetti; Produktion: Ponti/De Laurentiis, Rom; Verleih: ENIC.
Darsteller und Personen: *Marcello Mastroianni* (Carlo Sartori), Eleonora Rossi-Drago (Franca Gabrie), Amedeo Nazzari (Riccardo Sartori), Francesca Liddi (Nidia), Corrado Nardi (Bosic), Clorindo Cerato (Kuhhirt), Maria Zanoli.

Handlung: Die in einem Flüchtlingslager lebende Franca Gabrie aus Istrien findet Arbeit auf dem Hof der Brüder Riccardo und Carlo Sartori. Die aufreizend schöne Franca ist jedoch der Feldarbeit müde und läßt es sich daher gefallen, daß Carlo ihr den Hof macht, obwohl sie es auf den älteren Bruder abgesehen hat. Der übersieht sie zunächst und beleidigt sie dann sogar, indem er ihr Geld anbietet, damit sie seinen Bruder in Ruhe läßt. Riccardos geringschätzige Gleichgültigkeit stachelt Francas Ehrgeiz an und entflammt ihre Leidenschaft nur noch stärker. Es gelingt ihr, sich von Carlo fest anstellen zu lassen. Sie versucht mit allen Mitteln, Riccardo zu verführen, bis dieser den Kopf verliert und sie küßt. Nach diesem flüchtigen Kuß ohrfeigt sie jedoch der Mann und stößt sie heftig zurück. Das Mädchen flieht nun mit Carlo und heiratet ihn, obwohl sie ihn nicht liebt. Riccardo, der sich nun doch Hals über Kopf in das Mädchen verliebt hat, folgt ihnen. Er findet die Frau in einem bescheidenen Hotelzimmer in der Stadt wieder. Sie ist alleine. Riccardo bekennt ihr seine Liebe, und die Frau gibt sich ihm hin. Als er vom Bruder erfährt, daß sie verheiratet sind, zieht er sich tiefbeschämt zurück. Die in ihn verliebte Frau gibt aber nicht auf. Sie trifft sich eines Morgens mit Riccardo, der zur Jagd gegangen ist. Dabei merkt sie nicht, daß Carlo, der mittlerweile alles weiß, ihr gefolgt ist. Als der Bruder beide überrascht, stößt Riccardo sie zurück. Sie ergreift sein Gewehr, erschießt ihn und

Eleonora Rossi Drago und Marcello Mastroianni in ›Die Sinnlichkeit‹

wirft sich dann auf die Leiche des geliebten Mannes, wo sie der tödliche Schuß des betrogenen Ehemannes erreicht.

Kritik: »Der erste Teil des Films ist eine recht lebendige, realistische Schilderung des bäuerlichen Lebens. Doch dann gleitet der Film ab in ein schwülstiges, düsteres Drama voller Ungereimtheiten. Die fast schon lächerlich wirkende Anhäufung von Gewalttaten läßt die wenigen guten und eindrucksvollen Szenen vergessen. (...) Mastroianni mit einigen Augenblicken großer schauspielerischer Intensität und Natürlichkeit.«

Ermanno Contini, Il Messaggero di Roma,
Rom, 19. Oktober 1952

Penne nere (Schwarze Federn)
Italien 1952
Regie: Oreste Biancoli
Drehbuch: Giuseppe Berto, Oreste Biancoli, Paola Ojetti, Alberto Albani-Barbieri, Salvator Gotta; Kamera: Fernando Risi; Ausstattung: Ottavio Scotti; Musik: Francesco Mander (National-Orchester von Santa Cecilia unter Franco Ferrara); Produktion: Mander Film-Sirio Film, Rom; Verleih: Mander Film.
Darsteller und Personen: *Marcello Mastroianni* (Pieri), Marina Vlady Versois (Gemma), Guido Celano (Olinto), Vera Carmi (Catina), Enzo Stajola (Tonino), Camillo Pilotto (Zeff), Giuseppe Chirarandini (Don Angelo), Liuba Soukhanowa (Giulia), Hélène Vallier (Natalia), Ines Taddio.

Handlung: In einem Bergdorf an der Grenze zu Kärnten erfahren Pieri und Gemma beglückt ihre erste Liebe. Doch beim Ausbruch des Zweiten Weltkriegs werden alle Männer eingezogen, unter ihnen auch Pieri und sein Bruder Olinto, der Frau und Kind hat. Gemmas Vater kommt bei einem Bombenangriff ums

›Schwarze Federn‹

105

Leben. Das allein in der Welt zurückgebliebene Mädchen wird von Pieris Eltern aufgenommen. Der Waffenstillstand überrascht Pieri und Olinto in Albanien. Entschlossen, sich nicht zu ergeben, gelingt es den beiden, den Deutschen nicht in die Hände zu fallen und nach fürchterlichen Strapazen ihr Heimatdorf zu erreichen. Unterwegs sind allerdings viele gestorben, darunter auch Olinto. Die Deutschen haben mittlerweile das Dorf besetzt und entschließen sich, vor ihrem Rückzug den großen Staudamm zu sprengen, von dem das Leben dieser arbeitsamen Bevölkerung abhängt. Zum Glück sickert die Nachricht durch und vierzig »Schwarzfedern« (A. d. Ü.: »Schwarzfedern« nennt man die »Alpini«, die italienischen Gebirgsjäger) stürzen sich auf den Feind und vernichten ihn. Bei dem Zusammenstoß wird Gemma verletzt, man fürchtet um ihr Leben. Eine Eheschließung in extremis besiegelt ihre Liebe zu Pieri. Doch wie durch ein Wunder wird Gemma wieder gesund und schenkt später ihrem Pieri ein Kind, das in echt vater- und gebirgsländischer Tradition erzogen wird.

Kritik: »Eine recht melodramatische Geschichte, die man ohne großen Einsatz verfilmt hat. Eine Gruppe guter Schauspieler müht sich redlich ab. Man war sicher nie bestrebt, ein Meisterwerk zu schaffen, hätte aber mehr daraus machen können.«

Sergio Nati, Intermezzo, Rom, 15. September 1953

Gli eroi della domenica (Die Helden des Sonntags)
Italien 1953
Regie: Mario Camerini
Drehbuch: Franco Brusati, Ennio De Concini, Dino Risi, Mario Camerini, Lionello De Felice; Kamera: Mario Brava; Schnitt: Adriana Novelli; Ausstattung: Piero Filippone; Musik: Lasseandro Cicognini; Regieassistenz: Paolo Heusch; Produktion: Mario Camerini für Rizzoli, Rom; Verleih: Dear Film.
Darsteller und Personen: Raf Vallone (Bardi), Cosetta Greco (Laura), *Marcello Mastroianni* (ein Fußballspieler), Elena Varzi, Franco Interlenghi, Paolo Stoppa, Enrico Viarisio, Erno Crisa, Giovanna Scotto, Gianni Cavalieri, Ada Dondini, Guido Martufi, Marisa Merlini, Galeazzo Benti, Dandro Ruffini, Guglielmo Barnabò, Franca Tamantini, Maria Pia Trepaoli, Luciano Seroccato, Carlo Lmas, Cesare Fantoni, Walter Crosini und »Die Spieler von Milan« (A. d. Ü.: AC Mailand).

Handlung: Eine Fußballmannschaft muß zum entscheidenden Spiel antreten: Es geht darum, ob sie absteigen muß oder in der Liga bleiben kann. Sportfunktionäre und Fans setzen ihre Hoffnungen vor allem auf den Mittelstürmer Bardi, einen außerordentlich talentierten Spieler. Am Tag vor dem Spiel erhält Bardi Besuch von seiner Geliebten, die ihm vorschlägt, für die Niederlage seiner eigenen Mannschaft zu sorgen. Dafür soll Bardi drei Millionen Lire gezahlt bekommen, die man dann gemeinsam ausgeben könnte. Empört jagt Bardi das Mädchen davon. Ein Junge war zufällig Zeuge des Gesprächs. Bardi bittet ihn, nichts weiterzuerzählen. Am Morgen des Spiels fühlt sich Bardi nicht ganz wohl und läßt sich von einem Arzt untersuchen. Obwohl der Arzt ihm abrät, spielt Bardi am Nachmittag mit. In der ersten Halbzeit gerät Bardis Mannschaft in Rückstand – nicht zuletzt wegen der unpräzisen Schüsse ihres Mittelstürmers. In der Pause sieht sich Bardi plötzlich dem Jungen gegenüber, der sein Gespräch mit Laura belauscht hatte. Er meint, in den Augen des Jungen den Schatten eines Zweifels zu erkennen. Deswegen läßt er sich in der zweiten Halbzeit nicht auswechseln, obwohl der Arzt ihm dringend dazu rät.

Dank Bardis Einsatz kann seine Mannschaft doch noch den Sieg erringen. Nach Spielende sinkt Bardi vollkommen erschöpft zu Boden. Er erholt sich zwar, doch seine Karriere als Fußballspieler ist zu Ende. Die Liebe eines braven Mädchens tröstet ihn darüber hinweg.

Kritik: »Camerinis Film hätte ein Beispiel für eine durchschnittliche Produktion sein können, die im italienischen Film nicht fehlen sollte. Das Drehbuch schien für einen handwerklich gut gemachten, in sich schlüssigen Film geeignet. Leider haben Camerini und der Produzent Rizzoli hier eine gute Gelegenheit verpaßt. Der Aufbau des Geschehens ist zu konventionell und klischeehaft, die Regie oberflächlich und nicht durchdacht. Die »Sonntagshelden«, das heißt die Fußballspieler, werden diesen Streifen sicher nicht als »ihren Film« betrachten, weil sie ihre Probleme und die Psychologie ihres typischen Milieus darin nicht wiederfinden können. Die Bestechungsgeschichte ist zu fantastisch und unglaubwürdig, als daß man ihr eine große Bedeutung beimessen könnte. Raf Vallone als Nationalspieler ist wohl eine Fehlbesetzung.

Vice, »Cinema Nuovo«, Mailand, 15. Februar 1953

Il viale della speranza

Italien 1953

Regie: Dino Risi

Drehbuch: Gino De Santis, Dino Risi, Ettor Maria Marga-
donna, Franco Cannarosso; Kamera: Mario Bava; Schnitt:
Eraldo Da Roma; Ausstattung: Flavio Mogherini; Musik: Mario
Nascimbene; Regieassistenz: Paolo Heusch; Produktion: Mam-
bretti Film-ENIC, Rom; Verleih: ENIC.

Darsteller und Personen: Cosetta Greco (Luisa), Liliana Bon-
fatti (Giuditta), Maria Pia Casilio (Concettine), Piera Simoni
(Franca), *Marcello Mastroianni* (Mario), Nerio Bernardi
(Franci), Pietro De Vico (Tonio), Gisella Monaldi (Titina),
Achille Majeroni, Franco Migliacci, Silvio Bagolini, Bianca
Maria Fusari, Corrado Pani, Vincenzo Milazzo, Cesare Vieri,
Clara Loi, Mario Girotti, Arrigo Basevi, Ettore Jannetti, Carlo
Hintermann, Alessandro Fersen, Nino Marchetti, Giulio Cali,
Mario Raffi.

Handlung: Luisa, Giuditta und Franca leben in der gleichen
Pension und träumen alle drei davon, beim Film Ruhm und
Reichtum zu erwerben. Luisa, die einzige, die wirklich aus
Liebe zum Theater Schauspielerin werden will, erhält mit Hilfe
ihres Verlobten Mario, eines geschätzten Kameramannes, eine
kleine Nebenrolle in einem Film. Unter Einsatz ihrer körperli-
chen Reize gelingt es jedoch Franca, die Geliebte des Produzenten zu werden, der die Rolle ihr überträgt. Francas schauspielerische Leistung aber ist so schlecht, daß dem Produzenten nichts
anderes übrig bleibt, als sie zu ersetzen. Das Mädchen tröstet
sich rasch, gibt den Film auf und findet bald einen reichen Gönner. Nun kann Luisa die ihr ursprünglich versprochene Rolle
spielen, und ihr außergewöhnliches schauspielerisches Talent
gibt Anlaß zu den schönsten Hoffnungen. Giuditta, die dritte im
Bunde, kommt nach einigen bitteren Erfahrungen zu dem
Schluß, sie sei für den Film nicht geschaffen und kehrt schließlich glücklich in die Kleinstadt zu ihrem Verlobten zurück.

Kritik: »... Unter den Neuigkeiten dieser Woche empfehlen wir
einen anspruchslosen Film, der trotz seiner Oberflächlichkeit
ein Stück menschlicher Realität vermittelt: Die Rede ist von
Dino Risis *Viale della speranza*. Der Film behandelt das Schicksal vieler Mädchen, die von der »Filmkrankheit« befallen sind.

Täglich machen sich Tausende von Mädchen voller Hoffnungen und Träume auf den Weg nach Cinecittà, doch die meisten kehren bitter enttäuscht zurück. Dino Risi hat durchaus keine neuen Einfälle zu einem angenehmen Film verarbeitet, dem er da und dort noch eigene Akzente verliehen hat.«

Ezio Colombo, »Settimo Giorno«, Mailand, 9. Mai 1953

Febbre di vivere (Die Lust des Bösen)
Italien 1953
Regie: Claudio Gora
Drehbuch: Suso Cecchi D'Amico, Leopoldo Trieste, Lamberto Santilli, Filippo Mercati, Claudio Gora, frei nach Leopoldo Trieste »Cronaca« (1946); Kamera: Enzo Serafin, Oberdan Troiani; Schnitt: Mario Arditi; Ausstattung: Saverio D'Ameglio; Kostüme: Maria Di Bari; Musik: Valentino Bucchi; Produktion: Aldo Pacitto für Bac Film, Rom; Verleih: Atlantis Film.
Darsteller und Personen: *Marcello Mastroianni* (Daniele), Marina Berti (Lucia), Massimo Serato (Massimo), Anna Maria Ferrero (Elena), Sandro Milani (Mancinelli Scotti) (Sandro), Nyta Dover (Simona), Ruby D'Alma (Gräfin Mutter), Vittorio Capiroli (Pierrà), Paola Mori (Lisey), Carlo Mazzarella (Carletto), Novella Parigini, Mitzi Roman, Malù Mascia, Rossana Montesi, Gipsy Kiss, Luciano Dalla Pria, Pier Luigi Costantini, Mimo Billi.

Handlung: Massimo ist der Anführer einer Bande junger Leute, die sich mit allerlei Tricks und Gaunereien durchs Leben schlagen. Seine Freundin Elena liebt ihn leidenschaftlich, doch er betrügt sie skrupellos. Daniele, Massimos Freund, hat an dessen Stelle eine Gefängnisstrafe abgesessen und wird nun entlassen. Er verlangt seinen Anteil an der Beute aus dem letzten Coup, dessentwegen er verurteilt worden ist. Massimo sieht sich plötzlich in einer schwierigen Lage. Da ist die Geschichte mit Daniele, seine Freundin Elena erwartet ein Kind, und außerdem hat man einen großen Betrugsfall in seinem Wettbüro entdeckt, so daß er sich nun viele Leute zu Feinden gemacht hat. Um Daniele zu beschwichtigen, arrangiert Massimo ein Treffen zwischen ihm und seiner ehemaligen Verlobten Lucia, doch das Mädchen will nichts mehr von ihm wissen. Dann überredet Massimo seinen jungen Freund Sandro, seine Eltern um Hilfe zu bitten, indem er sich als der Geliebte Elenas ausgibt. Elena kommt

Marcello Mastroianni und Marina Beri in ›Die Lust des Bösen‹

daraufhin in ärztliche Behandlung. Der Arzt erklärt sich bereit, die Abtreibung vorzunehmen. Mit einem Mal will Sandro das Spiel nicht mehr mitspielen, es kommt zu einem heftigen Streit mit Massimo, und Sandro kommt dabei unglücklicherweise zu Tode. Um Sandros Tod als Selbstmord darzustellen, wirft Massimo die Leiche aus einem Fenster. Enttäuscht und abgestoßen zeigt Lucia ihn daraufhin bei der Polizei an. Massimo wird festgenommen. Elena entscheidet sich, das Kind zu behalten. Lucia kehrt zu Daniele zurück.

Kritik: »… Claudio Gora gibt uns ein bissiges, lebendiges Sittengemälde, in dem die einzelnen Figuren scharf umrissen sind. (…) Marcello Mastroianni bietet eine gute, korrekte schauspielerische Leistung in einer unscheinbaren Rolle, die des Mannes, der versucht, ein besseres Leben zu führen …«

Ezio Colombo, »Settimo Giorno«,
Mailand, 6. Juni 1953

Non è mai troppo tardi
Italien 1953
Regie: Filippo Walter Ratti
Drehbuch: Piero Regnoli, Filippo Walter Ratti, nach Charles
Dickens' »A Christmas Carol«; Kamera: Carlo Carlini; Ausstattung: Franco Lolli; Kostüme: Manuel Bolzarini; Produktion:
Piero Regnoli für Olympic Film, Rom; Verleih: Olympic Film.
Darsteller und Personen: *Marcello Mastroianni* (Riccardo), Isa
Barzizza (Rosanna Gennari), Paolo Stoppa (Antonio Trabbi),
Giulio Donnini (Orazio Colussi), Leda Gloria (Anna Colussi),
Giorgio De Lullo (ein junger Mann), Arturo Bragaglia, Luigi
Tosi (Daniele Trabbi), Olinto Cirstina (Franci), Enzo Cerusico
(Antonio als Kind), Ellida Lorini (Rosanna als Kind), Guglielmo Barnabò, Lola Braccini, Attilio Dottesio, Leonilde
Montesi.

Handlung: Antonio Trabbi ist ein herzloser, unersättlich habgieriger Wucherer. Am Weihnachtsabend weist er Rosanna, seine
Jugendliebe, barsch zurück, die ihm ein Schmuckstück zum Versetzen gebracht hat. In der Nacht durchlebt er noch einmal seine
Jugend im Traum. Damals hatte er aus Geiz und Selbstsucht auf
eine Ehe mit dem geliebten Mädchen verzichtet. Rosanna heiratete dann Riccardo, einen anderen Verehrer. Doch die beiden
hatten kein Glück und fristen nun ein äußerst bescheidenes Dasein. Im Traum vernimmt Antonio eine Stimme: Weihnachten ist
für ihn vielleicht die letzte Gelegenheit, einige gute Werke zu
vollbringen. In dieser von Angstträumen erfüllten Nacht vermeint Trabbi zu erfahren, was das Schicksal ihm und den Menschen, die ihm nahestehen, vorenthält. Zutiefst betroffen wacht
er auf und verwandelt sich von diesem Augenblick an grundlegend. Er beeilt sich, Geschenke an die Armen der Pfarrei, an die
Familie eines Angestellten, an Rosanna und Riccardo zu verteilen. Das erste Mal in seinem Leben verbringt er einen glücklichen Weihnachtstag im Hause seines Neffen.

Kritik: »Der Film *Non è mai troppo tardi* ist nach dem schönen
Weihnachtsmärchen »A Christmas Carol« von Dickens gedreht,
in dem der Autor im knapp gesteckten Rahmen einer Erzählung
unendlich viele Seelenzustände beschreibt und mit vortrefflicher Kunst die Gestalt eines Geizhalses wiedergibt. In der Verfilmung hat Dickens' Märchen seinen ganzen ursprünglichen

Charme verloren, um sich in eine grausame, düstere Geschichte zu verwandeln, in der selbst die gesamte Psychologie der Gestalten verlorengegangen ist. Der gütige und tröstende Grundton, den Dickens seinem Weihnachtstraum gegeben hatte, ist dem Film zugunsten der Idee der Reue oder der Verurteilung abhandengekommen. Dickens' Absichten sind somit teilweise verfälscht worden. Paolo Stoppa hat die Hauptrolle wie einen Typ aus dem »Tod eines Handlungsreisenden« gespielt – ist also ungeeignet, Trabbis menschliche Wandlung glaubwürdig zu machen. Alle anderen, so Marcello Mastroianni, Isa Barzizza, De Lullo, haben sich damit begnügt, die schon bei Dickens sehr ausgeprägt angelegten Charaktere maximal zu betonen.«

Franco Maria Pranzo »Corriere Lombardo«,
Mailand, 1./2. Juni 1953

Lulù (Lulu)
Italien 1953
Regie: Fernando Cerchio
Drehbuch: Nicola Manzari, Mario Corsi, Ottavio Poggi, nach der gleichnamigen Komödie von Carlo Bertolazzi; Kamera: Mario Albertelli; Musik: Sandro Cicognini; Produktion: Gladio Film, Rom; Verleih: Gladio Film.
Darsteller und Personen: *Marcello Mastroianni* (Ingenieur Soletti), Valentina Cortese (Lulù), Jacques Sernas (Mario), Luigi Cimara (Farnesi), Luigi Pavese (Stefano), Paola Borboni (Virginia), Mario Ferrari (Herr Franchi), Floria Mariel (Teresa), Umberto Onorato (ein Verehrer), Anna Maria Padoan (Giustina), Laura Gore.

Handlung: Mario, ein reicher, adliger Mailänder Student, verliebt sich in Lulù, eine junge Schlagersängerin, und wird von ihr wiedergeliebt. Eines Abends, während Mario sich in der Wohnung des Mädchens aufhält, erscheint plötzlich Lulùs Gönner. Ohne die Miene zu verziehen, übergibt dieser Mario die Schlüssel zur Wohnung und verschwindet. Mario ist zutiefst erschüttert; naiverweise hatte er keine Zweifel an Lulùs Sittsamkeit. Nach einigen Tagen sucht er das Mädchen wieder auf, findet es jedoch nicht. Lulù hat die Wohnung aufgegeben und ist zu ihren Eltern zurückgekehrt. Als Mario sie dann wiederfindet, behauptet das Mädchen auf Einflüsterung der Eltern, es erwarte ein Kind. Daraufhin heiraten die beiden und ziehen in eine kleine

Villa, die Mario von seiner Großmutter in der Umgebung der Stadt geerbt hat. Mario setzt sein Studium in Mailand fort. Lulù ist des einsamen und ruhigen Lebens bald überdrüssig und nimmt ihre Beziehung zu dem früheren Freund wieder auf. Mario, der sich wegen des Todes seines Vaters in Mailand aufhält, erfährt durch einen anonymen Brief von Lulùs Untreue. Er kehrt überraschend nach Hause zurück und trifft dort auf seinen Rivalen. Von Mario bedroht, schießt der Mann, bringt aber Lulù um, die sich zwischen die beiden Männer geworfen hatte.

Kritik: »… Die oberflächliche Behandlung des Themas hat die Banalität dieses Theaterstückes nur noch verdeutlicht. Ein altmodisches, gekünsteltes und übertriebenes Melodrama. Valentina Cortese gibt eine lebhafte Darstellung der unruhigen und oberflächlichen Lulù. Ihre Mitspieler sind Mastroianni, Sernas und Cimara …«

Ermanno Contini, »Il Messaggero di Roma, Rom, 16. Juni 1953

Cronache di poveri amanti (Chronik armer Liebesleute)
Italien 1954
Regie: Carlo Lizzani
Drehbuch: Sergio Amidei, Giuseppe Dagnino, Carlo Lizzani, Massimo Mida, nach dem gleichnamigen Roman von Vasco Pratolini (1947); Kamera: Gianni Di Venanzo; Schnitt: Enzo Alfonsi; Ausstattung: Pek G. Avolio; Kostüme: Edith Bieber; Musik: Mario Zafred; Produktion: Cooperativa Spettatori-Produttori Cinematografici, Roma; Verleih: Minerva.
Darsteller und Personen: *Marcello Mastroianni* (Ugo), Antonella Lualdi (Milena), Cosetta Greco (Elisa), Anna Maria Ferrero (Gesuina), Wanda Capodaglio (die Frau), Adolfo Consolini (Maciste), Bruno Berellini (Carlino Bencini), Giuliano Montaldo (Alfredo Campolmi), Gabriele Tinti (Mario Parigi), Eva Vanicek (Bianca), Garibaldo Lucii (Staderini), Irene Cefaro (Clara), Mario Piloni (Osvaldo), Fosco Cecchi (Pisano), Eugenio Velotti, Ada Colangeli, Graziella De Roc, Mimmo Maggio, Tina Veltroni.

Handlung: Florenz im Jahre 1925. Um seiner Verlobten Bianca näher zu sein, zieht der junge Typograph Mario in die von einfachen Leuten bewohnte Altstadtstraße via del Corno. Er schließt sofort Freundschaft mit zwei Antifaschisten: dem Gemüseverkäufer Hugo und dem Schmied Maciste, seinem Hausherrn. Milena und Alfredo kommen von ihrer Hochzeitsreise zurück und beabsichtigen, ihren Lebensmittelladen zu modernisieren. So wenden sie sich an die »Signora«, die Wucherin und Wohltäterin der gesamten Straße, und bitten sie um ein Darlehen. Der fanatische Faschist Carlino Bencini versucht, Alfredo Angst einzujagen, weil dieser kein eingetragenes Parteimitglied ist. Maria und Peppino Carlesi streiten sich, Anlaß ist ihr Untermieter Ugo, der Maria den Hof macht. Eines Abends, als Ugo vom Markt zurückkehrt, erwarten alle, daß Peppino einen Streit vom Zaun brechen werde. Maciste warnt Ugo und wirft ihm vor, er vernachlässige seine politischen Verpflichtungen. Bencini läßt Peppino einschüchtern und Alfredo von einer faschistischen Schlägertruppe zusammenschlagen, so daß letzterer schwerverletzt ins Krankenhaus kommt. Mario besucht Alfredo im Krankenhaus und lernt bei dieser Gelegenheit Milena, Alfredos Frau, kennen; er verliebt sich in sie und löst daraufhin seine Verlobung mit Bianca. Eines Abends organisiert die faschistische Sturmabteilung eine Strafexpedition gegen die Kommunisten. Beim Versuch, die Genossen zu warnen, begegnen Ugo und Maciste den Faschisten. Der verletzte Ugo kann noch entkommen, doch Maciste wird umgebracht. Ugo flüchtet in die Wohnung der »Signora« und wird dort von dem jungen Dienstmädchen Gesuina gepflegt. Nach Alfredos Tod trennen sich Mario und Milena, die sich gegenseitig ihre Liebe gestanden hatten, aus Respekt vor dem Toten. Gesuina und Ugo entdecken, daß sie sich lieben und beschließen zu heiraten, trotz der Schwierigkeiten, die Ugo mit der Polizei hat. Später wird Mario festgenommen.

Kritik: »... Eine wunderbar klare Nacherzählung der verwickelten Romanhandlung und eine geschickte Mischung aus Tatsachen und Charakterdarstellungen. In diesem Film beeindrucken der niemals vordergründige Realismus, die Wirklichkeitstreue der Details, das äußerst genaue Empfinden für Zeit und Milieu. Lizzani hat jedoch die Einzelschicksale dem kollektiven Drama einer Gesellschaft untergeordnet. Das hat zur Folge, daß uns die Trauer über diese unglückselige Zeit der italienischen Geschichte – mit ihrer besonderen Mischung aus kleinlichem Provinzialismus, hausbackenem und blutigem Nationalismus, aus Willkür, Gewalttätigkeit, Angst und Passivität – die Kehle abschnürt, während die Einzelschicksale weniger berühren. Das

Lea Padovani und Marcello Mastroianni in ›Tempi nostri‹

ist unter Umständen auf eine gewisse Gleichgültigkeit der Regie zurückzuführen. (…) Trotzdem: Ein guter Film – klar durchdacht, ernsthaft, gut erzählt, frei von Effekthascherei und Propaganda, ohne Experimente oder geistigem Hochmut. Lizzani führt die zahlreichen Schauspieler – viele sind Laienspieler – mit sicherer Hand. Die besten Leistungen erbringen Berellini als Faschist, Mastroianni als Ugo, Tinti als Mario, Ferrero als Gesuina und Capodaglio als ›Signora‹.«

Alberto Moravia, »L'Europeo«, Mailand, 11. April 1954

Tempi nostri (Tempi nostri)
Italien/Frankreich 1954
Regie: Alessandro Blasetti
Zweite Episode: Il Pupo

Drehbuch: Suso Cecchi D'Amico, nach der Erzählung »Il Pupo« von Alberto Moravia; Kamera: Gabor Pogany; Schnitt: Mario Serandrei; Ausstattung: Guido Fiorini; Musik: Alessandro Ciognini; Produktion: Cines-Lux, Rom/Compagnie Cinématographique de France, Paris; Verleih: Cines-Lux.
Darsteller und Personen: Lea Padovani (Maria), *Marcello Mastroianni* (ihr Mann), Nando Bruno (Taxifahrer).

Handlung: Maria und ihr Mann sind so arm, daß sie sich entschließen, ihr jüngstes, gerade geborenes Kind in einer Kirche auszusetzen. Sie hoffen, daß jemand sich des Kindes annimmt und ihm ein besseres Leben bietet, als ihnen das möglich ist. Nach vielen Unsicherheiten (sie finden die geeignete Kirche nicht) lassen sie das Kind in einem am Straßenrand parkenden Taxi. Sie entfernen sich, doch schon nach einigen Metern bereuen sie ihre Tat. Sie kehren schleunigst zurück und holen das Kind.

Kritik: »... ›Il Pupo‹ (das Baby) ist aus einer meiner römischen Novellen entnommen. (...) Mir, und nicht nur mir erscheint es die beste Episode des Films. (...) Blasetti hat hier ein sicheres Gefühl und eine gute Hand gezeigt im Konturieren der einzelnen Figuren, wie auch in der Beschreibung der Orte. Lea Padovani und Marcello Mastroianni sind ausgezeichnet, von großer Natürlichkeit und Menschlichkeit ...«
Alberto Moravia, »L'Europeo«, Mailand, 4. April 1954

Schiava del peccato (Dirnentragödie)
Italien 1954
Regie: Raffaello Matarazzo
Drehbuch: Aldo De Benedetti; Kamera: Marco Scarpelli, Elio Polacchi; Schnitt: Mario Serandrei; Ausstattung: Ottavio Scotti; Musik: Renzo Rossellini; Produktion: Documento Film, Rom; Verleih: ENIC.
Darsteller und Personen: *Marcello Mastroianni* (Giulio), Silvana Pampanini (Mara Gualtieri), Camillo Pilotto (Kommissar), Franco Fabrizi (Carlo), Paul Müller (ausländischer Reisender), Maria Materzanini (Maria Grazia Sandri), Irene Genna, Liliana Geraci, Olinto Cristina, Dino Perbellini, Laura Gore, Renato Vicario, Miranda Campa, Adriana Danieli, Checco Durante, Turi Pandolfini, Maria Grazia Francia, Giorgio Capecchi,

Franca Dominici, Loris Gizzi, Andreina Zani, Aldo Pini, Mirella Di Lauri, Isarco Ravaioli, Irene Galter, Lia Lena.

Handlung: Mara Gualtieri, eine Prostituierte, übersteht unverletzt ein fürchterliches Zugunglück. Unter den Geretteten ist auch ein kleines polnisches Mädchen, dessen Eltern bei dem Unfall ums Leben gekommen sind. Mara nimmt sich liebevoll des Kindes an, das sie an ihr verstorbenes Töchterchen erinnert, und auch die Kleine hat sofort Vertrauen zu ihr. Maras Lage hindert sie jedoch daran, die Kleine zu adoptieren, die in ein Waisenhaus kommt. Um das Kind wieder zu sich nehmen zu können, verläßt Mara das Bordell, in dem sie lebt. Nach zahlreichen Schwierigkeiten gelingt es ihr, eine Arbeit in einer Ziegelfabrik zu finden. Hier trifft sie zufällig den Mann wieder, von dem sie ihre Tochter hatte. Der Mann, der zwar verheiratet, aber kinderlos ist, glaubt, das polnische Mädchen sei seine und Maras Tochter und setzt alles daran, das Kind zu adoptieren. Mara widersetzt sich diesem Ansinnen, doch als ihr ehemaliger Zuhälter versucht, sie zu vergewaltigen und sie dabei verletzt, gibt sie nach und verzichtet auf die Kleine. Viele Jahre später, Mara arbeitet inzwischen als Garderobenfrau in einem Hotel, erkennt sie dank eines Medaillons, in einem Hotelgast das polnische Kind wieder. Mara stiehlt das Medaillon, wird aber gestellt und muß dem Hoteldirektor ihre Geschichte erzählen. Gerührt veranlaßt dieser, daß man ihr das Medaillon schenkt.

Kritik: »... Der Regisseur drückt geschickt wie immer auf die Tränendrüsen seiner Zuschauer. (...) Die mühsame Rückkehr Maras zu einem tugendhaften Leben wird melodramatisch ausgewalzt. (...) Das alles im überladenen, tränenreichen, weinerlichen Stil früherer Terrazzo-Filme, die ihm den Zuspruch der Dorfzuschauer eingebracht haben. Der ganze Film trieft nur so von Tränen. (...) Die endlosen Dialoge wie auch die Ausdrücke und Gebärden des Schmerzes sind maßlos übertrieben. (...) Es wird mehr geseufzt als gesprochen. Auch diesmal werden gemütsvolle Zuschauer Tränen vergießen ...«
Arturo Lanocita »Il Nuovo Corriere della Sera«, Mailand, 30. Mai 1954

Giorni d'amore (Tage der Liebe)
Italien 1954
Regie: Giuseppe De Santis

Drehbuch: Libero De Libero, Giuseppe De Santis, Elio Petri, Gianni Puccini; Kamera: Otello Martelli; Schnitt: Gabriele Varriale; Ausstattung, Kostüme, Innenausstattung: Domenico Purificato; Musik: Mario Nascimbene; Regieassistenz: Leopoldo Savona, Elio Petri; Produktion: Exelsa Film, Rom; Verleih: Minerva Film.

Darsteller und Personen: *Marcello Mastroianni* (Pasquale), *Marina Vlady* (Angela), Lucien Gallas (Oreste), Giulio Cali (Großvater Pietro), Renato Chiantoni (Francesco), Pina Gallini (Großmutter Filomena), Dora Scarpetta (Nunziata), Gildo Bocci (Maresciallo), Pietro Tordi (Pfarrer), Cosimo Poerio (Großvater Onorato), Gabriele Tinti (Maresciallo).

Handlung: Angela und Pasquale, zwei junge Bauersleute, sind schon seit einigen Jahren verlobt. Nach seiner Rückkehr vom Militär hätte Pasquale Angela gerne sofort geheiratet. Doch die dörfliche Tradition verlangt, daß Hochzeiten mit festlichem Gepränge, also mit großem finanziellen Aufwand gefeiert werden. Da die Familien der beiden Verlobten arm sind, wird die Hochzeit von Jahr zu Jahr verschoben. Pasquale beschließt nun, alle Festlichkeiten mit einer List zu umgehen: er wird Angela entführen, so daß die Hochzeit dann überstürzt und in aller Stille gefeiert werden kann. Beide Familien willigen stillschweigend in den Plan ein. Doch dann kommt es zwischen den Familienangehörigen der beiden Verlobten, die den Streit vortäuschen sollten, tatsächlich zum Streit. Außerdem kann Angela im letzten Augenblick eine gewisse Scheu nicht überwinden: sie kann sich nicht entscheiden. Doch zu guter Letzt gelingt es Pasquale, dank seines liebevollen Verständnisses, Angelas Bedenken zu zerstreuen. Nach einer ersten Liebesnacht gehen die beiden in die Kirche und heiraten trotz der Feindseligkeit zwischen den beiden Familien.

Kritik: »... Dank des märchenhaften Tons des Films müssen wir seine Wirklichkeitstreue nicht allzu ernst nehmen. (...) Der eigentliche Wert des Films liegt in der feinen und differenzierten psychologischen Behandlung der beiden Hauptfiguren: einerseits lyrisch und dezent, andererseits von deftiger Komik. (...) In dieser frischen, dörflichen Komödie zeigt sich De Santis von einer fast unbekannten Seite, als besinne er sich hier auf seine Ursprünge. (...) Die Schauspieler haben die Bemühungen des

Marina Vlady und Marcello Mastroianni in ›Tage der Liebe‹

Regisseurs bestens unterstützt. Mastroianni konnte sich von einer gewissen Unbeweglichkeit befreien. Sein Pasquale ist äußerst überzeugend, im breiten mundartlichen Tonfall, wie auch im raschen und eindrucksvollen Wechsel seiner jeweiligen Stimmungen ...«

Giulio Cesare Castello, »Cinema, VI«,
Mailand, 10./25. Dezember 1954

Casa Ricordi (Casa Ricordi)
Italien/Frankreich 1954
Regie: Carmine Gallone
Drehbuch: Leo Benvenuti, Furio Scarpelli, Age, Nino Novarese; Kamera: Marco Scarpelli; Schnitt: Niccolò Lazzari; Ausstattung: Mario Chiari; Kostüme: Maria De Matteis; Musik: aus den Opern von Rossini, Donizetti, Bellini, Verdi, Wagner, Puccini, Zandonai; Regieassistenz: Filippo D'Amico, Giovanni

(Nanni) Loy, Franco Cirino; Produktion: Documento Film, Rom/ICS-Cormoran, Paris; Verleih: Diana Cinematografica. Darsteller und Personen: Paolo Stoppa (Giovanni Ricordi), *Marcello Mastroianni* (Donizetti), Gabriele Ferzetti (Puccini), Danielle Delorme (Maria), Roldano Lupi (Barbaja), Roland Alexandre (Rossini), Fosco Giachetti (Verdi), Marta Toren (Isabella Colbran), Micheline Presle (Virginia Marchi), Miriam Bru (Luisa Lewys), Sergio Tofano (Cesarini Sforza), Nadia Gray (Fiulia Grisi), Andrea Checchi (Giulio Ricordi), Vira Silenti (Marietta Ricordi), Lauro Gazzolo (Carlotti), Elisa Cegani (Giuseppina Strepponi), Memmo Carotenuto (Stukkateur), Manlio Busoni (Oberintendant), Renato Malavasi (Ambrogio), Gustavo Serena (Inspizient), Georges Bréhat (Brigadier), Fausto Tozzi (Arrigo Boito), Maurice Ronet (Vincenzo Bellini), Renzo Giovampietro (Tito Ricordi), Aldo Silvani, Julien Carette, Giuseppe Varni, Giovanni Checchi, Mimmo Billi, Claudio Ermelli, Paola Rolando, Aldo Ronconi – Es singen: Mario Del Monaco, Giulietta Simionato, Marinella Meli, Tito Gobbi, Gianni Poggi, Ken Neate, Fernando Lidonni, Gino Mattera, Renata Tebaldi, Andrea Morgeli, Italo Cajo, Nelly Corradi, Aldo Ferraguti, Enrico Formichi, Juanita Satiman.

Handlung: Während der Napoleonischen Zeit kauft ein bescheidener Mailänder Drucker, Giovanni Ricordi, eine neue Druckerpresse. Der Stadtkommandant beauftragt ihn, einige Plakate zu drucken. Ricordi bittet, man möge ihm als Entgelt einige alte Partituren überlassen, die in dem Lager des Theaters della Scala verschimmeln. Es gelingt Ricordi, ein richtiges Verlagsmonopol damit aufzubauen. So sichert er die Zukunft des neugegründeten Verlags und schafft die Grundlage für ein riesiges Vermögen, bestehend aus Urheberrechten. Die Erstaufführung des »Barbier von Sevilla« ist ein riesiger Mißerfolg. Der Komponist wendet sich an Ricordi, welcher der Oper zum verdienten Erfolg verhilft. Später setzt Ricordi bei den niedergeschlagenen Impresarii die Oper »Der Liebestrank« von Donizetti durch. Bellini, ein Komponist, dessen Werke von Ricordi gedruckt und verbreitet werden, stirbt im Hause von Luisa Lewys in Puteaux, ohne den triumphalen Erfolg seiner Oper »Die Puritaner« noch erleben zu können. Erbittert durch die Feindschaft der Wagner-Anhänger zieht sich Verdi ganz aufs Land zurück. Erst als ihm rührende Beweise seiner Volkstümlichkeit zugehen, ist er bereit, den »Otello« zu komponieren. Der Erfolg dieser Oper ist eine erneute Bestätigung seines Genies. Nach einer Reise nach Paris, wo er eine hübsche und unglückliche Mimi kennenlernt, komponiert Puccini seine »Bohème«. Die Oper feiert Triumphe. Ein neuer, unbekannter Komponist spricht bei Ricordi vor: Die Geschicke des Musikverlags und des Melodramas sind weiterhin untrennbar miteinander verbunden.

Kritik: »… *Casa Ricordi* ist kein Ruhmesblatt für den italienischen Film und wird niemals eines sein: eine in ihrer Art vielleicht einzigartige Anhäufung von Banalitäten und Unrichtigkeiten …«

Angelo Solmi, »Oggi«, Mailand, 16. Dezember 1954

Peccato che sia una canaglia (Schade, daß du eine Kanaille bist)
Italien 1954
Regie: Alessandro Blasetti
Drehbuch: Suso Cecchi D'Amico, Sandro Continenza, Annio Flaiano, nach der Erzählung »Der Fanatiker« von Alberto Moravia; Kamera: Aldo Giordani; Schnitt: Mario Serandrei; Ausstattung: Mario Chiari; Kostüme: Maria De Matteis; Musik: Alessandro Cicognini; Regieassistenz: Isa Bartalini, Mara Blasetti; Produktion: Documento Film, Rom; Verleih: Cei-Incom.
Darsteller und Personen: Vittorio De Sica (Herr Stroppiani), Sophia Loren (Lina Stroppiani), *Marcello Mastroianni* (Paolo), Umberto Melnati (der Mann, dem man den Geldbeutel gestohlen hat), Margherita Bagni (seine Frau), Walter Bartoletti (Brunetto), Mario Passante (Kommissar), Memmo Carotenuto (Cesare), Giacomo Furia (Luigi), Lina Furia (seine Frau), Mario Scaccia (Mann, dem man die Aktentasche gestohlen hat), Wanda Benedetti (seine Frau), Vittorio Braschi (Hehler), Manlio Busoni (Journalist), Michael Simone (Totò), Mauro Sacripante (Peppino), Giulo Cali (Nachtwächter), Charles Stacy (englischer Tourist), Maria Britnewa (seine Frau), Memo Benassi.

Handlung: Paolo arbeitet in einer Taxifahrer-Genossenschaft, die ihm ein neues Auto übergeben hat. Eines Tages bitten ihn drei Kunden, zwei junge Männer und ein wunderschönes Mädchen namens Lina, sie ans Meer zu fahren. Dort angekommen,

*›Schade, daß du eine Kanaille bist‹: das Traumpaar Loren/Mastroianni
stand nach diesem Film noch viele Male gemeinsam vor der Kamera*

entscheiden sie sich zu baden. Lina redet Paolo zu, sich anzuschließen. Doch in diesem Augenblick ertönt die Alarmsirene
seines Autos: man versucht gerade, es aufzubrechen. Er kann
zwar den Diebstahl gerade noch verhindern, doch die beiden
Diebe – Linas Komplizen – entkommen ihm. Paolo zwingt das
Mädchen, mit ihm nach Rom zurückzukehren, doch in der Stadt
gelingt es Lina zu verschwinden. Paolo muß somit der Genossenschaft den Preis für die lange Taxifahrt zahlen. Am nächsten
Morgen sieht er die drei Komplizen noch einmal. Abermals gelingt es den beiden Männern zu entkommen, aber Paolo kann
wenigstens Lina festhalten. Sie versucht, sein Mitleid zu erregen, indem sie ihm eine Menge Lügen über die unglücklichen
Ereignisse erzählt, die ihrer Familie angeblich widerfahren sind.
Paolo beschließt, Herrn Stroppiani, Linas Vater, zu sprechen.
Trotz seines tadellosen und vertrauenerweckenden Aussehens

ist Herr Stroppiani jedoch ein Gauner, der auf den Diebstahl von Koffern spezialisiert ist. Mittlerweile hat sich Paolo unsterblich in Lina verliebt. Als er aber dahinterkommt, daß Lina das wunderschöne Zigarettenetui, das sie ihm zur Verlobung schenkte, seinem Chef geklaut hatte, verläßt er sie. Um den Schaden wiedergutzumachen, den Paolo durch Linda erlitten hat, beschließen sie und ihr Vater einen erneuten Diebstahl. Doch das Vorhaben mißlingt durch Paolos Eingreifen. Lina und ihr Vater werden zwar angezeigt, ziehen sich aber geschickt aus der Affäre, die mit einem Freispruch endet. Als Lina Paolo beichtet, sie habe für ihn gestohlen, umarmt sie der noch immer sehr verliebte Paolo gerührt.

Kritik: »... Alessandro Blasetti hat das harmlose Geschichtchen mit viel Verve und großem Geschick inszeniert. Die Vielfalt der Details, die Wahl der geeigneten Typen, die pittoresken Schauplätze, die mühelos dahinplätschernde Handlung und das brillant-natürliche Spiel der Darsteller, dies alles täuscht über die innere Leere des Films hinweg. (...) Marcello Mastroianni ist der natürliche, lebhafte und sehr sympathische Taxifahrer, der das Opfer seiner Naivität und der Liebe wird.«

Ermanno Contini, »Il Messaggero di Roma«,
Rom, 20. Februar 1955

La principessa della Canarie (Aufstand im Inselparadies)
Italien/Spanien 1954
Regie: Paolo Moffa (und Carlos Serrano de Osma)
Drehbuch: Diego Fabbri, Antonio Pietrangeli, Antonio Cibotto, Juan Del Rio Ayala, Luis Martinez Carvajal, José Luis Colina, Fiorentino Soria, Carlos Serrano de Osma; Kamera: Enzo Serafin; Produktion: Roma/INFIES, Madrid; Verleih: Metro-Goldwyn-Mayer.
Darsteller und Personen: *Marcello Mastroianni* (Don Diego), Silvana Pampanini (Almadena), Gustavo Rojo (Bentejui), José Maria Lado (Gran Sacerdote), Elvira Quintilla (Tasirga), José Maria Rodero (Don Alvaro), Felix De Pomes (Guanazteml).

Handlung: Im Jahre 1450 versucht die spanische Regierung eine blutige Kolonisierung der Kanarischen Inseln, die auf den erbitterten Widerstand der Ureinwohner dieser vulkanischen Insel stößt. Almadena, die junge und wunderschöne Tochter des alten

Königs der Insel Gran Canaria, hat von ihrem Vater die bei ihrem uralten Stamm gebräuchliche Kunst der Waffenführung erlernt. Eines Tages erlegt sie mit einem Pfeilschuß einen Puma und rettet dadurch das Leben des spanischen Befehlshabers, Don Diego. Die beiden jungen Menschen verlieben sich ineinander. Nach einiger Zeit entdeckt der junge Spanier zu seiner größten Überraschung, daß die schöne Eingeborene die Tochter des Inselkönigs ist, mit dem er eine friedliche Besetzung vereinbaren möchte. Der alte König wäre bereit, eine kriegerische Auseinandersetzung zu vermeiden, doch die vom fanatischen Hohenpriester aufgehetzten Stammesältesten stören das gute Einvernehmen mit den Besetzern. Nach dem Tode des Königs

Marcello Mastroianni als Don Diego und Silvana Pampanini als Prinzessin Almadena in ›Aufstand im Inselparadies‹

kommt es zu einem Aufstand – mit dem Ziel, die Spanier zu vertreiben. Almadena wird gezwungen, sich an die Spitze der Aufständischen zu stellen. Der Zusammenstoß zwischen Spaniern und Eingeborenen ist fürchterlich. Um dem Feind zu entkommen, treibt Almadena ihr Pferd einen hohen Berg hinauf, doch Don Diego schießt auf das Pferd und rettet dadurch das Mädchen vor dem Sturz in den Abgrund. Eine Umarmung bekräftigt ihre Liebe und die Versöhnung zwischen den beiden Völkern.

Dieser Film wurde im Sommer 1954 auf den Kanarischen Inseln gedreht, kam aber in Italien erst viel später in den Verleih und hat keinerlei Interesse von seiten der Kritik erweckt.

La bella mugnaia (Eine Frau für schwache Stunden)
Italien 1955
Regie: Mario Camerini
Drehbuch: Mario Camerini, Ivo Perilli, Sandro Continenza, Ennio De Concini, nach »Der Dreispitz« (1874) von Pedro de Alarcón; Kamera: Enzo Serafin; Schnitt: Mario Morigi; Ausstattung: Guido Fiorini; Kostüme: Dario Cecchi, Maria Baroni; Musik: Angelo Lavagnino; Produktion: Carlo Ponti und Dino De Laurentiis für Titanus, Rom; Verleih: Titanus
Darsteller und Personen: Sophia Loren (die Müllerin Carmela), *Marcello Mastroianni* (Luca, ihr Mann), Vittorio De Sica (Don Teofilo, der Gouverneur), Paolo Stoppa (Gardunia), Yvonne Sanson (Donna Dolores, Ehefrau des Gouverneurs), Carletto Sposito, Virgilio Riento, Emilio Petacci, Mario Ricciardini, Elsa Vazzoler, Vittorio Braschi und die Kinder Maria Grazia und Berto Monaci.

Handlung: Im Jahre 1680 steht Kampanien (die Region um Neapel) unter spanischer Herrschaft. Die Bevölkerung stöhnt unter einer drückenden Steuerlast. Allein Luca, ein einfacher Müller, muß keinerlei Steuern zahlen und genießt jede Art von Privilegien. Diese Vergünstigungen hat er seiner schönen Frau Carmela zu verdanken, die von allen Honoratioren verehrt wird. Die Frau hält die Männer mit halben Versprechungen und Lächeln bei der Stange. Luca macht das Spiel mit und nutzt die Lage nach Kräften aus. Während eines Dorffestes witzeln einige spanische Soldaten über die flatternden Röcke Carmelas, der sie beim Schaukeln zusehen. Anschließend kommt es zu einer

Auseinandersetzung zwischen Steuereinnehmern und Händlern, die bald in eine allgemeine Schlägerei ausartet. Luca, der sich über das Benehmen der Soldaten seiner Frau gegenüber geärgert hat, nutzt die Gelegenheit aus, um den spanischen Sergeanten zu verprügeln. Er wird jedoch festgenommen und kommt ins Gefängnis. Nach einiger Zeit werden die anderen Mitgefangenen freigelassen, nur der Müller muß im Gefängnis bleiben. Der Gouverneur will nämlich die Lage ausnutzen und hofft, in dessen Abwesenheit Carmelas Gunst zu erringen, was ihm bisher nicht gelungen ist. Er schleicht sich des Nachts zur Mühle, fällt aber in der Dunkelheit in den Mühlenbach. Carmela hilft ihm heraus und steckt den vor Kälte und Schreck zitternden Mann ins Bett. Sie macht ihm weis, sie werde sich seinen Wünschen fügen, entwendet ihm aber den Entlassungsschein für Luca und eilt damit zum Gefängnis. In der Zwischen-

Loren/Mastroianni wieder vereint: ›Eine Frau für schwache Stunden‹

zeit ist Luca aus dem Gefängnis geflohen und zur Mühle zurückgekehrt. Er findet die Kleider des Gouverneurs, zieht sie an und stürzt zum Palast desselben. Er dringt zu den Gemächern der Gouverneursfrau vor und erklärt ihr den Grund seiner Verkleidung. Um ihren Mann zu strafen, ist die Frau bereit, ein Stelldichein mit Luca vorzutäuschen. Am Ende löst sich alles in Wohlgefallen auf: Carmela kann ihre Unschuld beweisen, und der Gouverneur nimmt sich die Lektion zu Herzen – er wird ein guter Ehemann werden und verständnisvoll regieren.

Kritik: »... Die erste Filmversion des ›Dreispitz‹ drehte Camerini 1934. (...) In der neuen Fassung bestätigt sich Camerinis noble Art, auch wenn sie – wie jeder ›zweite Aufguß‹ – nicht die Frische und Spritzigkeit der ersten aufweisen kann. (...) Viele negative Elemente haben sich eingeschlichen. De Sica hat die Figur des Gouverneurs völlig zur Karikatur, zum Clown hin verändert, so daß sie öfter unglaubhaft erscheint. Das gleiche gilt für Paolo Stoppa. Schade, denn Sophia Loren und Marcello Mastroianni sind eine sehr glaubwürdige Müllerin und ein guter Luca ...«

(Name unbekannt) »Cinema« VIII, Mailand, 25. November 1955

Tam Tam Mayumbe (Bringt ihn lebend)
Italien/Frankreich 1955
Regie: Gian Gaspare Napolitano
Drehbuch: Gian Gaspare Napolitano, Daniele D'Anza, Louis Chavance, nach der gleichnamigen Erzählung von Gian Gaspare Napolitano; Kamera: Tino Santoni; Schnitt: Mario Serandrei; Ausstattung: Mario Garbuglia; Kostüme: Dario Cecchi; Musik: Angelo F. Lavagnino; Regieassistenz: Luigi Filippo D'Amico; Produktion: Documento Film, Rom/Franco London Film, Paris; Verleih: Lux Film
Darsteller und Personen: *Marcello Mastroianni* (Alessandrini), Pedro Armendariz (Martinez), Kerima (Madalena), Charles Vanel (Carlo Leonardi), Jacques Berthier (Clemens Van Waerten), Paul Muller (Dr. Assar), Habib Benglia (Gombà), Francine Delore Rhiney (Louise), Domenico Meccoli.

Handlung: Der Militärarzt Leonardi muß nach Mayumbe, eine Region im belgischen Kongogebiet, zurückkehren, wo er jahrelang gelebt und die Schlafkrankheit bekämpft hat. Angeblich hat die Wirkung der von ihm entdeckten Medizin gegen die Schlafkrankheit nachgelassen. Leonardi erfährt, daß in der Region der Schmuggel von alkoholischen Getränken blüht, deren Genuß die Folgen der Krankheit verschlimmert. Drahtzieher des schmutzigen Handels soll ein Abenteurer namens Martinez sein, der in einem Ort an der Grenze zu den portugiesischen Kolonien lebt. Leonardis Assistent, der Arzt und Leutnant Alessandrini, hat sich in die Region der »Sieben Stämme« begeben, um der dortigen Bevölkerung das dringend benötigte Medikament zu bringen. Er wird von seinen Trägern verlassen und erreicht mit Mühe und Not das Dorf, in dem Martinez herrscht. Ein Angestellter Martinez', der junge Van Waerten, bestätigt ihm, daß der Abenteurer Alkohol schmuggelt. Alessandrini informiert Leonardi schriftlich über das, was er erfahren hat, und fordert ihn auf, vor Martinez' Rückkehr ins Dorf zu kommen, um festzustellen, wie der Schmuggel organisiert ist. Doch Leonardis Ankunft verzögert sich, da er sich noch um ein krankes Kind kümmern muß. So erreicht Martinez das Dorf vor ihm. Nachdem er erfahren hat, daß seine Geliebte Madalena ihn mit Van Waerten betrügt, überrascht er die beiden und bringt sie um. Auch Alessandrini war ein Geliebter Madalenas gewesen. Jetzt macht er sich bittere Vorwürfe, daß es ihm nicht gelungen ist, Martinez festzunehmen. Leonardi befiehlt den eingeborenen Kriegern, Martinez lebend zu fangen. Als Martinez das Trommeln der Tam-Tams hört, wird er verrückt. Man nimmt ihn gefangen, sperrt ihn in einen Käfig und bringt ihn so vor Leonardi.

Kritik: »... In dieser breit angelegten und doch klar gegliederten Geschichte setzt der Regisseur afrikanische Gewohnheiten, Rituale, Feste, Eigenheiten und sogar den Aberglauben bewußt ein, um die einzelnen Charaktere besser herauszuarbeiten und um eine kraftvolle Motivation für Handlungen und Leidenschaften zu liefern. (...) Die Rhythmen der musikalischen Untermalung heben den folkloristischen Hintergrund besonders effektvoll hervor. (...) Sehr gute schauspielerische Leistungen. (...) Kerima, Mastroianni, Berthier und Benglia sind ebenfalls lobend zu erwähnen.«

Ermanno Contini, »Il Messaggero di Roma«,
Rom, 27. November 1955

La fortuna di essere donna (Wie herrlich, eine Frau zu sein)
Italien/Frankreich 1955
Regie: Alessandro Blasetti
Drehbuch: Suso Cecchi D'Amico, Ennio Flaiano, Alessandro
Continenza, Alessandro Blasetti; Kamera: Otello Martelli;
Schnitt: Mario Serandrei; Ausstattung: Franco Lolli; Musik:
Alessandro Cicognini; Produktion: Documento Film, Rom/Le
Louve Films, Paris; Verleih: Lux Film
Darsteller und Personen: *Marcello Mastroianni* (Corrado
Betti), Sophia Loren (Antonietta Fallari), Charles Boyer (Graf
Gregorio Sennetti), Elisa Cegani (Elena, seine Frau), Nino Be-
sozzi (der Produzent Paolo Magnano), Titina De Filippo (Anto-
niettas Mutter), Giustino Durano (Rechtsanwalt Federico
Frotta, Antoniettas Verlobter), Memmo Carotenuto (Gustavo
Ippoliti), Mario Scaccia (ein Kellner), Margherita Bagni, Anna
Carena, Mauro Sacripante, Piero Carnabuci.

Handlung: Antonietta, ein ausnehmend hübsches Mädchen aus
kleinbürgerlicher Familie, entdeckt ihr Bild auf der Titelseite
einer Zeitschrift. Das Mädchen ist der Meinung, daß die Pose,
in der der Fotograf sie überrascht hat, ihrem guten Ruf abträg-
lich sei. Ihr Verlobter, Rechtsanwalt Federico Frotta, will sogar
gerichtlich gegen den Fotografen vorgehen. Doch dem Fotografen Corrado gelingt es, Antonietta zu überzeugen, daß er mit seinen Fotos schon vielen Mädchen zu einer Karriere als berühm-
tes Mannequin oder Filmstar verholfen hat. Corrados Charme
bezaubert Antonietta, sie ist schließlich sogar bereit, sich im Ba-
dekostüm aufnehmen zu lassen und eine Nacht mit ihm zu verbringen. Zwischen den beiden spinnt sich eine Liebesgeschichte
an, doch Corrado möchte dies nicht wahrhaben. Antonietta versucht, seine Eifersucht zu erwecken. Sie läßt sich vom Grafen
Sennetti, der darauf spezialisiert ist, »Filmsternchen« zu lancieren, den Hof machen. Der Graf bringt ihr gute Manieren bei,
überzeugt einige Modeateliers, ihr teure Modellkleider leih-
weise zur Verfügung zu stellen, und schenkt ihr sogar einen Nerz-
mantel. Allmählich wird Corrado eifersüchtig, auch weil Antonietta ihre Abenteuer übertreibt und glorifiziert. Zu guter Letzt
bittet Antonietta, die damit Corrados letzten Widerstand brechen möchte, den Grafen, sie zu heiraten. Bei einem Abendessen begegnet Antonietta der Ehefrau des Grafen, von deren Existenz sie bis dahin nichts wußte. Sie gibt klein bei und muß sogar

›Wie herrlich, eine Frau zu sein‹: Antonietta Fallari (Sophia Loren) weiß nicht, ob sie diesen Zustand immer als herrlich empfinden soll; links M. M.

den Pelzmantel herausrücken. Antonietta begreift, daß sie niemals zynisch und kaltschnäuzig genug sein könnte, um sich ohne schauspielerische Talente und nur durch den Einsatz ihrer Schönheit einen Weg im Dschungel der Filmwelt bahnen zu können. Das Wiedersehen mit Corrado bringt die Entscheidung.

Kritik: »… Blasetti beabsichtigte ursprünglich sicher, wenn nicht den Erfolg, so doch die Formel des Filmes ›Schade, daß du eine Kanaille bist‹ zu wiederholen. Es schien alles ganz einfach: Zwei junge Darsteller, Sophia Loren und Marcello Mastroianni – sie anziehend, er ein echter Schauspieler –, dazu als Katalysator und dritter im Bunde ein älterer Mann, hier Charles Boyer, (…) doch diesmal geht die Rechnung nicht auf … Das hat wohl teilweise mit Sophia Lorens schauspielerischen Leistungen zu tun. Allein die Erfordernisse der Koproduktion können die Beteiligung Charles Boyers rechtfertigen, der hier merkwürdigerweise an De Sica erinnert, sogar dessen Fehler wiederholt. (…) Von Mastroianni haben wir noch nichts gesagt, denn er alleine rettet den Film. Nur ihm ist es zu verdanken, daß die Handlung einigermaßen glaubhaft wirkt. Er ist oberflächlich und ›zynisch‹ – so wie es ein echter Fotoreporter in den Augen der Menge ist –, doch auch sensibel und sympathisch, wie es die Rolle verlangt …«

Franco Berutti, »Settimo Giorno«, Mailand, 21. Februar 1956

Il bigamo (Bigamie ist kein Vergnügen)
Italien/Frankreich 1955
Regie: Luciano Emmer
Drehbuch: Sergio Amidei, Age (Agenore Incrocci), Furio Scarpelli, Francesco Rosi, Vincenzo Talarico; Kamera: Mario Montuori; Schnitt: Otello Colangeli; Ausstattung: Virgilio Marchi; Kostüme: Elio Costanzi; Musik: Alessandro Cicognini; Regieassistenz: Francesco Rose; Produktion: Royal Film, Rom/Filmel, Paris/Alba Film, Marseille; Verleih: Cei-Incom
Darsteller und Personen: *Marcello Mastroianni* (Mario De Santis), Franca Valeri (Isolina Fornaciari), Giovanna Ralli (Valeria Masetti), Memmo Carotenuto (Quirino), Ave Ninchi (Signora Masetti), Vittorio De Sica (Rechtsanwalt Principe), Marisa Merlini (Enza Masetti), Guglielmo Inglese (Don Vincenzino), Ruggero Marchi, Vincenzo Talarico.

Handlung: Der Handelsvertreter Mario De Santis, verheiratet mit Valeria und Vater eines Kindes, wird der Bigamie beschuldigt. Aus den Polizeiakten geht hervor, daß er im Jahre 1949 in Forlimpopoli das Fräulein Isolina Fornaciari geheiratet hat. Bei einer Gegenüberstellung erkennt Isolina in Mario ihren Ehemann wieder. Mario streitet energisch alles ab, widersetzt sich der Polizei und wird festgenommen. Als Valeria von der Sache erfährt, sucht sie Zuflucht im Hause ihrer Eltern. Marios Zellengenosse, der Dieb Quirino, will ihm helfen und vermittelt ihm die Bekanntschaft des Onorevole Principe, eines schwatzhaften Rechtsanwalts, der ihm rät, sich der Bigamie schuldig zu bekennen, um so Haftverschonung zu erlangen. Kaum ist er auf freiem Fuß, eilt Mario nach Hause: die Wohnung ist leer. Obwohl Valeria im Grunde von seiner Unschuld überzeugt ist, hat sie sich von der Mutter und der Schwester aufhetzen lassen. Nach einigen Tagen entschließt sich die Frau, nach Hause zurückzukehren. In der Wohnung trifft sie auf Isolina, der es in der Zwischenzeit gelungen ist, sich Zutritt zu verschaffen. Zwischen den beiden Frauen und den verschiedenen Verwandten kommt es zu einer Schlägerei, so daß Mario wieder im Gefängnis landet. Sein Freund Quirino, der Dieb, ist überzeugt, daß es sich in Marios Fall um einen Irrtum handelt. Kaum ist er heraus aus dem Gefängnis, versucht er, die Sache aufzuklären. Nach langwierigen Nachforschungen entdeckt er, daß es tatsächlich noch einen Mario De Santis gibt, der Isolina Fornaciari geheiratet und sie nach einigen Tagen verlassen hat. Der zweite Mario kommt vor Gericht, und alles klärt sich auf. Mario, Valerias Ehemann, wird wegen Vortäuschung einer Straftat verurteilt. Mario, Isolinas Ehemann, wird wegen Verlassens der ehelichen Wohnung und Isolina selbst wegen falscher Zeugenaussage verurteilt.

Kritik: »… Es wäre eine Lüge zu behaupten, daß der schlau und gekonnt aufgebaute Film nicht amüsant wäre. Ganz im Gegenteil, das Vergnügen ist sicher und hält bis zum sich überstürzenden Schluß, doch darf man keine allzu große Folgerichtigkeit in der Handlung und in der Charakterisierung der Personen verlangen. Das größte Verdienst des Regisseurs liegt in der gekonnten Führung der Schauspieler. So stellt uns Luciano Emmer einen äußerst ausgeglichenen und selbstverständlichen Mastroianni vor. Er wirkt so natürlich, wie eine Frucht am Ast, wie ein Schlüssel im Schlüsselloch. Er übertrifft sich selbst und seine früheren Rollen bei Blasetti …«

Giuseppe Marotta, »L'Europeo«, Mailand,
4. März 1956

Padri e figli (Väter und Söhne)
Italien/Frankreich 1957
Regie: Mario Monicelli
Drehbuch: Age (Agenore Incrocci), Furio Scarpelli, Mario Monicelli, Leo Benvenuti, in Zusammenarbeit mit Luigi Emmanuele; Kamera: Leonida Barboni; Schnitt: Mario Serandrei; Ausstattung: Piero Gherardi; Musik: Carlo Rustichelli; Regieassistenz: Mario Maffei; Produktion: Guido Giambartolomei für Royal Film, Rom/Filmel-Lyrica, Paris; Verleih: Cineriz
Darsteller und Personen: Vittorio De Sica (der Schneider Vincenzo Corallo), Lorella De Luca (seine Tochter Marcella), Riccardo Garrone (sein Sohn Carlo), *Marcello Mastroianni* (Cesare, der Mechaniker), Fiorella Mari (Rita, seine Frau), Franco Interlenghi (Guido Blasi), Antonella Lualdi (Giulia Blasi), Memmo Carotenuto (Amerigo Santarelli), Marisa Merlini (Ines

› Väter und Söhne‹: Marcello Mastroianni als Cesare, der Kleine ist Franco di Trocchio

›Väter und Söhne‹

Santarelli), Ruggero Marchi (der Chirurg Vittorio Bacci),
Emma Baron (Signora Bacci), Raffaele Pisu (Vezio Bacci), Gabriele Antonini (Sandro Bacci), Franco di Trocchio (Alvaruc-
cio).

Handlung: Die Krankenschwester Ines Santarelli, Mutter einer
großen Kinderschar, geht von Haus zu Haus und versorgt die
Pflegebedürftigen. Mit ihrer Arbeit unterstützt sie den Ehemann, der Wärter im zoologischen Garten in Rom ist. In den verschiedenen Häusern, in denen sie arbeitet, lernt sie unterschiedliche Personen und Situationen kennen. Da ist einmal ein junges
Ehepaar, die Frau erwartet ihr erstes Kind und wird von Ines be-
treut. Der alte Arzt Vittorio Bacci hat Schwierigkeiten mit seinen zwei unruhigen Kindern, die unter ihrer ersten Liebe leiden. Ein berühmter Schneider, Vincenzo Corallo, möchte das
gutgehende Geschäft seinem ältesten Sohn übergeben und das

Leben genießen. Cesare Marchetti, ein Verwandter Ines', leidet darunter, daß seine Frau keine Kinder haben kann. Der Zuschauer folgt den einzelnen Ereignissen in der Zeit zwischen Schulbeginn und Weihnachten. Mit den Festlichkeiten zum Jahresende finden auch die einzelnen Geschichten ein glückliches Ende. Die Tochter des Schneiders wird sich mit dem Sohn des Arztes verloben; der kinderlose Mann entschließt sich, nachdem er für einige Zeit Ines' Sohn, seinen kleinen Neffen, bei sich im Haus aufgenommen hatte, ein Kind zu adoptieren, dadurch wird auch die Entfremdung zwischen den Eheleuten überwunden; der junge Mann, der voller Sorge und Unruhe die Geburt seines ersten Kindes erwartet, wird durch die Geburt von Zwillingen überrascht.

Kritik: »... Die gelungenste Geschichte ist sicher jene, in der Marcello Mastroianni einen durch die Kinderlosigkeit seiner Ehe verbitterten Arbeiter spielt, der dank der Gesellschaft eines entzückenden kleinen Neffen seinen Kummer, aber auch die Entfremdung zu seiner Frau überwindet und die Adoption eines Kindes beschließt. Mit dieser feinfühligen, eindringlichen und zutiefst menschlichen Darstellung beweist Mastroianni erneut, daß er der beste junge Schauspieler des italienischen Films ist ...«

(Unbekannt), »L'Unità«, Mailand, 1. März 1957

La ragazza della salina (Mädchen und Männer/Salz und Brot)
Italien/BRD/Jugoslawien 1957
Regie: Franz Cap
Drehbuch: Johannes Kai; Kamera: Vaclav Vich; Schnitt: Friedl Schier-Buckow; Ausstattung: Milko Lipucic; Musik: Bert Grund; Produktion: Rizzoli, Rom/Bavaria-Filmkunst, München/Zagreb Film, Zagreb; Verleih: Cineriz
Darsteller und Personen: *Marcello Mastroianni* (Piero), Isabelle Corey (Marina), Jester Naefe (Vida), Peter Carsten (Alberto), Hans Reiser, Mario Adorf, Riccardo Bertoni, Kai Fischer, Trude Hesterberg, Stane Sever, Stephan Kayser.

Handlung: Die elternlose Marina muß für sich und ihre beiden kleinen Brüder, Beppo und Stefano, sorgen. Während sie auf dem Felsen der Insel nach Langusten fischt, wird sie von Piero überrascht und fortgejagt, denn das Fischen in dieser Zone ist den Inselbewohnern vorbehalten. Während sich das Mädchen in einem Boot entfernt, wird sie vom Sturm überrascht. Das Boot geht im Sturm unter, und das Mädchen läuft Gefahr zu ertrinken, doch Piero rettet sie. Um sich ein neues Boot kaufen zu können, nimmt Marina eine Arbeit in den Salinen an. Piero, der sich in sie verliebt hat, nimmt, um in ihrer Nähe bleiben zu können, ebenfalls eine Arbeit in den Salinen an. Alberto, der Aufseher, ist ein gewalttätiger und unehrlicher Mann, der die Arbeiter betrügt und versucht, Marina mit allen Mitteln zu erobern. Vida, seine Geliebte, paßt jedoch auf, daß Alberto Marina nicht zu nahe kommt. In ihrer Eifersucht behindert sie Marina beim Arbeiten, doch diese setzt sich zur Wehr, notfalls auch mit Kratzen und Schlagen. Auf seine scherzhafte und ironische Art versucht Piero, das Vertrauen des ungebärdigen Mädchens zu gewinnen, doch zunächst ohne Erfolg. Eines Abends badet Marina im Meer: Alberto, der ihr gefolgt ist, versucht, sie zu überwältigen. Das Mädchen kann sich jedoch befreien. Als Alberto, der ins Wasser gefallen ist, später mit nassen Kleidern die Schenke betritt, traktiert ihn Piero mit Fäusten. Erst jetzt sind die Arbeiter bereit, Albertos Betrügereien bei der Direktion anzuzeigen. Der Mann wird entlassen. Nur Vita, die ein Kind von ihm erwartet, hält noch zu ihm. Doch Alberto stößt sie brutal zurück, so daß die Frau sich verletzt und zu Tode kommt. Die Arbeiter beschuldigen Marina, doch Piero kann Alberto ausfindig machen und ihn der Polizei übergeben. Piero, der jede Hoffnung auf Marinas Liebe verloren hat, will die Salinen mit seinem Boot verlassen. Jetzt springt Marina ins Wasser, um dem Boot nachzuschwimmen, und wird von Piero nochmals »gerettet«.

Kritik: »... Der Ursprung dieses Filmes ist ziemlich geheimnisvoll: Es handelt sich um eine deutsch/italienische Koproduktion mit Beteiligung einer jugoslawischen Filmgesellschaft und mit einer merkwürdigen Besetzung, die von Marcello Mastroianni und Isabelle Corey angeführt wird. (...) Die Geschichte spielt in einer Saline an der Adria und folgt einem Filmmodell, das mit *Riso amaro* begann: Sex, Gewalt, dörfliche Begebenheiten, Verführung und so weiter. (...) Das alles muß wirklich nicht sein: Der Film wirkt dilettantisch, die Dialoge sind langweilig und das Spiel der Darsteller laienhaft. Ein paar schöne Bilder oder eine malerische Umgebung reichen nicht aus, um einen guten Film zu machen – man braucht dazu Ideen und Talent, und gerade

›Mädchen und Männer/Salz und Brot‹: Marcello Mastroianni und Isabelle Corey; in den fünfziger Jahren lief dieser Film auch unter dem peinlichen Titel ›Harte Männer – heiße Liebe!‹

dies scheint allen zu fehlen, die an dem Film mitgebastelt haben. Eine Ausnahme bildet Mastroianni, dem wir jedoch raten, sich in Zukunft seine Rollen besser auszusuchen.«

Tommaso Chiaretti, »L'Unità«, Rom, 25. Mai 1957

Il Momento più bello (Frauennot – Frauenglück)

Italien/Frankreich 1957
Regie: Luciano Emmer
Drehbuch: Sergio Amidei, Glauco Pellegrini, Ugo Pirro, Luciano Emmer; Kamera: Luciano Trasatti; Schnitt: Jolanda Benvenuti; Ausstattung: Beni Montresor; Musik: Nino Rota; Regieassistenz: Paolo Heusch, Rinaldo Ricci; Produktion: Illiria Film, Rom/Films Modernes-Gladiator, Paris; Verleih: Ceiad-Columbia.

Darsteller und Personen: *Marcello Mastroianni* (Pietro Valeri), Giovanna Ralli (Luisa Morelli), Marisa Merlini (Margherita Rosati), Ernesto Calindri (Klinikdirektor), Riccardo Garrone (Dr. Benvenuti), Bice Valori (Carla), Clara Bindi (Matilde Fontana), Emilio Cigoli (Morelli), Memmo Carotenuto (Trambahnschaffner), Giuliano Montaldo (Don Grazini), Serena Michelotti (Valeria), Grazia Lonari (Maria Teresa), Ferdinando Guerra (Assistenzarzt), Enzo Garinei (Dr. Serafini), Luigi Fortini (Dr. Leoncillo), Franco Orsini (Dr. Redi), Rolfo Micalizzi (Anselmo Masucci), Maria Properzi (Signora Mancini), Sergio Bergonzelli (Signor Mancini), Armida De Pasquale (eine Hebamme), Vittoria Santonocito (zweite Hebamme), Victor André (Professor Grimaldi), Edda Soligo (Heimleiterin), Roswita Schmidt (Marcella Novelli).

Handlung: Dr. Pietro Valeri, ein junger Arzt, ist ein begeisterter Anhänger der neuen Theorien über die schmerzlose Geburt. Er ist mit Luisa Morelli verlobt, einer Krankenschwester, die im gleichen Krankenhaus arbeitet. Nach seiner Rückkehr aus Paris, wo er an einem Fortbildungskurs teilgenommen hat, erfährt Pietro, daß Luisa ein Kind von ihm erwartet. Die Nachricht trifft ihn vollkommen unvorbereitet: Er steht noch am Anfang seiner Karriere, und seine finanziellen Verhältnisse sind alles andere als rosig. Er kann seine Sorge und seine Verlegenheit nicht verbergen, so daß Luisa den Eindruck gewinnt, daß er sie nicht wirklich liebt. Enttäuscht und niedergeschlagen verläßt das Mädchen das Krankenhaus und findet Unterschlupf bei einer befreundeten Hebamme. Die beiden Frauen sind leidenschaftliche Anhänger der von Dr. Valeri vertretenen Theorien und Methoden der schmerzlosen Geburt. Darum beschließen sie, eine Gruppe schwangerer Frauen nach diesen Methoden auf die Geburt vorzubereiten. Nachdem Pietro infolge des Unverständnisses seiner Umgebung mit seinen Versuchen Schiffbruch erlitten hat, sind die beiden Freundinnen nach der glücklichen Entbindung einer ihrer Kundinnen in der Lage, die Vorzüge der Methode zu beweisen. Dr. Valeri wird nun die gerechte Anerkennung zuteil, er gewinnt sein Selbstvertrauen zurück, söhnt sich mit Luisa aus und heiratet sie.

Kritik: »... Sicher kein erstrangiger Film ... aber ein Film, der in seiner naiven Warmherzigkeit und sanften Schlichtheit beim Pu-

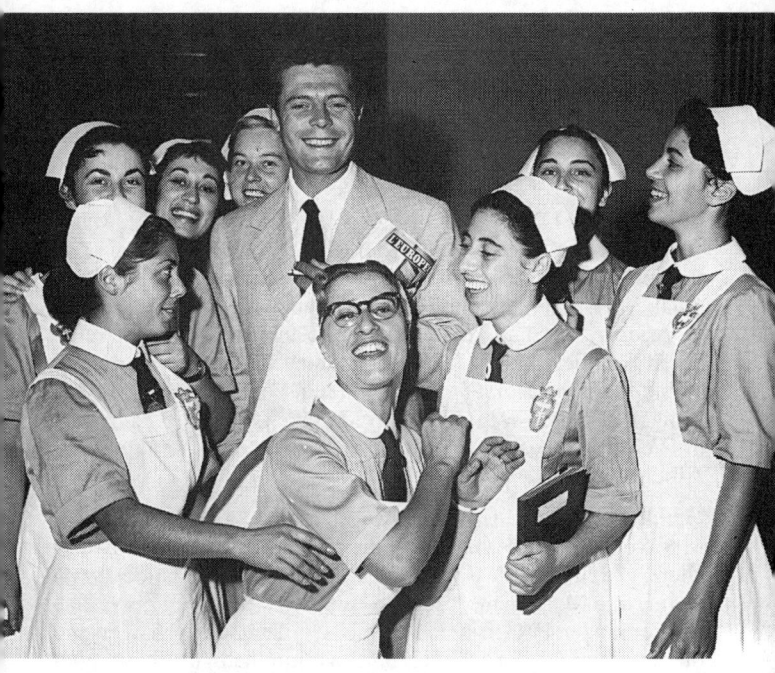

Männerglück: Marcello Mastroianni, umgeben von vielen Verehrerinnen, während der Dreharbeiten zu ›Frauennot – Frauenglück‹

blikum sicher gut ankommt. In dem Film gibt es Augenblicke zarter Schamhaftigkeit … und beschreibende Passagen, die Emmer von seiner besten Seite als Dokumentarfilm-Regisseur zeigen. Einer der wenigen interessanten italienischen Filme in dieser Saison, und dies auch dank der hervorragenden Darstellung Mastroiannis, der sich wieder als talentierter Schauspieler bestätigt …«

g. g., »La Notte«, Mailand, 29. August 1957

Le notti bianche (Weiße Nächte)
Italien/Frankreich 1957
Regie: Luchino Visconti
Drehbuch: Suso Cecchi D'Amico, Luchino Visconti, frei nach der Erzählung »Helle Nächte« von Fedor M. Dostojewski; Ka-

mera: Giuseppe Totunno; Schnitt: Mario Serandrei; Ausstattung: Mario Chiari, Mario Garbuglia; Kostüme: Piero Tose; Musik: Nino Rota (Lied »Scusami« – es singt: Gino Latilla); Regieassistenz: Fernando Cicero, Albino Cocco, Rinaldo Ricci; Produktion: Franco Cristaldi für CIAS-Vides, Rom/Jean-Paul Guilbert für Intermondia Film, Paris; Verleih: Dear International

Darsteller und Personen: *Marcello Mastroianni* (Mario), Maria Schell (Natalia), Jean Marais (der Mieter), Clara Calamai (Prostituierte), Dick Sanders (Tänzer), Marcella Rovena (Pensionsinhaberin), Maria Zanoli (Dienstmädchen), Elena Fancera (Kassierin), Ferdinando Guerra (Vater der mit Mario befreundeten Familie), Leonilde Montesi (seine Frau), Anna Filippini (seine Tochter), Romano Barbieri (sein Sohn), Sandro Moretti (junger Mann), Giorgio Listuzzi (Zöllner), Corrado Pani, Sandra Verani, Lanfranco Ceccarelli, Angelo Galassi, Renato Terra, Alberto Carloni.

Handlung: Auf seinem Heimweg beobachtet der Angestellte Mario eines Abends eine Frau, die an die Brüstung eines Brückchens gelehnt ist, das über den Kanal führt. Die Unbekannte weint, und Mario nähert sich ihr, um sie zu trösten. Das Verhalten der jungen Frau, die sich abwechselnd niedergeschlagen und düster, dann wieder fröhlich und fast kindlich gibt, befremdet ihn zunächst, um ihn aber dann zu faszinieren. Am nächsten Tag treffen sich Mario und Natalia wieder. Natalia, die sofort Vertrauen zu ihm gefaßt hat, erzählt ihm ihre Geschichte. Von den Eltern verlassen, lebt sie mit der halbblinden Großmutter zusammen. Die Frauen vermieten ein Zimmer ihrer Wohnung. Natalia hat sich unsterblich in den letzten Untermieter verliebt, einen jungen Mann, der ihr vor seiner Abreise versprochen hatte, er werde in einem Jahr zurückkehren, und bei seiner Rückkehr würden sie sich auf der Brücke treffen. Seit jenem Tag wartet Natalia jeden Abend auf der Brücke auf ihn. Mario, der sich in das Mädchen verliebt hat, versucht, ihr die Erinnerung an den Abwesenden auszureden und sie zu überzeugen, sich keinen Illusionen und trügerischen Hoffnungen hinzugeben. Natalia scheint Marios Zuneigung zu erwidern: Eines Abends tanzt sie hingebungsvoll mit ihm, verläßt ihn aber dann plötzlich wieder. Nachdem sie wieder einmal vergebens gewartet hat, kehrt sie zu Mario zurück und scheint bereit, alles zu tun, um seine

Liebe zu erwidern. Doch während sie mit ihm nach Hause gehen will, vernimmt man das Geräusch nahender Schritte: Ihr Geliebter ist endlich zurückgekehrt. Natalia löst sich von Mario und eilt glücklich in dessen Arme.

Der Film hat 1957 in Venedig den »Goldenen Löwen« erhalten.

Kritik: »... Nicht alles in diesem Film ist gleichermaßen überzeugend und poetisch. Die im Film erzählte Geschichte hätte den Glauben in ihre Figuren und ein Maß an Anteilnahme an ihrem Leben verlangt, die Visconti vielleicht nicht hatte. In diesem Sinne ist der leichte, doch unleugbare Qualitätsverlust am Ende

Maria Schell, einmal nicht in Schmerz gebadet, rechts M. M.: ›Weiße Nächte‹

des Filmes bezeichnend. Angesichts des betont zur Schau gestellten schauspielerischen Könnens und der effekthascherischen Kunstgriffe Maria Schells kann man sich des Gefühls eines leichten Unbehagens nicht immer erwehren. Dem setzt Mastroianni eine viel ausgewogenere und komplexere Darstellung entgegen. *Weiße Nächte* ist bisher die größte Anstrengung, die Luchino Visconti jemals unternommen hat, um einen verborgenen Teil seines Wesens zu entdecken: den des Gefühls, der Zärtlichkeit und des Mitgefühls ...«

Morando Morandini, »La Notte«, Mailand, 16. November 1957

Il medico e lo stregone (Arzt und Hexenmeister/Der Arzt und der Zauberer)
Italien/Frankreich 1957
Regie: Mario Monicelli
Drehbuch: Age (Agenore Incrocci), Furio Scarpelli, Ennio De Concini, Luigi Emmanuele, Mario Monicelli; Kamera: Luciano Trasatti; Schnitt: Otello Colangeli; Ausstattung: Pietro Gherardi; Musik: Nino Rota; Regieassistenz: Mario Maffei; Produktion: Guido Giambartolomei für Royal Film, Rom/Francinex, Paris; Verleih: Cineriz
Darsteller und Personen: Vittorio De Sica (Antonio Locoratolo), *Marcello Mastroianni* (Dr. Francesco Marchetti), Marisa Merlini (Mafalda), Lorella De Luca (Clamide), Gabriella Pallota (Pasqua), Virgilio Riento (Umberto), Carlo Taranto (Scaraffone), Riccardo Carrone (Maresciallo), Ilaria Occhini (Rosina), Alberto Sordi (Corrado), Giorgio Cerioni (Galeazzo Pesenti), Franco di Trocchio (der kleine Vito).

Handlung: Dr. Fausto Marchetti übernimmt die Stelle des Gemeindearztes von Pianetta, einem kleinen Dorf in den Bergen. Seine Tätigkeit ist erschwert durch die Konkurrenz des Don Antonio, eines »Kurpfuschers«, der auf die Unwissenheit und den Aberglauben der Bergbewohner zählt und es verstanden hat, sich deren Vertrauen zu erwerben. Die Auseinandersetzungen zwischen Arzt und »Wunderdoktor« beginnen sogleich, als die Leute es ablehnen, sich gegen Typhus impfen zu lassen, und der Bürgermeister nicht den Mut aufbringt, eindeutig Stellung zu beziehen. Um seinen Ruf zu festigen, inszeniert Don Antonio einen großen Schwindel: Er tut sich mit einem Alten zusammen, der vortäuscht, krank zu sein. Selbstverständlich gelingt es dem

Arzt nicht, ihn zu heilen, wohl aber dem »Kurpfuscher«. Der Arzt jedoch kommt zu seiner Revanche, als sich herausstellt, daß Scarafone, Don Antonios Assistent, einem Mädchen einen Liebestrank verabreichte, der sie fast vergiftet hätte. Das Vertrauen, das die Bergbevölkerung zu dem »Wunderdoktor« entwickelt hatte, beginnt inzwischen zu wanken, als bekannt wird, daß Don Antonio in der Stadt mehrere Häuser und ein Kino besitzt. Eines Tages, als Dr. Marchetti, des permanenten Wettstreits müde, schon beschlossen hat, den Ort zu verlassen, ist es Don Antonio selbst, der ihn in höchster Eile zu sich ruft. Seine Tochter Clamide, die sich in einen Soldaten verliebt hat, den sie nach dem Willen des Vaters nicht heiraten soll, hat versucht, sich zu vergiften. Zur gleichen Zeit versöhnt sich Mafalda, die Schwester des Bürgermeisters, mit Francesco. Sie war mit ihm durch Don Antonios Schuld in Streit geraten. Clamide, durch die Behandlung des Arztes geheilt, wird ihren Soldaten heiraten dürfen.

Kritik: »Von Film zu Film verfeinert sich Mario Monicelli. Er ist ein Regisseur, der kleine Brötchen backt: Seine Fantasie ist bescheiden, seine Kühnheit hält sich in Grenzen. Doch er hat sich energisch befreit von den zweifelhaften Modeerscheinungen des plumpen Humors, die sich früher mit den geschmackvollen Werken abwechselten: Schon *Padri e figli* (Väter und Söhne) brachte ihm Beifall ein. Mit *Il medico e lo stregone* hat er den erworbenen Ruf bestätigt. (…) Mastroianni, De Sica, die Merlini und Sordi verstehen es glänzend, ihrem Spiel jene Spontaneität und Frische beizumischen, die für die Darstellung von Typen, wie sie solche Filme bevölkern, so ungemein wichtig sind …«

Arturo Lanocita, Corriere della Sera,
Mailand, 6. Dezember 1957

Un ettaro di cielo
Italien 1958
Regie: Aglauco Casadio
Drehbuch: Aglauco Casadio, Tonino Guerra, Elio Petri, Ennio Flaiano; Kamera: Gianni Di Venanzo; Schnitt: Gabriele Varriale; Ausstattung und Kostüme: Gianni Polidori; Musik: Nino Rota; Regieassistenz: Tonino Guerra, Fabio Finaudo; Produktion: Franco Cristaldi für Lux-Fides-Cinecittà, Rom; Verleih: Lux Film

Als Severino die fatalen Folgen seines fahrlässigen Umgangs mit Träumen sieht, ist er völlig verzweifelt: ›Un ettaro die cielo‹

Darsteller und Personen: *Marcello Mastroianni* (Severino Balestra), Rosanna Schiaffino (Marina), Ignazio Leone (Riccardo), Polidor (Kavalier Pedretti), Lia Ferrel (I Mary), Marina Di Giorgio (II Mary), Nino Vingelli (Impresario), Leonilde Montesi (Derna), Nicola Bongiorno, Enrico Mangini, Ettore Jannetti, Luigi Scavran, Franca Droghetti, Silvio Bagolini, Salvatore Cafiero, Carlo Pisacane, Aristide Spelta, Luigi De Martino, Felice Minotti, Renato Terra.

Handlung: Ein junger Mann, eine Art Zauberer, der die Bewohner eines ausgedehnten Sumpfgebiets mit Träumen versorgt, kommt zu jedem Jahrmarkt ins Dorf und tritt mit seinen wundersamen wissenschaftlichen Entdeckungen, die billiger sind als eine Kinokarte, zwischen den verschiedenen Jahrmarktbuden auf. Eines Tages begegnet der Junge den Alten der Gegend. Sie sind niedergeschlagen, weil der Fischfang immer unergiebiger wird. Severino nimmt sie mit zum Jahrmarkt. In der Kneipe trifft er auf Marina und fängt Feuer. Er sucht das schnelle Abenteuer. Das Mädchen aber, das ihn als Scharlatan kennt, weist ihn zurück. Während er auf dem Markt seine neueste »wissenschaftliche Entdeckung« feilbietet, wird er von Riccardo, einem jun-

›Un ettaro di cielo‹: M. M. als Traumverkäufer

gen Müßiggänger, gestört. Er macht Marina den Hof und fährt sie stolz auf seinem Motorrad spazieren. Gekränkt nimmt Severino die Einladung der Alten zum Abendessen an. Gegen Ende des Aalessens hat er einen tollen Einfall: Er erzählt den Alten, er könne kleine Himmelsanteile verkaufen, auf daß man es dann nach dem Tode gemütlicher habe. Die Alten nehmen die Sache ernst und zahlen am folgenden Tag den Preis für einen Hektar Himmel. Severino bringt die Kraft nicht auf, das Spiel zu beenden, und nimmt das Geld an. Voller Glück bereiten sich die Alten darauf vor, sich einer nach dem anderen im Sumpf zu ertränken. Doch kaum ist der erste von allen im Wasser, entdeckt er in der Tiefe eine riesige Menge Aale. Da beschließen alle, sich vor dem Sterben noch ein letztes Festmahl zu gönnen. Severino, der von den Gefahren nichts ahnt, in denen seine Freunde schweben, liefert sich einen Boxkampf mit Riccardo – ein Liebesbeweis, der Marina zeigt, wie ernst er es meint. Indessen kommt Germinal, der Anarchist, hinzu und berichtet, wie sich die Alten einer nach dem anderen aufs Ertrinken vorbereiten. Entsetzt laufen Severino und Marina zum Sumpf. Sie treffen die Alten in sehr glücklicher Stimmung an, weil die landwirtschaftlichen Maschinen, die mit ihren Trockenlegungsarbeiten begonnen haben, jedem ein Stück wirklicher Erde zu versprechen scheinen. Marina aber kann Severino seine gefährlichen Scherze nicht verzeihen und läuft davon. Doch als der Junge seinen alten »Balilla« gerade gestartet hat, erreicht ihn das Mädchen.

Kritik: »Im allgemeinen braucht man über das Drehbuch eines Filmes nicht viel Worte zu verlieren; doch in diesem Fall war die Ausgangslage von besonderer und einigermaßen schwieriger Art, weil sich nämlich ein junger Mann mit seinem ersten Film versuchte – ein Start, den man ohne weiteres als gelungen bezeichnen kann. Auch ein viel erfahrener Regisseur hätte bei diesem Stoff leicht ins Bodenlose oder gar ins Groteske abgleiten können – Casadio schwankt da bisweilen, aber er fällt nicht. An der Inszenierung, bei der Ennio Flaiano mitwirkte, fällt das Bemühen auf, die verschiedenen Situationen möglichst menschlich und einfach zu gestalten. In dieser Richtung allerdings geschieht häufig zu viel des Guten. (…) Insgesamt aber hat man zwischen einem märchenhaften Schluß und einem sehr realen Geschehensablauf – bei leichter Betonung des letztgenannten Moments

– einen vorsichtigen Mittelweg eingehalten. So gerät das filmische Geschehen zwar hie und da ins Stocken; doch wenn es angesichts der vorgenannten Schwierigkeiten gleichwohl zu einem überzeugenden Ergebnis kommt, so verdient das alle Anerkennung. Casadio verrät ungewöhnliche Fähigkeiten. In seiner einfühlsamen und umsichtigen Art, Regie zu führen, wird er durch Mastroiannis Schauspielkunst wirksam unterstützt ...«

Mario Gromo, »La Stampa«,
Turin, 15. November 1958

I soliti ignoti (Diebe haben's schwer)
Italien 1958
Regie: Mario Monicelli
Drehbuch: Age (Agenore Incrocci), Scarpelli, Suso Cecchi D'Amico, Mario Monicelli; Kamera: Gianni Di Venanzo; Schnitt: Adriana Novelli; Ausstattung und Kostüme: Piero Gherardi; Musik: Piero Umiliani; Regieassistenz: Mario Maffei; Produktion: Franco Cristaldi für Lux-Vides, Rom; Verleih: Lux Film
Darsteller und Personen: *Marcello Mastroianni* (Tiberio, ein Fotograf), Vittorio Gassman (Peppe), Totò (Dante Cruciani), Renato Salvatori (Mario), Carla Gravina (Nicoletta), Claudia Cardinale (Carmelina), Memmo Carotenuto (Cosimo), Tiberio Murgia (Michele), Rossana Rory (Norma), Carlo Pisacane (Capanelle), Gina Rovere (Teresa, Tiberios Frau), Gina Amendola.

Handlung: Vier eifrige, aber unfähige junge Diebe sind entschlossen, ihren Anführer aus dem Gefängnis zu befreien. Sie bitten Peppe, einen anderen Freund, sich des Diebstahls zu bezichtigen, dessentwegen Cosimo verurteilt wurde. Doch man glaubt Peppe nicht und läßt ihn nach kurzer Zeit wieder frei. Zuvor aber hat er Cosimo den Plan für einen Raubüberfall auf ein Pfandleihhaus am Stadtrand abgenötigt. Kaum aus dem Gefängnis heraus, macht er sich zusammen mit den anderen an die Ausführung des Projekts – des ersten und letzten großen Coups ihres Lebens, mit dem die endlose Reihe der kleinen »Verlegenheitsdiebereien«, mit denen sie sich bisher begnügten, ihren Abschluß finden soll. Die Bande besteht aus Tiberio, einem kleinen Fotografen mit Familienanhang, Mario, einem Waisen mit Mutterkomplex, Ferribotte, einem von Eifersucht zerfressenen Catanier, Capanelle, einem verwirrten Alten, der einmal Stallknecht war und schließlich eben Peppe, einem verkrachten

›Diebe haben's schwer‹: ausgezeichnet wurde dieser Gaunerklamotte als »bester Unterhaltungsfilm« sowie als »bester humoristischer Film«; v. l. n. r.: Carlo Pisacane, Tiberio Murgia, Vittorio Gassman und Marcello Mastroianni

Boxer. Doch vom Einbrechen verstehen sie alle gar nichts. So wenden sie sich an Dante Cruciani. Der steht zwar unter Polizeiaufsicht, weiß aber über Dietrich und Panzerschrank sehr gut Bescheid. Die Stunden, die ihm außerhalb der täglichen Kontrollbesuche der Polizei verbleiben, benutzt er, um theoretischen Unterricht über die Geschichte und die Technik des Einbruchs zu erteilen. Mario macht Nicoletta, die als Dienstmädchen in der Nachbarwohnung des Leihhauses arbeitet, den Hof, um auf diese Weise an die Hausschlüssel heranzukommen. Cosimo, dank einer Amnestie aus der Haft entlassen, sinnt auf Rache für den Verrat. Doch sein Bemühen endet auf tragische Weise, als er beim Versuch eines kleinen Taschendiebstahls von einer Straßenbahn überfahren wird. Die Einbrecher indessen sind in die an das Leihhaus angrenzende Wohnung eingedrungen, irren sich jedoch in der Wand und landen in der Küche statt beim Panzerschrank. Weil sie sich nun nicht die Tasche mit Wertgegenständen vollstopfen können, stopfen sie sich ihre Bäuche mit Bandnudeln und Kichererbsen voll. Niedergeschlagen verlassen sie im frühen Morgengrauen das Haus.

Kritik: »... Nun wollen wir einmal sehen, ob *Diebe haben's schwer* unseren verbohrten Produzenten endlich die Augen dafür öffnet, daß ein Film sehr komisch, sehr volkstümlich und sehr gut verkäuflich sein kann, ohne plump und vulgär zu sein. Soviel vorweg: Ich kann mich an keinen so vorzüglichen italienischen Film erinnern, mit solch tadellosen, intelligenten Dialogen, mit einer solchen Serie von trefflichen witzigen Einfällen und einem derart ausgereiften, gleichzeitig unmittelbarem, verständlichen Humor, wie wir ihn sonst nur aus französischen Filmen kennen. Nun macht allerdings ein guter Dialog allein noch keinen guten Film. Treffsicherheit im Ausdruck ist schon sehr viel. Doch ihre Übertragung auf die Leinwand mißlingt, wenn sie nicht von Treffsicherheit in der Auswahl filmischer Mittel unterstützt wird. Letztere beginnt mit der Besetzung der Rollen, d. h. mit der Auswahl der Schauspieler. (...) Was dies angeht, sind dem Regisseur in *Diebe haben's schwer* mehrere Volltreffer gelungen. (...) So etwa mit Marcello Mastroianni, der sich vom ›Liebhaber vom Dienst‹ in einen kleinen Gauner-Fotografen verwandelt hat, der statt der Mutter den Babysitter spielen und wegen Schwarzhandels mit amerikanischen Zigaretten einsitzen muß. Er gibt uns eine vergnügliche Kostprobe duckmäuserischer und weinerlicher Einfältigkeit ...«

Filippo Sacchi, »Epoca«, Mailand, 19. Oktober 1958

Racconti d'estate (Sommererzählungen)
Italien/Frankreich 1958
Regie: Gianni Franciolini
Drehbuch: Sergio Amidei, Edoardo Anton, Ennio Flaiano, Gianni Franciolini, Rodolfo Sonego, nach einer Idee von Alberto Moravia; Kamera: Enzo Serafin; Schnitt: Adriana Novelli; Ausstattung: Giorgio Giovannino; Musik: Piero Piccioni; Regieassistenz: Andrea A. Tomassi; Produktion: Maxima Film-Monteluce Film, Rom/Gallus Film, Paris; Verleih: Cei-Incom
Darsteller und Personen: *Marcello Mastroianni* (Marcello Mazzoni), Michèle Morgan (Micheline), Sylva Koscina (Renata Morandi), Alberto Sordi (Aristarco Battistini), Gabriele Ferzetti (Giulio Ferrari), Franco Fabrizi (Sandro Morandi), Dany Carrel

(Jacqueline), Dorian Gray (Dorina), Lorella De Luca (Lina), Franca Marzi (Clara), Enio Girolami (Walter), Anita Allan (Ada Gallotti), Morge Mistral (Romualdo), Francesco Mulé, Anna Magoli, Colette Ricard, Franco Scancurra.

Handlung: In der sommerlichen Hochsaison läßt sich Clara, eine noch immer schöne Frau, von Walter, einem jungen Habenichts, der sich an mondänen Orten herumtreibt, den Hof machen. Die Dame verbringt ihre Ferien mit ihrer Tochter Lina, der es schließlich gelingt, die Mutter von dem zwielichtigen Jüngling wegzubringen. Um ihrer Mutter eine Enttäuschung zu ersparen, zwingt Lina Walter zu verschwinden. Dafür will sie der Mutter den Geldbetrag ersetzen, den diese Walter geliehen hatte. Dorina, eine kleine unbekannte Schauspielerin, ist vergeblich auf der Suche nach einem reichen Verehrer. Sie muß mit Romualdo, dem Bademeister, vorlieb nehmen. Aristarco Battistini, Verwalter und Liebhaber der lyrischen Sängerin Ada Gallotti, trifft zufällig wieder auf seine alte Liebe Jacqueline. Mit Hilfe von allerlei Ausflüchten gelingt es ihm, Adas Aufmerksamkeit abzulenken und sich mit Jacqueline zu treffen. In der Gewißheit, daß ihm Ada, um Steuern zu sparen, ein Landgut in der Toscana überschreiben wird, verspricht er Jacqueline die Ehe. Es kommt zu der erhofften Schenkung – allerdings nur unter der Bedingung, daß Aristarco Ada heiratet: Beide verlassen unter den ungläubigen und wütenden Blicken Jacquelines ihr Hotel. Renata, die Frau Sandro Morandis, trifft, ihrem Mann um einige Tage vorausgereist, an der Riviera ein. Widerwillig läßt sie sich die Gastfreundschaft des reichen Ingenieurs Guilio Ferrari, des Onkels einer Freundin, gefallen. Seinen Annäherungsversuchen jedoch widersetzt sie sich, als sie entdeckt, daß ihr Mann sie gerade zu dem Zweck vorausgeschickt hatte, damit sie ihm die Bitte um eine finanzielle Unterstützung erleichtere. Als Sandro ankommt, kommt Renata die Erbärmlichkeit ihres Mannes und Ferraris moralische Überlegenheit vollends zu Bewußtsein. Am Bahnhof treffen Marcello Mazzoni, ein Polizist in Zivil, und Micheline, eine Diebin, ein. Marcello hat seine Gefangene der französischen Polizei zu übergeben und sie daher bis zur Grenze zu begleiten. In Erwartung des Anschlußzuges, der in einigen Stunden ankommen soll, gehen die beiden etwas trinken. Danach gehen sie auf Marcellos Vorschlag zum Baden. Sie versäumen den nächsten und noch einen weiteren Zug, so daß sie die

Nacht in einer Pension verbringen müssen. In Wirklichkeit wollen sie sich gar nicht mehr trennen, doch es ist gerade die Frau, die den Polizisten an seine Pflicht erinnert. Marcello läßt sich überzeugen, verspricht aber, auf sie zu warten, bis sie ihre kurze Gefängnisstrafe verbüßt haben wird.

Kritik: »… Wir befinden uns im Reich der Komödie, allerdings mit süß-saurem, bisweilen bitterem Beigeschmack. Man merkt es, daß am Drehbuch Schriftsteller wie Moravia, Amidei, Sonego usw. mitgearbeitet haben. So verspürt man unter der Oberfläche dieses bunten Strandgemäldes, trotz aller Episodenhaftigkeit, das Leben, das sich zu guter Letzt eben doch immer wieder als eine verdammt ernste Sache erweist. Schon allein wegen der Episode mit Michèle Morgan und Marcello Mastroianni ist der Film sein Eintrittsgeld wert. Die Geschichte wäre banal, wenn ihr nicht eine derart sorgfältige Inszenierung und eine so zarte Interpretation zu Hilfe käme. Die erste Schauspielerin Frankreichs und der fähigste junge Darsteller Italiens bilden ein Paar, das man so schnell nicht vergessen wird. Dies ist die Perle dieses Films …«

Morando Morandini, »La Notte«, Mailand, 29. November 1958

Amore e guai
Italien 1958
Regie: Angelo Dorigo
Drehbuch: Lianella Carell, Mino Lillo, Amedeo Marrosu, Roberto Natale, Giorgio Stegani, Luciano Vincenzoni; Kamera: Amedeo Melloni; Schnitt: Mario Sansoni, Mario Arditi; Ausstattung: Giuseppe Fede; Musik: Carlo Innocenzi; Produktion: Fono Roma, Rom; Verleih: Roma International Film
Darsteller und Personen: *Marcello Mastroianni* (Marcello), Richard Basehart (Paolo), Valentina Cortese (Luisa), Maurizio Arena (Renato), Irene Galter (Maria), Eloisa Cianni (Teresa), Andrea Aureli, Armida De Pasquali, Umberto Spadaro, Checco Durante, Silvio Bagolini, Mimo Billi, Maria Zanoli, Nino Musco, Luigi Tosi, Lina Ferri, Emma Baron.

Handlung: Der Speisewagenkellner Marcello ist verliebt in Teresa, eine Telefonistin. Doch sie haben nie zur gleichen Zeit frei und daher kein bißchen Zeit füreinander. Darum soll Teresa einen freien Tag benutzen, um Marcello auf seiner Fahrt von

Rom nach Florenz zu begleiten. Eine unvorhergesehene Weisung zwingt Marcello jedoch, bis Bologna weiterzufahren. Kaum dort angekommen, muß Teresa schon wieder den Zug zurück nach Rom nehmen. So haben die beiden Verlobten kaum Zeit, sich zu verabschieden. – Renato und Maria lieben sich aufrichtig. Doch ihrer Liebe steht die Feindschaft von Marias Bruder Ivo entgegen, der Renato für einen Tunichtgut und Frauenhelden hält. In der Tat hindert die Liebe zu Maria Renato nicht an einigen Abenteuern. Ausgerechnet am offiziellen Verlobungstag läßt er sich von den Reizen einer Abenteurerin verführen. Doch die Komplikationen, zu denen das führt, bringen ihn zur Einsicht. – Paolos und Luisas Liebe ist nicht frei von Kummer. Luisa, schön und jugendlich, ist infolge einer Verletzung stumm geworden. Paolo scheint keine Anstrengung zu schwer, um ihr wieder zum Sprechen zu verhelfen. In seinem überschäumenden Temperament begeht er eine Torheit, die ihn für mehrere Monate ins Gefängnis bringt. Danach findet er eine Arbeitsstelle und damit seine Zuversicht zurück. In der Hoffnung auf Luisas Heilung nimmt er sie zur Frau.

Kritik: »… Der Film besteht aus drei Episoden, die von Liebe und Leid erzählen – Leid allerdings von der Art, wie es vornehmlich Verliebte erfahren, denen das Leben so wohlgesonnen ist, daß sich ihnen letztlich alles zum Guten wendet und ›lieben‹ zum schönsten aller Worte wird. Zweifellos gute Kameraführung von Richard Basehart und vielseitige Darbietung von Marcello Mastroianni, einem fähigen und sympathischen Schauspieler.« *Franco Maria Pranzo, »Corriere Lombardo«,*
Mailand, 27. April 1959

La loi (Das Gesetz/Wo der heiße Wind weht)
Frankreich/Italien 1959
Regie: Jules Dassin
Drehbuch: Jules Dassin, nach dem gleichnamigen Roman von Roger Vailland; Kamera: Otello Martelli; Schnitt: Mario Serandrei (nach der Version von Roger Dwyre); Ausstattung: Roberto Giordani in Zusammenarbeit mit Pasquale Romano, J. D'Ovidio und Mario Chiari; Musik: Roman Vlad; Produktion: Maleno Malenotti, Jacques Bar für GESI Cinematografica Titanus spa, Rom/Cité Films – Le Groupe des Quatres, Paris; Verleih: Titanus

›Wo der heiße Wind weht‹: Gina Lollobrigida als Marietta und Marcello Mastroianni als Landvermesser

Darsteller und Personen: *Marcello Mastroianni* (Landvermesser), Gina Lollobrigida (Marietta), Pierre Brasseur (Don Cesare), Melina Mercouri (Donna Lucrezia), Yves Montand (Matteo Brigante), Paolo Stoppa (Tonio), Teddy Bilis (Alessandro), Raf Mattioli (Francesco Brigante), Vittorio Caprioli (Attilio), Lydia Alfonsi (Giuseppina), Nino Vingelli (Brandolaccio), Gianrico Tedeschi (ein Arbeitsloser), Bruno Carotenuto (Balbo), Herbert Knippenberg (Schweizer), Marcello Giorda (Pfarrer), Anna Arena (Frau des Kommissars), Luisa Rivelli (Elvira), Edda Soligo (Giulia), Anna Maria Bottini (Maria), Joe Dassin, Franco Pesce.

Handlung: In einem süditalienischen Dorf herrschen Matteo Brigante, offenbar der »König« des Dorfes, und Don Cesare,

153

ein Gutsbesitzer, der von einer Art feudalem Hofstaat umgeben ist. Sie sind es, die »das Gesetz« schaffen und diktieren. Paradoxerweise aber ist Marietta, Don Cesares junges Dienstmädchen, die wahre Herrscherin, die alle Fäden zieht. Im Hause Don Cesares, der außerdem auch noch Richter ist, entwickelt sich das Drama seiner jungen Frau Lucrezia, die daran denkt, ihren Mann wegen Francesco Brigante, dem Sohn Matteos, zu verlassen. Während eines Tanzfestes verabredet Lucrezia mit Francesco die Flucht. Matteo erfährt von den Plänen seines Sohnes. Marietta indessen hat beschlossen, für ihre Mitgift zu sorgen, um den Landwirt zu heiraten, in den sie sich verliebt hat. Zu diesem Zweck stiehlt sie einem Schweizer Touristen die Geldbörse und läßt sie, nachdem sie das Geld daraus entnommen hat, in Matteos Tasche gleiten. Marietta wird vom alten Don Cesare gerettet, der vor seinem Tod den Weg findet, um dem Schweizer den gestohlenen Geldbetrag zu ersetzen, und das Mädchen zur Erbin einsetzt. Matteo verhindert die Flucht seines Sohnes mit Lucrezia, indem er dieser begreiflich macht, daß sie im Begriff ist, einen Fehler zu begehen, und sie – allerdings unabsichtlich – dazu bringt, sich das Leben zu nehmen. Nun, nachdem Don Cesare nicht mehr lebt, ist Matteo – durch die letzten tragischen Ereignisse, finsterer, aber auch weiser geworden – der alleinige Herr im Dorf.

Kritik: »… Der Film *La loi* ist vollkommen schief geraten, weil er aus lauter völlig unwahrscheinlichen Szenen besteht (dem Selbstmord der Mercouri, um eine, die Bereinigung der Diebstahlsaffaire durch Brasseur, um eine andere zu nennen) und weil die Darsteller, aufs Dramatische hin ausgerichtet, nur eine Art Ballett zustandebringen. Schon der Anfang ist kümmerlich geraten, auch wenn einige Komponenten (der ›Casanova-Kommissar‹, die Gefangenen mit ihren beleidigten Kommentaren und die Buben, die bei der Dorfschönen aufs Wort reagieren) einen pittoresken Akzent setzen. Dassins Fehler liegt darin, daß er im Bemühen, einer ganz privaten Geschichte – die Liebe zwischen der Lollobrigida und Mastroianni – einen weiteren Rahmen zu geben und sie mit üppigem Beiwerk auszuschmücken, beim Zuschauer nichts weiter hervorruft als das unangenehme Gefühl, an einen dieser absurden mexikanischen Filme geraten zu sein …«

Franco Berutti, »Settimo Giorno«, Mailand, 9. April 1959

Tutti innamorati (Verliebte haben's schwer)
Italien/Frankreich 1959
Regie: Giuseppe Orlandini
Drehbuch: Franco Rossi, Ugo Guerra, Giorgio Prosperi, Pasquale Festa Campanile, Massimo Franciosa; Kamera: Armando Nannuzzi; Schnitt: Otello Colangeli; Ausstattung: Franco Lolli; Produktion: Guido Giambartolomei für Royal Film, Rom/ France Cinéma Productions, Paris; Verleih: Cineriz
Darsteller und Personen: *Marcello Mastroianni* (Giovanni), Jacqueline Sassard (Allegra Barberio), Marisa Merlini (Jolanda), Gabriele Ferzetti (Arturo), Nando Bruno (Cesare), Memmo Carotenuto (Ferruccio), Leopoldo Trieste (Cipriani), Ruggero Marchi (gen. Ermanno Barberio), Franco di Trocchio, Clara Bindi, Orlando Pallamari, Grazia Colelli, Gina Amendola, Polidor.

Handlung: Giovanni, Jolanda und Arturo sind Freunde von Kindheit an. Jolanda liebt Arturo, einen schönen, eitlen Mann, der es vorzieht, ungebunden zu bleiben, um sein freies und liebesabenteuerreiches Leben fortführen zu können. Giovanni, ein Witwer mit einem achtjährigen Kind, hat zufällig Allegra kennengelernt, ein blutjunges Mädchen, dem es Spaß macht, ihn an der Nase herumzuführen. Giovanni merkt zunächst nicht, daß alles nur ein Spiel ist. Als er es schließlich wahrnimmt und sich zurückzieht, hat sich das Mädchen wirklich in ihn verliebt und möchte ihn unbedingt heiraten. Allegra kennt keine Hindernisse. Mit einer Reihe unvorstellbar listiger Einfälle versucht sie, Giovanni zur Rückkehr zu bewegen und schafft es schließlich, ihn ihrem Vater vorzustellen, der sich natürlich überaus glücklich schätzen würde, Giovanni zum Schwiegersohn zu haben. Inzwischen teilt Jolanda Arturo, dessen ständiger Unentschlossenheit überdrüssig, mit, daß sie sich mit Giovanni verlobt habe. Arturo gibt vor, sich zu freuen, in Wirklichkeit leidet er. Er bedauert, die Liebe Jolandas, bei der er in Augenblicken der Krise stets Zuflucht gefunden hatte, für immer verloren zu haben. Giovanni hat sich der Jugendfreundin zuliebe auf das Spiel eingelassen. Doch als er sieht, daß Arturo Jolanda aufrichtig liebt, setzt er alles daran, die beiden wieder miteinander zu versöhnen.

Kritik: »Eine harmlose kleine Komödie aus der Feder von Franciosa und Festa Campanile, in der sich die Fäden des Geschehens ohne Rücksicht auf die Logik, wie ›von Geisterhand gesteuert‹, verwirklichen und entwirren. Giovanni, ein verwitweter Elektrotechniker mit Kind, trifft eines Tages in einer Bibliothek auf Allegra. (…) Um die beiden Protagonisten herum sind als Beiwerk kleine Szenen und Idyllen gruppiert, die immer wieder auf harmonische Weise in das Gesamtbild einbezogen werden. Einen burlesken Kontrapunkt bilden die Kommentare, mit denen Giovannis Sohn das Geschehen begleitet: In lausbübischer (bisweilen allzu kalkuliert eingesetzter) Unbekümmertheit sagt er die schrecklichsten und komischsten Dinge. Alles vollzieht sich in einer optimistischen, heiteren Atmosphäre, bei gut angelegten, lebhaften, wenngleich etwas gekünstelten Dialogen und mit einem guten Schuß beschwingter Gefühlsseligkeit. Marcello Mastroianni spielt die Rolle des liebenswürdigen Elektrotechnikers in gewohnter Sorgfalt und Ungezwungenheit …«

Vice »Il Messaggero di Roma«, Rom, 12. April 1959

Il nemico di mia moglie
Italien 1959
Regie: Gianni Puccini
Drehbuch: Gianni Puccini, Bruno Baratti, Franco Castellano, Pipolo (Giuseppe Moccia); Kamera: Gianne Di Venanzo; Schnitt: Gisa Radicchi Levi; Ausstattung: Alberto Boccianti; Kostüme: Giuliano Papi; Musik: Lelio Luttazzi; Regieassistenz: Rinaldo Ricci, Gabriele Palmieri; Produktion: Isidoro Broggi, Renato Libassi für DDL, Rom; Verleih: Cineproduzioni Astoria
Darsteller und Personen: *Marcello Mastroianni* (Marco Tornabuoni), Giovanna Ralli (Luciana), Vittorio De Sica (Marcos Vater), Memmo Carotenuto (Lucianas Vater), Luciana Paluzzi (Giulia), Giacomo Furia (Peppino), Raimondo Vianello (Mister La Corata), Andrea Checchi (Dr. Giuliani), Gisella Sofio (eine Arbeiterin), Teddy Reno (er selbst), Riccardo Garrone, Salvo Libassi, Elvira Tonelli.

Handlung: Luciana und Marco, zwei junge Eheleute, leben in ständigem Streit wegen ihrer unterschiedlichen Interessen. Marco ist jeden Sonntag von zu Hause weg, weil er als Fußballschiedsrichter tätig ist. Luciana, die die ganze Woche über arbeitet, ist es leid, immer alleine zu sein, und rächt sich an Marco, indem sie ihm bei seiner Rückkehr ihre »amerikanische Lebens-

art« aufzwingt. Schließlich findet sie für ihn einen Arbeitsplatz in der kleinen Strickwarenfabrik, in der sie selbst arbeitet. Doch Marco macht Ärger. Als zu allem Überfluß Luciana auch noch eifersüchtig wird, kehrt er zu seinem Vater zurück, einem strengen und ernsten Bibliothekar, der seinem Sohn nie verziehen hat, daß er sein Studium abgebrochen hat. Marco beginnt in der Bibliothek zu arbeiten. Sonntags verläßt er unter einem Vorwand das Haus, um sein Fußballspiel zu pfeifen. Bei einer solchen sonntäglichen Gelegenheit begegnet er Giulia. Schon glaubt er, in sie verliebt zu sein, da muß er feststellen, daß sie sich nur an ihn herangemacht hat, um ihn dazu zu bringen, als Schiedsrichter ihre Lieblingsmannschaft zu begünstigen. Verbittert möchte Marco zu seiner Frau zurückkehren. Auch Luciana, die sich die Annäherungsversuche ihres Direktors anfangs gefallen ließ, ist entschlossen, zu Marco zurückzukehren. Ein Unfall, den Marco erleidet, als er von Fußballfans mißhandelt wird, liefert die Gelegenheit zur Versöhnung: Luciana eilt zu ihm.
Der Film lief auch unter dem Titel »Il Marito bello«.

Kritik: »... Die kleine Komödie ist mit wenig Aufwand inszeniert und wird vor allem von der possenhaften Atmosphäre beherrscht, die anscheinend Gianni Puccinis Absicht war. Marcello Mastroianni und Giovanna Ralli versuchen Niveau in ihre Darstellung zu bringen.

Vice, »Corriere d'Informazione«, Mailand, 8. Mai 1959

Ferdinando I. re di Napoli
Italien 1960
Regie: Gianni Franciolini
Drehbuch: Massimo Franciosa, Pasquale Festa Campanile; Kamera: Mario Montuori; Schnitt: Mario Serandrei; Ausstattung: Flavio Mogherini; Kostüme: Dario Cecchi, Maria Baroni; Musik: Angelo Francesco Lavagnino; Produktion: Silvio Clementelli für Titanus, Rom; Verleih: Titanus
Darsteller und Personen: Peppino De Filippo (Ferdinand I.), Titina De Filippo (Titina), Eduardo De Filippo (Pulcinella), Vittorio De Sica (Seccano), Aldo Fabrizi (ein Bauer), *Marcello Mastroianni* (Gennarino), Renato Rascel (Mimi), Rosanna Schiaffino (Nannina), Jacqueline Sassard (Cordelia), Nino Taranto (Tarantella), Leslie Phillips (Pat), Audrey MacDonald, Memmo Carotenuto, Carletto Sposito, Dante Maggio, Enzo Maggio,

Giacomo Furia, Pietro De Vico, Nino Milano, Marcello Paolini, Gianni Minervini, Mario Passante, Gigi Reder, Gianni Partanna.

Handlung: Ferdinand I., König beider Sizilien, pflegt sich als kleiner »Gauner-Stenz« verkleidet unter dem Namen Don Ferdinando Palermo in den engen Vierteln und Gassen Neapels zu amüsieren. In die Kneipe, die Ferdinand regelmäßig zum Kartenspielen aufsucht, geraten zwei ausländische Journalisten, die nach Neapel entsandt wurden, um über die Lage im Königreich zu berichten. Sie unterhalten sich auf Kosten der streitenden Kartenspieler, nicht ahnend, daß sich König Ferdinand unter ihnen befindet. Eines Abends begibt sich Ferdinand wiederum »inkognito« in das Theater »San Carlino«, wo »Pulcinella« und seine Tochter Nannina auftreten. Während der Vorführung ist er so in den Anblick von Nannina vertieft, daß er den Sinn des ganzen Klamauks gar nicht mitbekommt, in dem zum Aufstand gegen die monarchische Diktatur aufgerufen wird. Zur gleichen Zeit wächst im neapolitanischen Volk die Begeisterung für liberale Ideen, und in der Stadt singt man ein satirisches Lied, verfaßt von Gennarino, einem jungen Rechtsanwalt, der in Nannina verliebt ist. Pulcinella und Gennarino verspüren praktisch schon die Schlinge um ihren Hals, als der König, der die Herkunft des Liedchens entdeckt hat, auf der Piazza Castello in der Nähe des »Teatro San Carlino« einen Galgen errichten läßt. Am Abend läßt der König die übliche »Pulcinella«-Vorführung durch seine Leibgarde unterbrechen und ordnet die sofortige Hinrichtung der Maske an. Doch die Ereignisse überstürzen sich. Die Nachricht macht die Runde, Napoleon stehe vor der Stadt. Der König muß sein Heil in der Flucht suchen.

Kritik: »...Wenn die Zahl der Schauspieler ein Zeichen für Qualität wäre, so handelte es sich um einen großen Film. Die Besetzung gleicht einer Starparade: von den drei De-Filippo-Geschwistern bis zu Rascel, von Taranto bis zu Fabrizi und von Mastroianni bis zu De Sica. Doch das durchweg hervorragende Spiel all dieser Akteure ist vergeudet ...«

Morando Morandini, »La Notte«, Mailand, 15. Januar 1960

La dolce vita (Das süße Leben)
Italien/Frankreich 1960
Regie: Federico Fellini

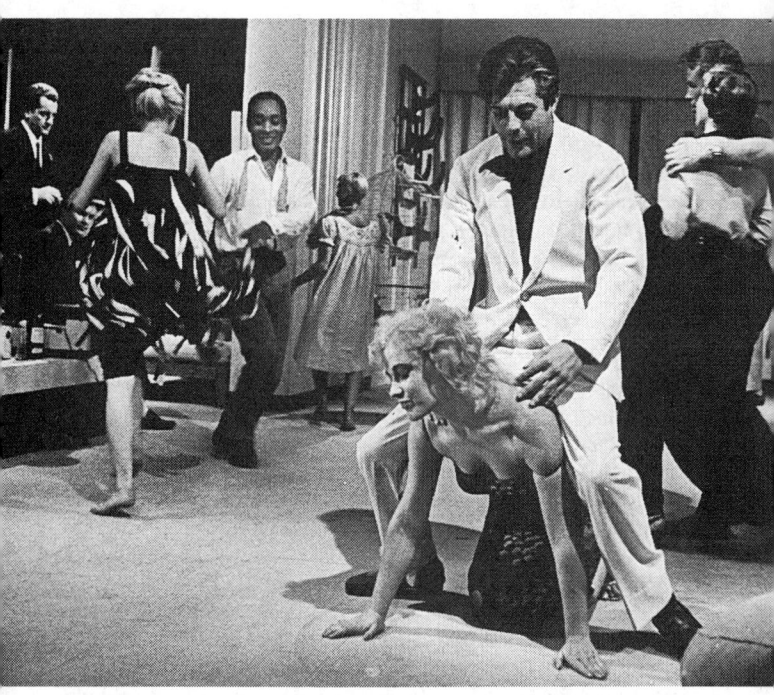

›Das süße Leben‹

Drehbuch: Federico Fellini, Tullio Pinelli, Ennio Flaiano, Brunello Rondi; Kamera: Otello Martelli; Schnitt: Leo Cattozzo; Ausstattung und Kostüme: Piero Gherardi; Musik: Nino Rota (Leitung Franco Ferrara unter Beteiligung »I Campanino« und Adriano Celentano); Regieassistenz: Giancarlo Romani, Gianfranco Mingozzi, Lilli Veenman; Produktion: Giuseppe Amato für Riama Film, Rom/Pathé Consortium Cinéma, Paris; Verleih: Cineriz
Darsteller und Personen: *Marcello Mastroianni* (Marcello Rubini), Anita Ekberg (Sylvia), Anouk Aimée (Maddalena), Yvonne Fourneaux (Emma), Alain Cuny (Steiner), Annibale Ninchi (Marcellos Vater), Magali Noel (Fanny), Lex Barker (Robert, Sylvias Ehemann), Jacques Sernas (Star), Nadia Gray (Nadia), Valeria Ciangottini (Paola), Polidor (Clown), Mino

Doro (Nadias Geliebter), Riccardo Garrone (Riccardo), Harriet White (Edna, Sylvias Sekretärin), Alan Dijon (Frankie), Walter Santesso (Paparazzo), Renée Longarini (Frau Steiner), Giulio Questi (Don Giulio), Lilli Granado (Lucy), Carlo Di Maggio (Totò Scalise, Produzent), Audrey McDonald (Sonia), Enzo Cerusico (Fotograf), Enzo Doria (Fotograf), Laura Betti, Daniela Calvino, Enrico Glori, Franca Pasutt, Luise Rainer, Giulio Paradisi, Nico Otzak, Sandra Lee, Ida Galli, Rina Franchetti, Francesco Luzi, Adriano Celentano, Gio Staiano, Christine Denise, Archie Savage, Alfredo Rizzo, Giulio Girola, Adriana Moneta, Domino, Gloria Jones, Massimo Busetti, Carlo Musto.

Handlung: Marcello ist ein Journalist, der zwischen Gesellschaftschronik, Sensationsberichten und geistreichen Reportagen, vagen und unvollendeten literarischen Träumen nachhängt. In Erwartung, einen Roman zu schreiben, den er niemals schreiben wird, geht er ohne Hoffnung seinem Beruf nach, der ihm ein Leben im Wohlstand erlaubt, in Kontakt mit der abenteuerlichen, glitzernden, internationalen Welt, die sich in Rom um die Via Veneto herum konzentriert. Zu Beginn des Filmes sehen wir Marcello in einem Hubschrauber: Zusammen mit dem Fotografen Paparazzo begleitet er den Lufttransport einer riesigen Christusstatue. Der Film verläuft in Episoden und in Schnitten: er zeigt Marcellos gleichzeitig arbeitsames und oberflächliches Leben. Da ist zum Beispiel die Ankunft einer berühmten amerikanischen Filmdiva, die er vom Flughafen zur Pressekonferenz und auf einem verrückten nächtlichen Spaziergang durch die Straßen von Rom begleitet, und der mit einem Bad der Diva in der Fontana di Trevi seinen Höhepunkt erreicht. Dann besucht er das Haus Steiners, eines düsteren und doch sanften Intellektuellen, der einen literarischen Salon reich an klangvollen Namen unterhält und der, obgleich glücklich verheiratet und glücklicher Vater, durch Selbstmord endet, nachdem er zuvor seine beiden Kinder umgebracht hat. Ferner nimmt er an einem Fest in einem alten Schloß auf dem Land, in der Umgebung von Rom, teil, wo eine Gruppe Adeliger ein reichlich banales Leben ohne Begeisterung und Überraschungen verbringt. Es folgt die Begegnung mit dem eigenen Vater, der aus der Provinz gekommen ist, um Marcello zu besuchen. Marcello führt den Vater in einen Night-Club aus, wo dieser sich mit naiver Hingabe an das

»Laster« amüsiert, um sich später in der Wohnung einer Animierdame, mit der ihn der Sohn bekanntgemacht hat, schlecht zu fühlen. Marcello hat eine Geliebte: Emma, von ermüdender Leidenschaftlichkeit und spießbürgerlicher Verliebtheit. Trotzdem hat er auch andere Abenteuer, nimmt an allem teil, beobachtet alles (auch ein Ereignis mythischer Massensuggestion auf dem Land, in der Gegend von Rom, als zwei Kinder behaupten, sie hätten die Mutter Gottes gesehen), ohne jemals in Wirklichkeit an irgend etwas teilzuhaben, ein aufmerksamer, aber apathischer Zeuge. Am Schluß des Filmes, nach einem anderen nächtlichen Fest, begegnen wir ihm wieder, wie er ohne Freude und ohne Vergnügen in Gesellschaft seltsamer und vulgärer Leute am Meer steht und einen monströsen Fisch betrachtet, der an den Strand geschwemmt wurde. Unter den Zuschauern

Der Star und der Reporter: M. M. und Anita Ekberg in › Das süße Leben ‹

erkennt Marcello ein junges Mädchen wieder, inzwischen Bedienung in einem Wirtshaus, das er zuvor flüchtig kennengelernt hat. Mit dem Bild des naiv, engelsgleich und geheimnisvoll lächelnden Mädchens geht der Film zu Ende.

Kritik: »... Hinter einer glitzernden Fassade von Berühmtheit und Luxus verbirgt sich eine düstere, armselige Welt, der jeder Sinn fürs Leben völlig abhanden gekommen ist. Dieses Thema eignete sich natürlich wie kein anderes zu einem großangelegten, satirischen Sittengemälde. Durch den Film, von einer Episode zur anderen, führt uns Marcello, ein junger Provinzler, vielleicht ein ehemaliger »Vitellone«, der sich als Journalist verstädtert hat und zum Chronisten dieser ›schönen Welt‹ geworden ist. Eine äußerst gelungene Gestalt und vorzüglich von Mastroianni dargestellt. Die Gestalt dieses Journalisten hätte in zwei verschiedenen Arten angelegt werden können: entweder als einfaches Verbindungsglied der einzelnen Episoden, oder als Gegenstück zu dem geschilderten Milieu. (...) Statt dessen ist die Figur des Journalisten in äußerst feinfühligen, gekonnten Halbtönen gehalten: er ist ein Zeuge jener Welt, und zwar von Berufs wegen. Doch er ist kein hartgesottener Chronist. Die Ereignisse wecken in ihm zwar Gefühle, auch wenn er diese für sich behält. Trotzdem können wir diese Gefühle erahnen, und zwar in einer äußerst feinnervigen Art ...«

Mario Gromo, »La Stampa«, Turin, 6. Februar 1960

»... Mastroianni hat eine seiner besten schauspielerischen Leistungen geboten – in einer Mischung aus ernüchternder Ironie und zaghafter Sehnsucht nach einer besseren Welt ...«

Alberto Moravia, »L'Espresso«, Rom, 14. Februar 1960

Il Bell'Antonio (Bel Antonio)
Italien/Frankreich 1960
Regie: Mauro Bolognini
Drehbuch: Mauro Bolognini, Pier Paolo Pasolini, Gino Visentini, nach dem gleichnamigen Roman von Vitaliano Brancati; Kamera: Armando Nannuzzi; Schnitt: Nino Baragli; Ausstattung: Carlo Egidi; Musik: Piero Piccioni; Regieassistenz: Nicolò Ferrari; Produktion: Alfredo Bini für Cino Del Duca-Arco Film, Rom/Lyre Cinématographique, Paris; Verleih: Cino Del Duca.
Darsteller und Personen: *Marcello Mastroianni* (Antonio Ma-

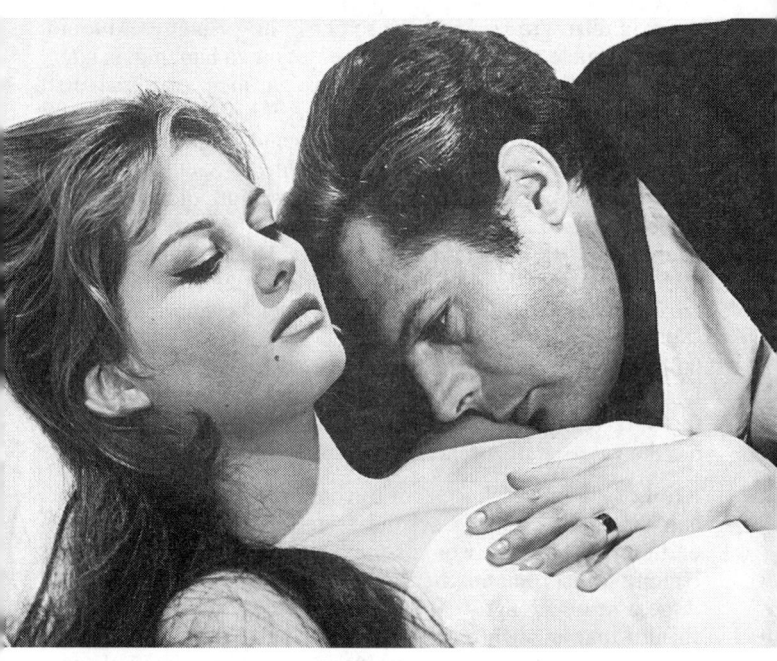

›Bel Antonio‹: Claudia Cardinale und Marcello Mastroianni, den seine übergroße Liebe lähmt

gnano), Claudia Cardinale (Barbara Puglisi), Pierre Brasseur (Alfio Magnano), Rina Morelli (Rosaria Magnano), Fulvia Mammi (die Nachbarin), Thomas Milian (Edoardo, ein Vetter Antonios), Patrizia Bini (Santuzza, das Dienstmädchen), Anna Arena, Maria Luisa Crescenzi, Jole Fierro, Nino Camarda, Guido Celano, Maurizio Conti, Salvatore Fazio, Cesarina Gheraldi, Rino Giusti, Enzo Tiribelli, Gina Mattarolo, Ugo Torrente, Alice Sandro.

Handlung: Antonio Magnano, ein sehr gut aussehender junger Mann, dem zahlreiche Liebesabenteuer nachgesagt werden, kehrt nach einigen Jahren aus Rom nach Catania zurück. Sein Vater Alfio hat eine Frau für ihn ausgesucht: Barbara Puglisi. Antonio verliebt sich sogleich in das überaus schöne Mädchen und heiratet es zur allgemeinen Zufriedenheit. Doch überwältigt von allzu großer Liebe zu seiner Frau, gelingt es Antonio nicht, normale eheliche Beziehungen zu ihr zu haben. Die unerfahrene Barbara bemerkt das zunächst gar nicht, wird sich erst allmählich des eigenartigen Verhaltens ihres Mannes bewußt und schließt dann daraus auf dessen fehlende Liebe. Sie beklagt sich bei ihrer Mutter, und die bespricht die Sache mit ihrem Mann. Die Puglisis kommen zu dem Entschluß, die Ehe wegen Impotenz Antonios annullieren zu lassen. Sie nutzen die Gelegenheit, um Barbara an den Herzog von Bronte, einen älteren, aber sehr wohlhabenden Mann, zu verheiraten. Antonios Vater, entschlossen, die Ehre der Familie vor aller Augen wiederherzustellen, nimmt alte Gewohnheiten wieder auf: Kurz darauf, anläßlich eines seiner Bordellbesuche, stirbt er in den Armen einer Dirne. Die Witwe findet alsbald Trost, als sie feststellt, daß Santuzza, das junge Dienstmädchen, guter Hoffnung ist und Antonio die Vaterschaft zuschreibt.

Kritik: » … Im Vergleich zum Buch gibt der Film dem Geschehen eine sehr dramatische und schmerzliche ernste Deutung und entspricht damit wohl kaum den Absichten Brancatis. Die Hauptfigur ist romantischer und gequälter geraten als im Buch; insgesamt überzeugt sie am allerwenigsten! Sie erscheint konstruiert und letzlich konventionell. Daher reicht Mastroiannis hervorragende Darbietung (mit der er allerdings seine Leistung in *Das süße Leben* nicht ganz erreicht) nicht aus, um der Rolle die kraftvollen Züge zu verleihen, die sie aus ihrer erstaunten und oft aufreizenden Unbeweglichkeit hätte herausbringen können …«

Angelo Solmi, »Oggi«, Mailand, 17. März 1960

Adua e le compagne (Adua und ihre Gefährtinnen)
Italien 1960
Regie: Antonio Pietrangeli
Drehbuch: Ruggero Maccari, Ettore Scola, Antonio Pietrangeli, Tullio Pinelli; Kamera: Armando Nannuzzi; Schnitt: Eraldo Da Roma; Ausstattung: Luigi Scaccianoce; Kostüme: Danilo Donati; Musik: Piero Piccioni (das Lied »Più sola«, gesungen von Domenico Modugno; »Sleep work«, Interpreten Santo und Johnny und »Canadian American«); Regieassistenz: Armando Crispino, Anna Maria Ceni, Giovanni Arduni; Produktion: Moris Ergas für Zebra Film, Rom; Verleih: Cineriz.

Darsteller und Personen: *Marcello Mastroianni* (Piero), Simone Signoret (Adua), Sandra Milo (Lolita), Emmanuelle Riva (Marilina), Claudio Gora (Ercoli), Gina Rovere (Milly), Ivo Garrani (Rechtsanwalt), Gianrico Tedeschi (Stefano), Enzo Maggio (Calipso), Domenico Modugno (er selbst), Valeria Fabrizi, Antonio Rais, Duilio D'Amore, Gloria Gilli, Roberto Meloni, Nando Angelini.

Das Glück ist nur von kurzer Dauer: Simone Signoret und Marcello Mastroianni in ›Adua und ihre Gefährtinnen‹

165

Handlung: Adua, Milly, Lolita und Marilina sind aus einem Bordell nach Hause zurückgekehrt und beschließen, außerhalb der Stadt einen Gasthof zu eröffnen, der nach ihrer Vorstellung nur zur Tarnung ihres bisherigen Gewerbes dienen soll, das sie keineswegs aufgeben wollen. Ein gewisser Ercoli ist ihnen dabei behilflich (wobei er natürlich seine Bedingungen stellt) und erleichtert das Verfahren der Konzessionserteilung. Für Adua und ihre Freundinnen beginnt jedoch mit dem neuen Beruf zugleich tatsächlich auch ein neues Leben: Sie begeistern sich für ihre Arbeit und gewinnen eine innere Ruhe daraus, die ihnen bis dahin völlig unbekannt war. Als Ercoli erscheint, weigern sich die vier Freundinnen, an den getroffenen Vereinbarungen festzuhalten, und versuchen, davon loszukommen. Ercoli rächt sich, indem er die Schließung des Lokals erreicht. Adua und ihre Freundinnen

›Adua und ihre Gefährtinnen‹: Simone Signoret und M. M.

suchen jemanden, der ihnen hilft. Doch alle, an die sie sich wenden, versagen sich mit irgendwelchen Ausflüchten. Aus Wut und Verzweiflung kehren die Frauen zu ihrem alten Leben zurück.

Kritik: » … Die Geschichte von *Adua e le compagne* ist recht uneinheitlich und enthält mindestens drei verschiedene Elemente, die weder in Übereinstimmung noch ins Gleichgewicht gebracht werden konnten: das realistische Element der langen Einleitung und der ersten Szenen im Landgasthaus, die uns am gelungensten erscheinen, wenngleich sie sich fast immer in akademischen und formalistischen Grenzen halten; dann dasjenige des im italienischen Film der letzten zehn Jahre und bei Pietrangeli selbst so beliebten Sittendramas und schließlich das soziale, moralische und beispielhafte Element, das die Stellungnahme des Autors zum Problem der Prostitution – kein Gegenstand eines bloßen Zeitungsberichts und nicht allein eine Frage des Rechts – zusammengefaßt wiedergibt. Gerade dieser letztgenannte Aspekt des Filmes ist schwach geraten, wenig überzeugend und charakterisiert den Film insgesamt, der sich hinter der etwas abgestandenen Melodramatik seiner Personen im Grunde als dünn erweist. (…) So müssen wir auch das mühsam Schematische in Claudio Goras Rolle hinnehmen, die schwer manierierte Oberflächlichkeit Mastroiannis und das lästige Pathos in der Beziehung zwischen einer der vier Freundinnen und dem biederen Jüngling, der sich in sie verliebt …«

Giampiero dell'Acqua, »La Notte«,
Mailand, 19. September 1960

La notte (Die Nacht)
Italien/Frankreich 1961
Regie: Michelangelo Antonioni
Drehbuch: Michelangelo Antonioni, Ennio Flaiano, Tonino Guerra; Kamera: Gianni Di Venanzo; Schnitt: Eraldo Da Roma; Ausstattung: Piero Zuffi; Musik: Giorgio Gaslini; Produktion: Emanuele Cassuto für Nepi Film, Rom/Sofitedip Film, Paris; Verleih: Dino De Laurentiis Cinematografica.
Darsteller und Personen: *Marcello Mastroianni* (Giovanni Pontano), Jeanne Moreau (Lidia), Monica Vitti (Valentina), Bernhard Wicki (Tommaso), Rosy Mazzacurati (Rosy), Maria Pia Luzi (ein Gast), Guido Ajmone Marsan (Fanti), Vincenzo Corbella (Gherardini), Gitt Magrini Corbella (seine Ehefrau), Ugo

Fortunati (Cesarino), Vittorio Bertolini, Giorgio Negro, Roberta Speroni Fortunati.

Handlung: Giovanni Pontano, ein erfolgreicher Schriftsteller, und seine Frau Lidia sind zehn Jahre lang verheiratet. Seit einiger Zeit steckt ihre Beziehung in einer Krise. Die beiden begeben sich in eine Klinik, um ihren Freund Tommaso, einen todkranken Schriftsteller, zu besuchen. Anschließend gehen sie zum Verleger Bompiani zu einer Cocktail-Party, bei der Giovannis neuer Roman vorgestellt wird. Während ihr Mann durch eine Pressekonferenz festgehalten wird, bricht Lidia auf und erreicht, Mailand durchstreifend, die Außenbezirke, wo sie auf eine häßliche und zugleich faszinierende Wirklichkeit stößt. Ihr Mann kommt nach; sie gehen in einen Nachtklub und schauen sich einige Striptease-Nummern an. Es wird Nacht. Sie brechen nach Brianza auf, zum Landhaus eines reichen Industriellen, der Giovanni eine einträgliche Arbeit anbietet. Giovanni weiß nicht, ob er annehmen soll. Valentina, die Tochter des Gastgebers, langweilt sich in dem Haus. Giovanni macht ihr den Hof, während Lidia teilnahmslos die Aufmerksamkeiten eines Gastes über sich ergehen läßt, sich jedoch zurückzieht, als dieser zudringlich wird. Gegen Morgen ruft Lidia im Krankenhaus an, um zu hören, wie es Tommaso geht, und erfährt, daß er gestorben ist. Lidia und Giovanni gehen in den Park hinaus. Das Morgengrauen überrascht sie, einer neben dem anderen, noch trauriger und niedergeschlagener als zuvor. In der ländlichen Ruhe finden sie den Mut, offen und voller Schmerz über ihr verlorenes Glück zu sprechen. Voller Ungestüm klammert sich Giovanni an seine Frau, drückt sie an sich, bedeckt sie mit Küssen, drückt sie unter sich zu Boden und nimmt sie mit Gewalt.

Kritik: » ... Wenn nicht der traurig bestimmende und eindringliche Gesichtsausdruck Jeanne Moreaus und – in geringerem Maße – derjenige Marcello Mastroiannis den jeweiligen Stand des Konflikts angezeigt hätte, hätte man ihn dann den Dialogen entnehmen können? Die Frage läßt sich mit einem energischen »nein« beantworten. Es gibt keine Worte, die an Ausdrucksfähigkeit den Schwingungen der langen Phasen des Schweigens gleichzusetzen wären: dies ist als erstes anzumerken; Antonioni möchte die Verständnislosigkeit vermitteln, die zwischen zwei Menschen herrscht, die einander entfremdet sind, und das erfordert (wieder einmal) die aktive Mitarbeit des Zuschauers. Ist es aber richtig, daß der Zuschauer zum Mitautor des Filmes wird? Das Unausgesprochene läßt sich mit allem im Einklang bringen; die Dinge, die nicht gesagt werden, sind am tiefgründigsten. Die Inszenierung von *La notte,* derzufolge sich die Menschen bewegen wie Fliegen im Spinnennetz – mit vergeblichen kleinen Sprüngen, ständig verschoben und ständig auf derselben Stelle –, ist ein Beispiel für aufreizende Unbeweglichkeit.

Und wenn darin auch der größte Mangel des Films zu sehen ist, in diesem ständigen Stagnieren, in diesen ungelösten Situationen, in den unzureichend profilierten Personen, in den nebulösen Anspielungen und vor allem in der Ankündigung eines Dra-

Die Entfremdung zwischen den beiden ist nicht zu übersehen: Jeanne Moreau und Marcello Mastroianni in ›Die Nacht‹

mas, das nie zum Ausbruch kommt, so muß man *La notte* gerechterweise doch eine düstere, beklemmende Schönheit zusprechen ...«

Arturo Lanocita, »Corriere della Sera«
Mailand, 25. Jan. 1961

L'assassino (Trauen Sie Alfredo einen Mord zu?)
Italien 1961
Regie: Elio Petri
Drehbuch: Pasquele Festa Campanile, Massimo Franciosa, Tonino Guerra, Elio Petri; Kamera: Carlo Di Palma; Schnitt: Ruggero Mastroianni; Ausstattung: Carlo Egidi; Kostüme: Graziella Urbinati; Musik: Piero Piccioni; Regieassistenz: Giuliano Montaldo, Adolfo Cagnacci, Giorgio Trentin; Produktion: Franco Cristaldi für Vides-Titanus, Rom; Verleih: Titanus.
Darsteller und Personen: *Marcello Mastroianni* (Alfredo Martelli), Micheline Presle (Adalgisa De Matteis), Cristina Gaioni (Nicoletta Nogara), Salvo Randone (Kommissar Palumbo), Marco Mariani (Kommissar Margiotta), Franco Ressel (Dr. Francesconi), Giovanna Gagliardo (Rosetta), Paolo Panelli (der Strafgefangene Paolo), Toni Ucci (der Strafgefangene Toni), Franco Freda (ein Vagabund), Carlo Egidi (Alfredos Freund), Francesco Grand-Jaquet (ein alter Herr), Max Cartier (Bruno), Andrea Checchi (Morello), Mac Rooney, Enrico Maria Salerno, Corrado Zingaro.

Handlung: Ein junger Antiquar, Alfredo Martelli, wird von der Verkehrspolizei angehalten und aufs Revier gebracht. Während er darauf wartet, den Grund für seine Festnahme zu erfahren, steigen zwielichtige Geschichten in seinem Gedächtnis wieder auf, an denen er teilnahm, um sich eine solide wirtschaftliche Basis zu verschaffen. Der Verdacht, der jetzt auf ihm lastet, wiegt allerdings weit schwerer: Adalgisa De Matteis, seine frühere Geliebte, ist ermordet worden, und weil Alfredo sich am Abend vor der Tat mit ihr getroffen hatte, um Aufschub für die Begleichung einer Schuld zu erreichen, zählt er zu den Verdächtigen. Im Verlauf der Zeugenvernehmung gelingt es der Polizei, Licht in das Dunkel zu bringen und schließlich den wahren Schuldigen zu finden. Der Antiquar wird freigelassen. Das Bedrückende dieser ungewöhnlichen Geschichte, in die er verwikkelt war, scheint zunächst einen gewissen Eindruck bei Alfredo

›Trauen Sie Alfredo einen Mord zu?‹

zu hinterlassen. Doch bald verschwindet die Unruhe. Alfredo kehrt zu seinen schlechten Gewohnheiten zurück, als sei nichts geschehen.

Kritik: » … Die Hauptfigur, der Antiquar Martelli, ist durchaus nicht sympathisch. Das merkt man sofort. Nach und nach ent-

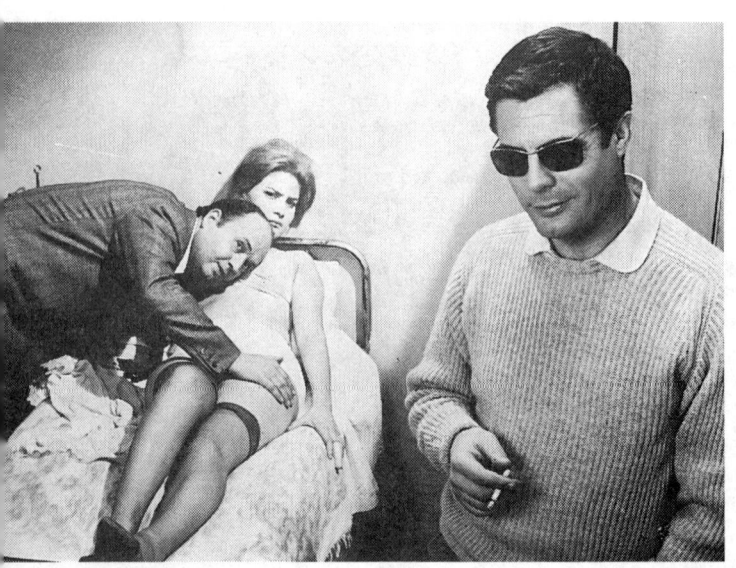

›Trauen Sie Alfredo einen Mord zu?‹

deckt man (und entdeckt er, indem er sich selbst erforscht), daß er ein Karrierist ist, zynisch, egoistisch, moralisch zwielichtig. Doch ein Mörder ist er nicht. (...) Dargestellt wird er von Marcello Mastroianni in seiner besten schauspielerischen Leistung nach *Das süße Leben:* eine Darbietung, die perfekt der Rolle entspricht und dem ganzen Film Ausdruckskraft und Gewicht verleiht. Wenn es bis jetzt bei irgend jemandem noch Zweifel über den Namen des derzeit besten italienischen Filmschauspielers gegeben haben sollte, so dürften sie nun nach »*L'assassino*« keine Berechtigung mehr haben«.

Angelo Solmi, »Oggi«, Mailand, 24. April 1961

Fantasmi a Roma (Das Spukschloß in der Via Veneto)
Italien 1961
Regie: Antonio Pietrangeli
Drehbuch: Ennio Flaiano, Ruggero Maccari, Antonio Pietrangeli, Ettore Scola, nach einer Idee von Sergio Amidei; Kamera: Giuseppe Rotunno; Schnitt: Eraldo Da Roma; Ausstattung: Mario Chiari, Enzo Del Prato; Kostüme: Maria De Matteis;

172

Musik: Nino Rota; Regieassistenz: Armando Crispino; Produktion: Franco Cristaldi für Lux-Vides-Galatea, Rom; Verleih: Lux Film

Darsteller und Personen: *Marcello Mastroianni* (Reginaldo/Federico), Sandra Milo (Donna Flora), Tino Buazzelli (Pater Bartolomeo), Vittorio Gassmann (Caparra), Eduardo De Filippo (Don Annibale, der Fürst Roviano), Belinda Lee (Eileen), Claudio Gora, Ida Galli (Carla), Franca Marzi (Nella), Lilia Brignone (Regina), Enzo Maggio (Fricando), Alberto De Amicis (Direktor des »City Song«), Enzo Cerusico (ein Schmachter), Claudio Catania (Poldino).

Handlung: Vier Gespenster geistern durch den Palast des derzeitigen Fürsten von Roviano, der in einem alten römischen Stadtteil liegt. Es sind alles Vorfahren des Fürsten: Fra' Bartolomeo,

Die Ahnen waren nicht weniger sinnenfroh als die Zeitgenossen: ›Das Spukschloß in der Via Veneto‹

173

ein Dominikaner aus dem 16. Jahrhundert, Reginaldo, ein Stutzer des 18. Jahrhunderts, Flora, ein Mädchen der Romantik, das sich einst aus Liebeskummer umbrachte, und Poldino, ein kleiner Junge, der den Tod fand, als er einen Freund rettete. Der Hausherr hat sich an die Anwesenheit seiner verstorbenen Verwandten gewöhnt. Ein unvorhergesehenes Ereignis bereitet dem friedlichen Zusammenleben ein jähes Ende. Bei dem Versuch, den defekten Badeofen selbst zu reparieren, löst der Fürst eine Explosion aus und wird getötet. Den Palast erbt der junge Müßiggänger Federico, der letzte seines Stammes, der mit Eileen, einer launischen Theaterschauspielerin, zusammenlebt. Federico ist entschlossen, den Palast an eine Gesellschaft zu verkaufen, die ihn abreißen und an seiner Stelle ein Hotel errichten will. Erschüttert von dem Gedanken, aus ihrer angestammten Residenz vertrieben zu werden, wenden sich die Gespenster an einen »Kollegen«: Caparra, einen Maler des 16. Jahrhunderts. Der läßt sich dazu überreden, eine große Wand des Palastes mit Fresken auszumalen, damit das Bauwerk unter Denkmalschutz gestellt werde. Allein, das Gespenst war zu Lebzeiten ein mittelmäßiger Maler: Ein Kunstsachverständiger entscheidet deshalb, es handle sich um ein scheußliches Wandgemälde, das man getrost zerstören könne. Dann lassen die Gespenster alle Etikette fahren und gehen zu den ungezwungenen Manieren unseres Jahrhunderts über. Sie bemächtigen sich der Anzahlung, die das Bauunternehmen an Federico gezahlt hat, und bieten den Betrag dem Kunstsachverständigen als Bestechungsgeld an. Tatsächlich endet die Sache damit, daß das Werk sogar Caravaggio zugeschrieben wird, der Palast somit erhalten bleibt und die Gespenster unbehelligt weiter darin wohnen können.

Kritik: » ... Mit *Fantasmi a Roma* ist Pietrangeli eine farbenprächtige Fabel gelungen: ein Märchen, in dem feine satirische Seitenhiebe auf die Gegenwart nicht fehlen. Besonders unterhaltsam und witzig wird der Film durch das lebendige »Stegreif«-Spiel von Marcello Mastroianni, Eduardo De Filippo, Tino Buazzelli, Sandra Milo, Vittorio Gassman, Claudio Gora, Lilla Brignone, Belinda Lee ... und andere trefflich ausgesuchte Schauspieler«

(Verfasser unbekannt), »*Corriere della Sera*«,
Mailand, 2. April 1961

Divorzio all'italiana (Scheidung auf italienisch)
Italien 1961
Regie: Pietro Germi
Drehbuch: Alfredo Giannetti, Ennio De Concini, Pietro Germi;
Kamera: Leonida Barboni, Carlo Di Palma; Schnitt: Roberto
Cinquini; Ausstattung: Carlo Egidi; Kostüme: Dina Di Bari;
Musik: Carlo Rustichelli; Regieassistenz: Renzo Marignano;
Produktion: Franco Cristaldi für Lux-Vides-Galatea, Rom; Ver-
leih: Lux Film.
Darsteller und Personen: *Marcello Mastroianni* (Baron Ferdi-
nando Cefalù), Daniela Rocca (Rosalia, seine Ehefrau), Stefa-
nia Sandrelli (Angela), Leopoldo Trieste (Carmelo Patanè),
Odoardo Spadaro (Don Gaetano Cefalù), Lando Buzzanca
(Rosario Mulè), Bianca Castagnetta (Donna Matilde Cefalù),
Margherita Girelli (Sisina), Angela Cardile (Agnese), Pietro
Tordi (Rechtsanwalt De Marzi), Ugo Torrente (Don Calogero),
Laura Tomiselli (Tante Fifidda), Antonio Acqua (der Pfarrer),
Renzo Marignano (ein Politiker).

Handlung: Ferdinando Cefalù, ein sizilianischer Baron, verliebt
sich in seine liebreizende sechzehnjährige Cousine Angela, die
seine Gefühle erwidert. Das größte Hindernis für eine Verbindung der beiden ist Ferdinandos Frau Rosalia, ein häßliches und
lästiges Weib. Unerwartete Hilfe erhalten die Liebenden durch
die Ankunft von Carmelo Patanè, einem mittelmäßigen Maler,
der einstmals Rosalias große Liebe war. Geschickt fördert Ferdinando das Wiederaufleben der alten Gefühle, und es kommt
tatsächlich zum ersehnten Ehebruch: der Baron überrascht Rosalia mit dem Maler in flagranti und tötet sie zur Rettung seiner
Ehre, was bekanntlich im seinerzeit geltenden italienischen
Strafrecht von großer Bedeutung zur Erlangung mildernder
Umstände war. Nach Verbüßung der milden Freiheitsstrafe, zu
der man ihn verurteilt, heiratet er unter der beifälligen Bewun-
derung seiner Mitbürger die schöne Cousine, die allerdings
nicht lange damit warten wird, ihm untreu zu werden.

Kritik: » ... Meines Erachtens hätte man den Baron in der Konsequenz seiner intriganten Machenschaften die Frau im Hause
umbringen lassen sollen, kaltblütig und ohne Provokation.
Dann hätte der Film zwar einen Zug von »schwarzem Humor«
bekommen, doch die Logik des Geschehens wäre gewahrt ge-

Die junge Angela reizt ihn viel mehr als die Ehefrau: Stefania Sandrelli und Marcello Mastroianni in ›Scheidung auf italienisch‹

blieben. Marcello Mastroianni als Hauptdarsteller verkörpert in hervorragender Form den Typ eines neurotischen, listigen, falschen und jähzornigen Provinzlers, den man so leicht nicht vergißt …«

Alberto Moravia, »L'Espresso, Rom, 14. Januar 1962

Vie privée (Privatleben)
Frankreich/Italien 1962
Regie: Louis Malle
Drehbuch: Jean Ferry, Louis Malle, Jean-Paul Rappeneau; Kamera: Henri Decae; Schnitt: Denout Peltier; Ausstattung: Bernard Evein; Musik: Fiorenzo Carpi; Produktion: Christine

176

Gouze-Renal für Progefi-Cifra, Paris/C.C.M., Rom; Verleih: Metro Goldwyn Mayer.

Darsteller und Personen: Brigitte Bardot (Jill), *Marcello Mastroianni* (Fabio), Grégoire von Rezzori (Gricha), Eléonore Hirt (Cécile), Urusula Kubler (Carla), Dirk Sanders (Dick), Paul Sorèze (Maxime), Antoine Roblot (Alain), Jacqueline Doyen (Juliette), Nicolas Bataille (Edmond), Jeanne Allard (Dienstmädchen), Mario Naldi (Drogist), François Marie (François), Christian de Tillière (Albert), Gilles Quéant (Tovar), Elie Pressmann (Olivier), Louis Malle (ein Journalist), Isarco Ravaioli, Nora Ricci, Simonetta Simeoni, Gloria France, Jacques Gheusi.

Handlung: Jill lebt in Genf zusammen mit ihrer Mutter, die sich wenig um sie kümmert. So verbringt sie ihre Zeit zwischen Bal-

Marcello Mastroianni und Brigitte Bardot in ›Privatleben‹

lett und zahllosen Liebeleien und schließlich verläßt sie das Haus, um mit einem Freund nach Paris zu gehen. Rasch wird sie ein bekanntes Fotomodell und wechselt bald danach zum Film. Dort macht sie dank ihrer gewagten Rollen und privater Skandale schnell Karriere. Als ihr eines Tages ein Dienstmädchen ihre Verachtung ins Gesicht schreit, wird sich Jill der Einsamkeit bewußt, in die sie ihr Leben geführt hat. Sie gerät in eine depressive Krise und verzichtet für gewisse Zeit auf den Film. Als sie nach der Kur, der sie sich in einer Klinik unterzogen hat, erholt scheint, trifft sie während einer Reise nach Genf Fabio wieder, einen befreundeten Regisseur. Sie wird seine Geliebte und folgt ihm nach Spoleto, wo er ein Theaterstück inszenieren soll. Doch Fabio kümmert sich mehr um sein Stück als um Jill. Am Abend der Premiere steigt sie auf die Dächer eines Palastes, um von dort das Theaterstück zu verfolgen, wird vom Blitzlicht eines Fotografen geblendet und verliert das Gleichgewicht.

Kritik: » … Louis Malles vierter Film ist ein Fehlschlag. *Vie privée* ist nicht ohne Qualitäten, doch das sind alles nur formalistische Marginalien. Man vermißt eine präzise und zusammenhängende Auseinandersetzung mit dem Thema, um so mehr, als Mastroianni seine Rolle als italienischer Intellektueller im Mißverhältnis zu ihrer Bedeutung und dem Raum, der ihr zur Verfügung steht, blaß und unscharf spielt. Der Schauspieler war sich sicher dessen bewußt, denn seine schauspielerische Leistung war offensichtlich lustlos …«

Morando Morandini, »Le Ore«, Mailand, 10. Mai 1962

Cronaca familiare (Tagebuch eines Sünders)
Italien 1962
Regie: Valerio Zurlini
Drehbuch: Mario Missiroli, Valerio Zurlini, nach dem gleichnamigen Roman von Vasco Pratolini; Kamera: Giuseppe Rotunno; Schnitt: Mario Serandrei; Ausstattung: Flavio Mogherini; Kostüme: Gaia Romanini; Musik: Goffredo Petrassi; Regieassistenz: Mario Missiroli; Produktion: Titanus-Metro, Rom; Verleih: Titanus.
Darsteller und Personen: *Marcello Mastroianni* (Enrico), Jacques Perrin (Lorenzo), Valeria Ciangottini (Enzina, seine Ehefrau), Salvo Randone (Sarocchi), Sylvie (Großmutter), Serena Vergano (Nonne), Marco Guglielmi.

›Das Tagebuch eines Sünders‹

Handlung: Enrico, ein junger Journalist, erhält telefonisch die Nachricht vom Tode seines jüngeren Bruders Lorenzo. In qualvollem Schmerz ruft er sich verschiedene Augenblicke der Beziehung zu seinem Bruder ins Gedächtnis zurück. Er hat wieder den Tag vor Augen, als sie zu Waisen wurden, und man sie ihrer alten, sehr armen Großmutter anvertraute. Die beiden Brüder leben zusammen, bis Lorenzo einen Gönner findet und aus dem Haus geht. Viele Jahre danach begegnen sie sich wieder, und zwischen ihnen entsteht eine tiefe Zuneigung, die sich immer noch

179

zu steigern scheint, wenn sie ihre Großmutter besuchen, die nun in einem Altersheim untergebracht ist. Die tragischen Ereignisse des Zweiten Weltkriegs trennen die beiden bis zum Jahre 1944. Lorenzo ist inzwischen verheiratet und hat eine Tochter. Er leidet jedoch an einer unheilbaren Krankheit. Enrico holt den Bruder zu sich nach Rom. Doch all seine Opfer sind vergebens: Lorenzos Leben ist nicht zu retten. Enrico bringt ihn nach Florenz zurück, damit er ein letztes Mal seine Heimatstadt wiedersehen kann.

M. M. als Enrico und Jacques Perrin als dessen todgeweihter Bruder Lorenzo in ›Tagebuch eines Sünders‹

Kritik: » ... In der Literatur und in der Musik – weitaus seltener im Film – gibt es Werke, die einen besonderen Eindruck vermitteln: nicht so sehr den, zu verstehen, als vielmehr die Empfindung, verstanden zu werden. Zurlinis Film gehört zu dieser kostbaren Gattung. Er hat die seltene Fähigkeit, zu jedem Zuschauer sprechen zu können – einem jeden von uns den Eindruck zu vermitteln, das, was da erzählt wird, sei auch ihm schon passiert. Mehr noch: Man hat den Eindruck, daß das, was sich im Film abspielt, zur gleichen Zeit auch uns geschieht. Nur wahre Künstler haben keine Angst vor der Banalität. (...) (Erst jetzt fällt uns auf, daß wir noch kein Wort über die Schauspieler verloren haben: Mastroianni, Jacques Perrin, Sylvie, Randone. Muß man extra erwähnen, daß sie alle vortrefflich sind? Ergeht man sich denn vor einem Gemälde in Elogen über die einzelnen Farben?) ...«

Morando Morandini, »Stasera«, Mailand, 7. September 1962

8 1/2 (Achteinhalb)

Italien 1963
Regie: Federico Fellini
Drehbuch: Federico Fellini, Tullio Pinelli, Ennio Flaiano, Brunello Rondi; Kamera: Gianni Di Venanzo; Schnitt: Leo Cattozzo; Ausstattung und Kostüme: Piero Gherardi; Musik: Nino Rota; Regieassistenzen: Giudarino Guidi, Giulio Paradisi, Francesco Aluigi; Produktion: Federico Fellini, Angelo Rizzoli für Cineriz, Rom; Verleih: Cineritz.
Darsteller und Personen: *Marcello Mastroianni* (Guido Anselmi), Anouk Aimée (Luisa, seine Frau), Sandra Milo (Carla, seine Geliebte), Claudia Cardinale (Claudia, das Mädchen aus dem Thermalbad), Mario Pisu (Mezzabotta), Barbara Steel (Gloria), Guido Alberti (Produzent), Rossella Falk (Rossella), Madeleine Lebeau (die Schauspielerin), Jean Rougeul (der Intellektuelle), Catarina Boratto (die Dame des Thermalbads), Annibale Ninchi (der Vater), Giuditta Rissone (die Mutter), Edra Gale (»la Saraghina«), Mario Conocchia (Produktionsleiter), Cesarino Miceli Picardi (Produktionsleiter), Tito Masini (Kardinal), u. a.

Handlung: Von der ersten Szene des Films – einem persönlichen, mit besessener Ausdruckskraft dargestellten Alptraum – an ist die Hauptfigur des Films, Guido Anselmi, in eine Atmosphäre persönlicher Desorientiertheit und fantastischer, fieberhafter Isolierung hineingestellt. Es handelt sich um einen berühmten Filmregisseur, der einen Film drehen muß (sein Produzent drängt, seine Mitarbeiter sind voller Sorgen). Doch er hat sich für eine Phase der Entspannung in ein Thermalbad zurückgezogen und kann sich nicht entscheiden: als Künstler sieht er sich in einer Krise, und der Film, so wie er ihn sich vorgestellt hatte, überzeugt ihn nicht mehr. Er hat bestimmte Auffassungen von den einzelnen Rollen und vom Handlungsablauf, die werden jedoch allmählich immer unbestimmter, während die Schauspielerinnen, Agenten, Angestellten und Berater um ihn herum sich immer drängender und lästiger gebärden. Guido erhält Besuch von seiner kindlichen und auf frivole Weise fröhlichen Geliebten Carla, anschließend von seiner ironischen und zugleich trübsinnigen Ehefrau Luisa. Er flieht mit seinen Gedanken immer mehr aus dem lästigen Getümmel um ihn herum in seine Erinnerungen. Die Begegnung mit einem würdevollen, außergewöhnlichen Kardinal, der einem Denkmal gleicht, ruft ihm ein Ereignis aus seiner Kindheit ins Gedächtnis: als er von zu Hause ausriß und mit seinen Freunden an den Strand ging, um nach Saraghina, einer monströsen, animalischen Frau zu suchen. Die toten Eltern erscheinen ihm wieder. Nach einem Streit mit seiner Frau stellt er sich vor, Herr eines Harems zu sein, dem alle Frauen seiner Kindheit und aus seiner Erwachsenenzeit angehören: sie beugen sich seinem Willen und werden von ihm ausgepeitscht. Er glaubt, das Idealbild einer Frau in einer Schauspielerin gefunden zu haben, die sich aber dann als genau so gefühlskalt und opportunistisch erweist wie so viele andere. Die Angst vor sich selbst, vor seiner Situation und vor dem Film, mit dem er beginnen soll, der ihn aber nicht mehr interessiert und nicht mehr reizt – das alles verstört ihn immer nachhaltiger. Schon meint er, fliehen zu müssen. Da löst sich plötzlich alles auf wie in einem Märchen, und zwar auf dieselbe ungereimte Art und Weise, mit der sich die Krise bis zu diesem Augenblick entwickelt hatte: Alle Personen des Films, alle Personen aus seinem Leben und aus seinen Träumen vereinigen sich wie in einer Zirkusparade zu einem heiteren Defilée – vor dem Hintergrund eines gewaltigen Bühnenbildes, das eine Raketenabschußrampe darstellt, die in einer der ersten Szenen des geplanten Films eingesetzt werden soll. Es ist ein heiterer und absurder

Eine Szene aus dem Haremstraum des Guido Anselmi; Marcello Mastroianni in ›Achteinhalb‹

Reigen, von Lebenden, von Traumfiguren und von Toten, der sich Guido darbietet wie eine Allegorie, wie ein Symbol, wie eine Zusammenfassung und Vorwegnahme seiner Vergangenheit und seiner Zukunft als Regisseur wie als Mensch. Eine schöne, farbige und ironische Konfusion, das mysteriöse und faszinierende Versprechen einer ungewissen Zukunft, die unentwegt neu zu gestalten ist.

Kritik: » … Marcello Mastroianni ist Guido Anselmi. Kann dem Lob, das dem Schauspieler schon früher zuteil geworden ist, noch etwas hinzugefügt werden? Mastroianni ist Fellinis beglaubigte Kopie, hinzu kommt noch eine zu Herzen gehende Melancholie und das ist genug …«

Franco Berutti, »Settimo Giorno«, Mailand, 13. Februar 1963

I compagni (Die Peitsche im Genick/Die Weber von Turin)
Italien/Frankreich 1963
Regie: Mario Monicelli
Drehbuch: Age (Agenore Incrocci), Furio Scarpelli, Mario Monicelli; Kamera: Giuseppe Rotunno; Schnitt: Ruggero Mastroianni; Ausstattung: Mario Garbuglia; Kostüme: Piero Tosi; Musik: Carlo Rustichelli; Produktion: Franco Cristaldi für Lux Film-Vides, Rom/Mediterranée, Paris; Verleih: Lux-Paramount.

Darsteller und Personen: *Marcello Mastroianni* (Professor Sinigaglia), Annie Girardot (Niobe), Renato Salvatori (Raoul), Folco Lulli (Pautasso), Bernard Blier (Martinetti), Vittorio Sanipoli (Kavalier Baudet), Gabriella Giogelli (Adele), Raffaella Carrà (Bianca), François Périer (Lehrer Di Meo), Giuseppe Cadeo (Generone), Elvira Tonelli (Cesarina), Giampiero Albertini (Porro), Pippo Starnazza (Bergamasco), Pippo Mosca (Cerioni), Franco Ciolli (Omero), Antonio Casa Monica (Arrò), Gino Manganello (Spartaco), Edda Ferronao (Maria), Anna Di Silvio (Gesaummina), Sara Simoni (Cenerones Frau), Anna Glori (Signora Cravetto), Antonio Di Silvio (Pietrino).

Handlung: In den letzten Jahren des vorigen Jahrhunderts beschließt eine Gruppe von Turiner Textilarbeitern, eine Verminderung der Arbeitszeit von bis dahin 14 Stunden am Tag durchzusetzen. Die spontane, aber wenig durchdachte Aktion der Arbeiter findet einen Anführer in Professor Sinigaglia, einem Sozialisten, der Hals über Kopf Genua hat verlassen müssen, wo er von der Polizei gesucht wird. Sinigaglia überredet die Arbeiter zu einem unbefristeten Streik. Der Arbeitskampf aber erweist sich als sehr viel härter als die Arbeiter sich vorgestellt hatten. Die Arbeitgeber greifen auf Streikbrecher aus den umliegenden Dörfern zurück. Bei einem Zusammenstoß zwischen Arbeitern und Streikbrechern in der Nähe des Bahnhofs kommt der Arbeiter Pautasso, einer der Anführer, ums Leben; er wird von einem Zug überfahren. Die Arbeiter sind im Begriff, zurückzuweichen. Der Professor hat sich, um der Polizei zu entgehen, zu Niobe, einer Prostituierten, geflüchtet. Der Versuch der Arbeiter, die Fabrik zu besetzen, wird mit brutaler Gewalt durch Kavallerieeinsatz vereitelt. Im Kugelhagel wird ein Junge (Omero) getötet. Nachdem der Versuch gescheitert ist, bleibt den Arbeitern nichts anderes übrig, als wieder an die Arbeit zu gehen. Sie sind sich jedoch ihrer eigenen Stärke bewußt geworden. Der Professor setzt sein Wanderleben als intellektueller Revolutionär fort.

Kritik: » ... *I compagni* ist ein reifer, intelligenter Film, der ein wenig Licht auf bestimmte Aspekte der Realität wirft, die vom Film, in Italien jedenfalls, selten berührt werden. Die schönsten Teile des Films sind außer denen, welche die Arbeiter mit ihrem Streikproblem zeigen, diejenigen, die das winterliche, proletari-

Marcello Mastroianni in der Rolle des Professor Sinigaglia in ›Die Peitsche im Genick/Die Weber von Turin‹

185

sche, graue armselige und schmucklose Turin zeigen! (...) Mastroiannis Professor Sinigaglia ist ein wenig zur Karikatur geraten, etwas mehr in Richtung De Amicis als in Richtung Marx ...«

Alberto Moravia, »L'Espresso«, Rom, 7. November 1963

Ieri, oggi, domani (Gestern, heute, morgen)
Italien/Frankreich 1963
Regie: Vittorio De Sica
Kamera: Giuseppe Rotunno; Schnitt: Adriana Novelli; Ausstattung: Elvezio Frigerio; Kostüme: Piero Tosi; Musik: Armando Trovajoli; Regieassistenz: Luisa Alessandri, Antonio Segurini; Produktion: Carlo Ponti für Compagnia Cinematografica Champion, Rom/Les Films Concordia, Paris; Verleih: Interfilm.
Episode: Adelina:
Drehbuch: Eduardo De Filippo, Isabella Quarantotti.
Darsteller und Personen: Sophia Loren (Adelina Sbaratti), *Marcello Mastroianni* (Carmine Mellino, ihr Ehemann), Aldo Giuffré (Pasquale Nardella), Silvia Monelli (Elvira Bardella), Agostino Salvietti (Rechtsanwalt Domenico Verace), Tecla Scarano (Bianchina Verace, die Schwester des Rechtsanwalts), Carlo Croccolo (der Marktschreier), Pasquale Cennamo (der Polizeihauptmann), Lino Mattera (Amedeo Scapace), Antonio Cianci.
Episode: Anna
Drehbuch: Cesare Zavattini, Billa Billa Zanuso, nach der Erzählung »Zu reich« von Alberto Moravia.
Darsteller und Personen: Sophia Loren (Anna Molteni), *Marcello Mastroianni* (Renzo, ihr Geliebter), Armando Trovajoli (Giorgio Ferrario).
Episode: Mara
Drehbuch: Cesare Zavattini; Choreographie: Jacques Ruet.
Darsteller und Personen: Sophia Loren (Mara, das Callgirl), *Marcello Mastroianni* (Augusto Rusconi, der Bologneser), Tina Pica (Großmutter des Seminaristen), Giovanni Ridolfi (Umberto, Seminarist), Gennaro Di Gregorio (der Großvater des Seminaristen).

Handlung:
Episode Adelina: Adelina, eine illegale Zigarettenverkäuferin in Neapel, flüchtet sich, um nicht ins Gefängnis gehen zu müssen,

Sophia Loren legt M. M. eine temperamentvolle Szene hin: ›Gestern, heute, morgen‹

in eine endlose Serie von Schwangerschaften. So vermeidet sie tatsächlich ihre Festnahme, bis ein Unfall die rettende Kette abreißen läßt. Doch dank der Großzügigkeit des neapolitanischen Volkes wendet sich trotzdem alles zum Besten.

Episode Anna: Anna, eine reiche Mailänderin, beginnt eine Liebelei mit einem Mann aus bescheidenen Verhältnissen, um auf diese Weise der Leere ihrer Welt zu entrinnen. Ein kleiner Autounfall jedoch genügt, um sie zur Rückkehr in eben diese Welt zu bewegen.

Episode Mara: Mara ist ein Callgirl, in das sich ein Seminarist verliebt. Der junge Mann ist Mara nicht gleichgültig. Als sie aber bemerkt, daß er drauf und dran ist, ihretwegen das Studium aufzugeben, überredet sie ihn, im Seminar zu bleiben. Sie selbst nimmt ihr gewohntes Leben wieder auf.

Kritik: »Der Film wurde gedreht, um Sophia Lorens Schönheit und ihre Schauspielkunst zur Geltung zu bringen. Infolgedessen hat man sich wenig um die Vertiefung der Situationen und Charaktere gekümmert. (…) In der ersten Episode sind das Lokalkolorit der neapolitanischen Viertel und die dazugehörigen Szenen gut gelungen – doch hält sich alles auf der Ebene des »Gartenlauben-Romans«. Die Beschränkung hat ihren Grund in dem allgemeinen Optimismus, der die ganze Episode durchzieht. (…) Sehr giftig ist die zweite Geschichte, bei der sich aber die Katze in den Schwanz beißt. (…) Bei der dritten Episode handelt es sich um einen offensichtlich unverfrorenen Scherz, der aber den richtigen »Biß« vermissen läßt. Mastroianni ist gut in allen drei Episoden, Sophia vor allem in der ersten …«

Pietro Bianchi, »Il Giorno«, Mailand, 22. Dezember 1963

Matrimonio all'italiana (Ehe auf italienisch)
Italien/Frankreich 1964
Regie: Vittorio De Sica
Drehbuch: Eduardo De Filippo, Renato Castellani, Antonio Guerra, Leo Benvenuti, Piero De Bernardi, nach der Komödie »Filumena Marturano« (1947) von Edoardo De Filippo; Kamera: Roberto Geraldi; Schnitt: Adriana Novelli; Ausstattung: Carlo Egidi; Kostüme: Piero Tosi, Vera Marzot; Musik: Armando Trovajoli; Regieassistenzen: Luisa Alessandri; Produktion: Carlo Ponti für Compagnia Cinematografica Champion, Rom/Les Films Concordia, Paris; Verleih: Interfilm.
Darsteller und Personen: Sophia Loren (Filumena Marturano), *Marcello Mastroianni* (Domenico Soriano), Aldo Puglisi (Alfredo), Tecla Scarano (Rosalia), Marilù Tolo (Diana), Vito Morriconi (Riccardo), Generoso Cortini (Michele), Gianni Ridolfi (Umberto), Pia Lindstrom (die Kassiererin), Raffaello Rossi Bussola (Rechtsanwalt), Vincenza Di Capua (Mutter), Vincenzo Aita (Priester).

Handlung: Filumena Marturano ist in einem »basso« (A. d. Ü.: armseliges Zimmer ohne Fenster und mit einer zur Straße gehenden Tür, in dem ganze Familien leben), in einem Armenviertel Neapels aufgewachsen. Sie ist noch ein sehr junges Mädchen, als sie, um den kümmerlichen Verhältnissen zu Hause zu entkommen, in ein Bordell geht. Der reiche Kaufmann Domenico Soriano, genannt Mimi, lernt sie in ihrem Etablissement kennen, fängt Feuer und macht sie zu seiner Geliebten. Er holt sie aus dem Bordell und bringt sie zunächst in einer eigens für sie eingerichteten Wohnung unter. Nach mehreren Jahren nimmt er sie dann zu sich nach Hause, wo sie weiterhin seine Geliebte ist und außerdem die Dienstmagd der alten Mutter Domenicos. Filumena hat immer alles hingenommen, weil sie hofft, Soriano werde sie, im Laufe der Jahre nachgiebiger und weniger egoistisch geworden, eines Tages zur Frau nehmen. Statt dessen teilt er ihr nach vielen Jahren mit, er beabsichtige, eine junge Kassiererin zu heiraten. Filumena, die in der Vergangenheit drei Kinder bekommen hat, die sie dank der Zahlungen ihres Geliebten gut unterbringen und ehrbar erziehen lassen konnte, beschließt nun, mit allen Mitteln die Heirat zu erzwingen. Sie täuscht vor, im Sterben zu liegen und kann Soriano unter Ausnutzung unbestimmter Schuldgefühle zu einer Eheschließung am Sterbebett (»in articulo mortis«) bewegen. Kaum ist die Trauung vorüber, zeigt sich Filumena kerngesund und festentschlossen, ihren neuen Stand als legitime Ehefrau auszunutzen. Domenico Soriano jedoch hat nicht die Absicht, eine Situation hinzunehmen, die durch Betrug entstanden ist, und bestreitet die Wirksamkeit der Eheschließung. Daraufhin entdeckt ihm Filumena die Existenz ihrer drei Söhne und eröffnet ihm, daß einer von ihnen der seine sei; Soriano versucht vergeblich zu erraten, welcher, doch Filumena weigert sich, es ihm zu sagen. So sieht sich Domenico genötigt, Filumena zu heiraten und die drei Buben als Söhne anzuerkennen, ohne jemals herauszubringen, welcher von den dreien wirklich sein Sohn ist. Und das ist Filumenas Rache.

Kritik: » ... Wenn auch die ganze Handlung auf Filumena und nicht auf Domenico zugeschnitten ist, so wäre es doch ungerecht, nicht an den überaus einfühlsamen Beitrag Mastroiannis zum Geschehensablauf zu erinnern. Er hat wieder einmal eine italienische Charakterstudie gegeben, voller Eitelkeit und Gokkelhaftigkeit, mit einschmeichelnder, heiterer Gewandtheit und in vollendeter Komödiantenmanier.

Filippo Sacchi, »Epoca«, Mailand, 27. Dezember 1964

Casanova '70 (Casanova '70)
Italien/Frankreich 1965
Regie: Mario Monicelli
Drehbuch: Age (Agenore Incrocci), Furio Scarpelli, Mario Mo-

nicelli, Suso Cecchi D'Amico; Kamera: Aldo Tonti; Schnitt: Ruggero Mastroianni; Ausstattung: Mario Garbuglia; Musik: Armando Trovajoli, Franco Bassi; Regieassistenz: Renzo Marignano; Produktion: Carlo Ponti für Compagnia Cinematografica Champion, Rom/Les Films Concordia, Paris; Verleih: Euro International.

Darsteller und Personen: *Marcello Mastroianni* (Major Andrea Rossi-Colombetti), Virna Lisi (Gigliola), Marisa Mell (Thelma), Enrico Maria Salerno (Psychoanalytiker), Liana Orfei (Löwenbändigerin), Giudo Alberti (Monsignore), Moira Orfei (Santina), Jolanda Modio (Addolorata), Margaret Lee (Lolly), Rosemary Dexter (ein Dienstmädchen), Michèle Mercier (Noelle), Seyna Seyn (Hostess der Indonesian Airlines), Beba Loncar (Mädchen im Museum), Bernard Blier (der Kommissar), Marco Ferreri (der Graf).

Handlung: Der zur Nato abkommandierte italienische Major Andrea Rossi-Colombetti begibt sich zu einem Psychoanalytiker, weil seine Geliebte ihn der Impotenz geziehen hat. Der Arzt hört sich den Bericht seines Patienten über dessen galante Abenteuer an und rät ihm, einmal Pause zu machen. Andrea geht in die Berge, trifft dort das Mädchen Gigliola und beginnt eine Liebelei mit ihr. Die muß er allerdings abbrechen wegen des Skandals, den er verursacht, als er einer Löwen-Dompteuse vor dem Zirkuspublikum einen leidenschaftlichen Kuß gibt. Andrea ist aufs neue versucht, sich in galante, üblicherweise gefährliche Abenteuer zu stürzen. Ein General, der ihn im Zimmer seiner Frau erwischt, schickt ihn zur Strafe zum Flugplatz, mit dem Auftrag, die sterbliche Hülle eines ausländischen Offiziers in Empfang zu nehmen. Dort begegnet er Thelma, der Frau des Grafen Ferreri, eines überaus eifersüchtigen und mißtrauischen Alten. Zu Gast in der venezianischen Villa des Grafen, stellt Andrea der Hausfrau nach, wird jedoch zum Opfer der kriminellen Machenschaften des Grafen, der sich aber schließlich in seinen eigenen Schlingen verfängt. Andrea wird des Mordes angeklagt und landet vor Gericht. Er wird freigesprochen und versöhnt sich schließlich mit Gigliola. Nun ist er ganz sicher, daß dies die richtige Frau für ihn ist.

Kritik: » ... Der Film »Casanova '70« hat kein bestimmtes Konzept und vertritt keine Weltanschauung: getreu dem Titel be-

Marisa Mell und Marcello Mastroianni in ›Casanova '70‹

zweckt es nur zu unterhalten, durch Variationen zum ewig jungen Thema: Liebe, gewürzt mit Risiko. (...) Ständig wechselnder Hintergrund, ein ständiger Wechsel schöner Frauen, ... ein bewährter sympathischer Schauspieler wie Mastroianni, ... die leichte Hand und der häufig spürbare Witz des Regisseurs machen daraus ein angenehmes und bissiges Schauspiel. (...) Die Sittensatire wird zwar angepeilt, doch nie richtig in Angriff genommen – der Mythos des Verführers, der schon bis zum Überdruß in so vielen Filmen aufs Korn genommen wurde, wird hier ohne Bosheit verrissen, obwohl die komisch-grotesken Einfälle nicht immer erstklassig sind ...«

Leo Pestelli, »La Stampa«, Turin, 25. Oktober 1965

La decima vittima (Das 10. Opfer)
Italien/Frankreich 1965
Regie: Elio Petri
Drehbuch: Tonino Guerra, Giorgio Salvioni, Ennio Flaiano,

Elio Petri, nach der Erzählung »Das zehnte Opfer« von Robert Sheckley; Kamera: Gianni Di Venanzo; Schnitt: Ruggero Mastroianni; Ausstattung: Giovanni Checchi, Dario Micheli; Kostüme: Giulio Coltellacci; Musik: Piero Piccioni; Regieassistenz: Berto Pelosso; Produktion: Carlo Ponti für Compagnia Cinematografica Champion, Rom/Les Films Concordia, Paris; Verleih: Interfilm.

Darsteller und Personen: *Marcello Mastroianni* (Marcello Poletti), Ursula Andress (Caroline Meredith), Elsa Martinelli (Olga), Salvo Randone (Professor), Massimo Serato (Rechtsanwalt), Milo Quesada (Rudi), Luce Bonifassy (Lidia), George Wang (chinesischer Angreifer), Evi Rigano (ein Opfer), Walter Williams (Martin), Mickey Knox (Chet), Richard Armstrong (Cole), Anita Sanders (Astrid), Antonio Ciani.

›Das 10. Opfer‹. *Marcello Mastroianni und Ursula Andress*

Elsa Martinelli und Marcello Mastroianni in ›Das 10. Opfer‹

Handlung: Die Geschichte spielt in einer Welt, in der Mord – zur Beseitigung jeglicher Form von »illegaler Gewalt« – eine mögliche, offizielle und erlaubte Angelegenheit geworden ist, wenn er sich nur im Rahmen eines genauen Reglements vollzieht, in dem Grenzen, Fristen und Modalitäten der »Jagd« festgelegt sind. Im Verlauf der Handlung stehen sich Marcello Poletti und Caroline Meredith in einem gnadenlosen Zweikampf gegenüber. In New York, im »Masoch Club«, bringt Caroline, bei ihrer neunten »Jagd«, ihren »Jäger« zur Strecke. In Rom tötet Marcello sein neuntes Opfer. In Genf werden anläßlich der zur Jagdzeit üblichen Zusammenkünfte durch Computer Caroline Meredith als Jägerin und Marcello Poletti als Opfer ermittelt. Caroline kommt nach Rom, um Marcello während einer von einer amerikanischen Werbegesellschaft in der Nähe des Venus-Tempels eigens dafür inszenierten Fernseh-Show zu töten. Unterdessen nimmt der Gerichtsvollzieher in Marcellos Haus und in Anwesenheit von Marcellos Geliebten Olga, Pfändungen vor, weil dessen geschiedene Frau Lidia die »Jagdprämie« an sich gebracht hat, mit der Marcello seine Schulden hatte begleichen wollen. Während Caroline die ersten Annäherungsversuche unternimmt, erfährt Marcello von einem befreundeten Rechtsanwalt, daß Caroline wahrscheinlich seine »Jägerin« ist. In Ausübung der Rechte, die ihm nach dem Reglement zustehen, beschließt Marcello nun seinerseits, die Jägerin im Verlauf einer anderen Fernseh-Show aus dem Weg zu räumen: Dort soll sie einem Krokodil zum Fraße vorgeworfen werden. Doch zwischen dem einen und dem anderen Mordversuch verlieben sich die beiden ineinander. Sie beschließen, vor der Wut Lidias und Olgas, die sich gegen Caroline, den Eindringling, verbündet haben, zu fliehen. Schließlich besteigen sie ein »Hochzeits-Flugzeug«, in dem sie getraut werden – wie zehn andere Paare auch.

Kritik: » … Elio Petri – intelligent und witzig, wie er ist – hat sich mit einer bemerkenswerten Eleganz, mit einigen gelungenen Seitenhieben und mit unbestreitbarem technischen Sachverstand aus der Affäre gezogen. Man muß dazu bemerken, daß Science-fiction im Film, zumindest im italienischen Film, alles andere als ein abgegrastes Gelände ist – ganz im Gegenteil: Es harrt noch der Entdeckung. (…) Marcello Mastroianni, der auch in Petris erstem Film *L'assassino* die Hauptrolle spielte, ist inzwischen zu einem Star von internationalem Ruf geworden, was ihm – trotz der erblondeten Haare und der unheilvollen Verdrossenheit eines »Zukunfts-Menschen« – eine gewisse unpersönliche Stilisierung auferlegt …«

Ugo Casiraghi, »L'Unità, Mailand, 4. Dezember 1965

Oggi, domani, dopodomani (Heute, morgen, übermorgen)
Italien/Frankreich 1965
1. Episode: »L'uomo dai cinque palloni«
Regie: Marco Ferreri
Drehbuch: Marco Ferreri, Rafael Azcona; Kamera: Aldo Tonti; Schnitt: Renzo Lucidi; Ausstattung: Carlo Egidi; Kostüme: Luciana Marinucci; Musik: Piero Umiliani, Teo Usuelli; Regieassistenz: Gian Carlo Santi
Darsteller und Personen: *Marcello Mastroianni* (Mario Fug-

getta), Catherine Spaak (Giovanna), Ugo Tognazzi (Autobesitzer), William Berger (Penny), Marco Ferreri, Ennio Balbo.

2. Episode: »L'ora di punta« (nach dem Einakter »Pericolosamente« von Eduardo De Filippo)

Regie: Eduardo De Filippo

Drehbuch: Eduardo De Filippo, Isabella Quarantotti; Kamera: Mario Montuori; Schnitt: Adriana Novelli; Ausstattung: Nando Scarfiotti; Musik: Nino Rota.

Darsteller und Personen: *Marcello Mastroianni* (Michele), Virna Lisi (Dorotea), Luciano Salce (Arturo).

›Heute, morgen, übermorgen‹: *Pamela Tiffin und Marcello Mastroianni in der Episode ›la moglie bionda‹*

195

3. Episode: »La moglie bionda«

Regie: Luciano Salce
Drehbuch: (Franco) Castellano, Pipolo (Giuseppe Moccia), Luciano Salce; Kamera: Gianni Di Venanzo; Schnitt: Marcello Malvestiti; Ausstattung: Luigi Scaccianoce; Musik: Luis Enrique Bakalov.

Darsteller und Personen: *Marcello Mastroianni* (Michele), Pamela Tiffin (Pepita), Lelio Luttazzi (ein Freund des Michele), Enzo La Torre, Luciano Bonanni, Antonio Ciani.

Produktion: Carlo Ponti für Compagnia Cinematografica Champion, Rom/Les Films Concordia, Paris; Verleih: Interfilm.

Handlung:

1. Episode »L'uomo dai cinque palloni«

In Mailand kehrt am Weihnachtsabend ein junger Industrieller nach Hause zurück. Er ist von einem Problem besessen: Bis zu welchem Punkt kann man einen Luftballon aufblasen, ohne daß er platzt? Obgleich er noch einen befreundeten Ingenieur hinzuzieht, gelingt es ihm nicht, eine Lösung zu finden. Er steigert sich immer mehr in das Problem hinein. Es kommt darüber sogar zum Bruch mit seiner Verlobten und endet damit, daß er sich aus dem Fenster stürzt.

2. Episode »L'ora di punta«

Ein junger Wissenschaftler weilt bei einem Freund, um sich von einem soeben überstandenen Nervenzusammenbruch zu erholen, und wird Zeuge ständiger Streitereien zwischen seinem Freund und dessen Ehefrau. Die Auseinandersetzungen enden stets auf dieselbe Art und Weise – nämlich damit, daß der Mann seine Frau mit einer Pistole bedroht. Am Morgen danach, als die Eheleute das Haus gerade zu einem Spaziergang verlassen haben, überzeugen die Schüsse im ganzen Viertel den Helden der Geschichte davon, daß das Verhalten der beiden durchaus nichts Außergewöhnliches an sich hat – die Methode des Ehemanns im gesamten Stadtteil vielmehr gang und gäbe ist.

3. Episode »La moglie bionda«

Michele, ein kleiner Bankangestellter, ist mit Pepita, einer feschen und verschwenderischen Amerikanerin verheiratet. Entschlossen, sie an einen arabischen Prinzen zu verkaufen, bringt er seine Frau nach Afrika und stellt sie dort verschiedenen Scheichs vor. Doch das Unternehmen endet damit, daß er selbst

›Heute, morgen, übermorgen‹

von seiner Frau verkauft wird und in dem seltsamen Harem eines Emirs mit abartigen Neigungen landet.

Kritik: » … Obwohl dem Produzenten mit »L'uomo dai cinque palloni« ein ganz auf Mastroianni zugeschnittener Film zur Verfügung stand – einen Mastroianni, der hier seine besten Eigenschaften zeigt und damit auch Ferreris glückliche Hand bei der Führung seiner Schauspieler beweist –, ist der Produzent auf die »pfiffige und originelle« Idee verfallen, zwei andere Regisseure

mit zwei weiteren Episoden zu betrauen, um auf diese Weise ein
»anziehendes« und typisches Handelsprodukt zusammenzuba-
steln. Eduardo De Filippo und Luciano Salce sind weit entfernt
von den glücklichsten Produkten ihrer Filmkunst geblieben ...«

Giacomo Gambetti, »Bianco e Nero«, Rom, März 1966

L'uomo dai palloni (Break-Up)

Italien/Frankreich 1965
Regie: Marco Ferreri
Drehbuch: Marco Ferreri, Raphael Azcona; Kamera: Aldo
Tonti; Schnitt: Renzo Lucidi; Ausstattung: Carlo Egidi; Ko-
stüme: Luciana Marinucci; Musik: Teo Usuelli, Piero Umiliani;
Regieassistenz: Gian Carlo Santi; Produktion: Carlo Ponti für
Compagnia Cinematografica Champion, Rom/Les Films Con-
cordia, Paris; Verleih: Metro Goldwin Mayer
Darsteller und Personen: *Marcello Mastroianni* (Mario Fug-
getta), Catherine Spaak (Giovanna), Ugo Tognazzi (Autobesit-
zer), William Berger (Penny), Marco Ferreri, Ennio Balbo.

Handlung: Einen Tag vor Weihnachten erhält Mario Fuggetta,
ein junger Süßwarenfabrikant in Mailand, einen Beutel mit
Luftballons, die ihm zur Produktwerbung dienen sollen. Er
kommt nach Hause und bläst zum Spaß einen von den Luftballons auf. Das bringt ihn alsbald auf eine Fragestellung, die sich
zur fixen Idee auswächst: Wie weit kann man einen Luftballon
aufblasen, ohne daß er platzt? Auch Giovanna, seine Verlobte,
findet Spaß an den Luftballons, aber kein Verständnis dafür, daß
man daraus ein wissenschaftliches Problem machen kann.
Mario verläßt das Haus, um einen befreundeten Ingenieur zu
Rate zu ziehen: doch der weiß auch nicht, was er ihm sagen soll.
Mario durchstreift die Stadt und landet in einem Night-Club,
dessen größte Attraktion riesige Luftballon-Trauben sind, mit
denen die Gäste – wie mit kleinen Heißluftballons – zur Decke
schweben. Mario amüsiert sich damit, die Ballons zum Platzen
zu bringen und wird vom Inhaber aus dem Lokal geworfen. Um
sich mit Giovanna zu versöhnen, kehrt er mit einer Fülle erlese-
ner Delikatessen nach Hause zurück. Doch dort kommt er, während seine Verlobte das kleine Festmahl bereitet, alsbald auf seinen Spleen zurück. Als er den soundsovielten Ballon aufbläst,
platzt dem Mädchen der Kragen: sie zerquetscht den Luftballon
und verläßt das Haus. Allein zurückgeblieben, versucht Mario,

zu Abend zu essen, zieht es dann aber vor, das Mahl seinem Hund zu überlassen. Nachdem er noch einen Luftballon zum Platzen gebracht hat, wirft er sich aus dem Fenster. Er prallt auf ein parkendes Auto auf und stirbt. Der Eigentümer des Wagens ist wegen des erlittenen Schadens aufgebracht.

Der 1965 gedrehte Film wurde zusammengeschnitten und als eine Episode für den Film *Oggi, domani, dopodomani* verwendet. Erst drei Jahre später wurde der Film in Originallänge und mit dem Titel *Break-up* in Frankreich gezeigt. In Italien kam er im August 1979 in die Kinos.

Kritik: » ... *Break-up* ist wohl zusammen mit *El cochecito* und *Dillinger è morto* Ferreris bester Film. Es ist eigenartig, daß es in allen diesen drei Filmen einen symbolträchtigen Gegenstand gibt, der mit vollkommener und hartnäckiger Entschiedenheit den Mittelpunkt des Geschehens bildet: Der Ballon in *Break up*, die Pistole in *El cochecito* und der Kinderwagen in *Dillinger è morto*. Schließlich, fünfzehn Jahre nachdem sich die Polemik gegen die Konsumsucht gelegt hat und vom italienischen Wirt-

Wenn Luftballons zur fixen Idee werden: ›Break-Up‹

schaftswunder nur die Erinnerung geblieben ist, besteht das größte Lob, das man *Break up* zollen kann darin, daß man darauf hinweist, wie zart und herzzerreißend dieser Film ist in seiner Mischung aus Gefühl und schwarzem Humor – ein stets aktuelles Gemälde von der Einsamkeit des modernen Menschen ...«

Alberto Moravia, »L'Espresso, Rom, 12. August 1979

Io, io, io ... e gli altri (Ich, ich, ich ... und die anderen)
Italien 1966
Regie: Alessandro Blasetti
Drehbuch: Alessandro Blasetti, Carlo Romano in Zusammenarbeit mit Age (Agenore Incrocci), Furio Scarpelli, Adriano Baracco, Leo Benvenuti, Piero De Bernardi, Lianella Carell, Suso Cecchi D'Amico, Ennio Flaiano, Giorgio Rossi, Libero Solaroli, Vincenzo Talarico; Kamera: Aldo Giordani; Schnitt: Tatiana Casini, Valentina Guerra; Ausstattung: Ottavio Scotti; Kostüme: Milena Bonomo; Musik: Carlo Rustichelli; Regieassistenz: Andrea Borghesio, Isa Bartalini; Produktion: Luigi Rovere für Cineluxor/Rizzoli Film, Rom; Verleih: Cineriz.
Darsteller und Personen: Walter Chiari (Sandro), Gina Lollobrigida (Titta, seine Frau), Vittorio De Sica (Abgeordneter Trepossi), *Marcello Mastroianni* (Peppino Marassi), Silvana Mangano (Silvia), Nino Manfredi (Schlafwagenschaffner), Elisa Cegani (Gouvernante im Hause Marassi), Caterina Boratta (Luigia, Peppinos Schwägerin), Grazia Maria Spina (Peppinos Nichte), Vittorio Caprioli (der Abgeordnete), Franca Valeri (die Redaktionssekretärin), Mario Pisu (der Gewinner des Capranica-Preises), Paolo Panelli (ein Fotoreporter), Lelio Luttazzi (ein Regisseur), Elio Pandolfi (ein Fernsehjournalist), Mario Valdemarin (Kellner im Waggon-Restaurant), Fanfulla (Pförtner), Giustino Durano (ein Verkehrspolizist), Silvia Koscina (eine Diva), Mario Scaccia (ein Journalist), Andrea Checchi (betender Mann), Saro Urzi (noch ein betender Mann), Umberto D'Orsi (ein Zugreisender), Carlo Croccolo (noch ein Reisender) u. a.

Handlung: Der Film setzt sich aus (zum Teil sehr kurzen) Episoden zusammen. Sie kreisen alle um die Erfahrungen, die der Journalist Sandro über sich selbst und die anderen sammelt, um unser aller Verhalten zu analysieren: Fast immer geprägt von augenfälligem Egoismus und einer essentiellen Gleichgültigkeit gegenüber den Mitmenschen. Besonders deutlich wird dies in der Episode, in der Mastroianni mitwirkt: sie schildert die Beziehung zwischen eben jenem Sandro und seinem Freund Peppino: Peppino ist – im Gegensatz zur Mehrheit – ein gutmütiger und treuherziger Mensch. Er zeigt sich zum Beispiel gerührt, als er anläßlich eines Waldspazierganges ein altes Ehepaar zärtlich miteinander turteln sieht, während Sandro sich peinlich berührt zeigt ob des Alters und der Häßlichkeit der beiden. Ausgerechnet dieser so gutherzige Peppino kommt dann auf sinnlose Weise zu Tode: er sieht einen Arbeiter von einem Gerüst fallen und eilt ihm zur Hilfe. Der Arbeiter fällt auf ihn drauf, und wird gerettet, während Peppino stirbt.

Kritik: » ... Neben Walter Chiari als Journalist und Schriftsteller, einer witzigen Gina Lollobrigida als seine aufreizende Ehefrau, einer hervorragenden Silvana Mangano in der Rolle einer enttäuschten Diva, Manfredi als erotomanischem Schlafwagenschaffner und außerdem (von den Kleinen bis zu den Großen) sozusagen alles, was im italienischen Film anläßlich dieses pathetischen Abschieds Freundschaft zu Blasetti und Verbundenheit mit ihm demonstrieren wollte – zum Teil in kleinen, kleinsten Nebenrollen: Mastroianni, De Sica, Randone, Sylva Koscina, Franca Valeri, Vittorio Caprioli und viele andere, die mit blitzartiger Geschwindigkeit über die Leinwand huschen und die man bisweilen erst entdeckt, wenn sie schon wieder verschwunden sind.«

Ercole Patti, »Tempo«, Mailand, 9. März 1966

The Poppy is also a Flower (Mohn ist auch eine Blume)
USA 1966
Regie: Terence Young
Drehbuch: Jo Eisinger; Kamera: Henri Alekan; Schnitt: Monique Bonnot, Peter Thornton, Henry Richardson; Musik: Georges Auric; Produktion: Telsum Foundation; Verleih: Medusa.
Darsteller und Personen: Senta Berger (Star eines Nacht-Clubs), Stephen Boyd (Benson), Angie Dickinson (Linda Benson), Yul Brynner (Oberst Salem), Georges Geret (Marco), Hugh Griffith (Stammeshäuptling), Jack Hawkins (General Bahar), Rita Hayworth (Monica), Trevor Howard (Sam Lincoln), *Marcello Mastroianni* (Inspektor Mosca), Amedeo Naz-

zari (Hauptmann Disonno), E. G. Marshall (Collier Jones), Anthony Quayle (der Kapitän), Omar Sharif (Dr. Rad), Nadja Tiller (Dr. Bronowska), Joselyn Lane, Trini Lopez, Jean Claude Pascal, Gilbert Roland, Harold Sakata, Barry Sullivan, Eli Wallach, Marilù Tolo, Bob Cunningham.

Handlung: Auf Anordnung des Schahs von Persien darf in seinem Land kein Mohn mehr angebaut werden. Auf diese Weise soll der ständig wachsende Opiumhandel eingeschränkt werden. Doch trotz dieses Verbots setzen in verschiedenen Wüstengebieten einige Stämme den Mohnanbau fort. Die Rauschgiftabteilung der UNO entsendet einige Agenten, unter ihnen einen Amerikaner namens Benson. Denen gelingt es zwar, eine Opiumladung zu vernichten, doch das reicht nicht aus, um den Handel zu zerschlagen. In Teheran sind inzwischen einige UNO-Vertreter zu einer Beratung zusammengekommen: Dr. Rad, die Doktorin Bronowska, Oberst Salem, Collier Jones von der Finanzabteilung und Sam Lincoln, ein UNO-Agent. Man beschließt, nach einem neuen Plan vorzugehen. Mit Hilfe der persischen Regierung zwingen Sam Lincoln und Collier Jones einen Scheich, das zum Verkauf bestimmte Opium radioaktiv aufzuladen, so kann der Weg des Rauschgifts mit Hilfe eines Geigerzählers verfolgt werden. Das Vorhaben gelingt, doch unvorhergesehenerweise verliert sich plötzlich jede Spur der Drogen, bis von der Interpol in Neapel, der Inspektor Mosca und Hauptmann Disonno angehören, die Nachricht von der Beschlagnahme einer bestimmten Menge radioaktiven Opiums kommt. Sam Lincoln und Jones nehmen die Ermittlungen auf, in deren Verlauf Sam enttarnt und getötet wird. Jones nimmt die Verfolgung dort wieder auf, wo sein Kollege sie gezwungenermaßen abgebrochen hat. Die Rauschgifthändler werden identifiziert. Jones' Auftrag endet mit einer aufregenden Verfolgungsjagd in einem fahrenden Zug.

Kritik: »Der Film beruht auf einer Idee von Ian Flemming. Zahlreiche bekannte Schauspieler wirken zu Wohltätigkeitszwecken mit, und zwar unentgeltlich oder für symbolische Gagen. Terence Young ist der Regisseur von drei der vier *James Bond*-Filme, die bisher von Sean Connery interpretiert wurden. Doch hier spielt 007 keine Rolle: Die Szene wird vom Mohn beherrscht, dessen giftige Abkömmlinge Heroin und Opium sind.

Mastroianni in der Rolle des Inspektor Mosca in ›Mohn ist auch eine Blume‹

(...) Sieht man von den vielen bekannten Gesichtern ab, die sogar in kleinen Nebenrollen zu sehen sind, weist dieser von den Schauspielern mit unterschiedlicher Begeisterung interpretierte, mehr als mittelmäßig fotografierte Film alle Eigenschaften eines Abenteuerfilms auf – das ist aber auch schon alles.«

Claudio G. Fava, »Corriere Mercantile«, Genua, 15. Sept. 1966

Spara forte, più forte ... non capisco!

Italien 1966
Regie: Eduardo De Filippo
Drehbuch: Eduardo De Filippo, Suso Cecchi D'Amico; Kamera: Ajace Parolini; Schnitt: Ruggero Mastroianni; Ausstattung: Gianni Polidoro; Musik: Nino Rota; Produktion: Pietro Notarianni für Master Film, Rom; Verleih: Titanus.

Darsteller und Personen: *Marcello Mastroianni* (Alberto Saporito), Raquel Welch (Tania), Eduardo De Filippo (Nicola), Guido Alberti (Pasquale Ciammaruta), Leopoldo Trieste (Carlo Saporito), Rosalba Grottesi (Elvira Ciammaruta), Regina Bianchi (Rosa), Tecla Scarano (Matilde), Franco Parenti (Aniello Amitrano), Paolo Ricci, Angela Luce, Silvano Tranquilli, Ignazio Balsamo, Pina D'Amato, Carlo Bagno, Pia Morra, Gino Minopoli.

Handlung: Alberto Saporito ist zugleich ein »Pop«-Bildhauer und »Ausstatter« (so heißen in Neapel Leute, die öffentliche und private Feste arrangieren). Er träumt sehr viel, und es passiert ihm, daß er seine Träume mit der Wirklichkeit vermengt. Auf einem Dachboden seines Lagers lebt Onkel Nicola, ein Pyrotechniker, der sich mit seinem Neffen nur durch das Zünden von Knallfröschen verständigt, was von Alberto nach Art eines Morsealphabets entschlüsselt wird. Eines Tages taucht in dem Lagerhaus Tania auf, eine Turiner Dirne, die auf dem Weg zu Matilde Ciammaruta ist, einer betrügerischen Wahrsagerin, die im Nachbarhaus wohnt. Während das Mädchen bei Ciammaruta weilt, sieht sich Alberto genötigt, dort hinzugehen, um zu erklären, daß es sich bei einer plötzlichen Explosion, die allseits großen Schrecken auslöste, um ein neues Experiment seines Onkels gehandelt habe. So trifft er auch Aniello Amitrano, einen sehr reichen Mann. Der gesteht ihm, daß er befürchtet, ermordet zu werden. Nachts träumt Alberto, die Ciammarutas hätten Amitrano umgebracht, um ihn zu berauben. Am Morgen danach zögert er nicht, die Polizei zu verständigen. Die ganze Familie wird festgenommen, muß aber mangels Beweisen wieder freigelassen werden. Die Anzeige hat bei den Ciammarutas den Verdacht erregt, Alberto sei ihren Betrügereien auf die Schliche gekommen. Um sich des lästigen Zeitgenossen zu entledigen, laden sie Alberto ans Meer ein und versuchen ihn zu ertränken – allerdings vergeblich. Als Alberto, noch immer völlig durchnäßt, in sein Lagerhaus zurückkehrt, tritt ihm der verschwundene Amitrano (in Wirklichkeit ein gefährlicher Gangster) entgegen und fordert ihn mit gezückter Pistole auf, seinen Paß herauszugeben, den er zur Flucht nach Amerika benötigt. Alberto gelingt es, ihn im Keller einzuschließen. Er verständigt die Polizei: Doch ein letztes Experiment des Onkels bringt das ganze Gebäude zum Einsturz. Amitrano und der Onkel kommen dabei zu Tode. Alberto aber bleibt nichts anderes übrig, als zusammen mit Tania, die von der Polizei ausgewiesen wird, fortzuziehen.

Kritik: »Eduardo De Filippos Komödie *Le voci di dentro* bringt – in mehreren Punkten für den Kino-Konsumenten überarbeitet – auch in dieser Form, unter dem Titel *Spara forte, più forte ... non capisco!* und unter der Regie des Autors sein Publikum zum Lachen. Es ist – wie stets bei Eduardo – ein etwas bitteres Lachen, wenngleich unter dem Einfluß der sogenannten Erfordernisse der Inszenierung der ironische Nachgeschmack der Posse abhandengekommen ist. Geblieben ist eine seltsame, reichlich verwirrte Geschichte. (...) Mastroianni, dem Eduardo die Hauptrolle gegeben hat, die er ursprünglich im Theater selber spielte (im Film hat sich Eduardo die kurze, aber scharfsinnig verzweifelte Rolle des stummen Onkels vorbehalten), hält dem Vergleich zwar nicht stand, zieht sich aber mit der gewohnten Bravour aus der Affäre ...«

Giovanni Grazzini, »Corriere delle Sera«,
Mailand, 28. Oktober 1966

Lo straniero (Der Fremde)
Italien/Frankreich 1967
Regie: Luchino Visconti
Drehbuch: Luchino Visconti, Suso Cecchi D'Amigo, Georges Conchon in Zusammenarbeit mit Emmanuel Roblès nach dem gleichnamigen Roman von Albert Camus (1942); Kamera: Giuseppe Rotunno; Schnitt: Ruggero Mastroianni; Ausstattung: Mario Garbuglia; Kostüme: Piero Tosi; Musik: Piero Piccioni; Regieassistenz: Rinaldo Ricci, Albino Cocco; Produzent: Pietro Notarianni; Produktion: Dino De Laurentiis für Dino De Laurentiis Cinematografica, Master Film, Rom/Marianne Productions, Paris, in Zusammenarbeit mit Casbah Film, Algerien; Verleih: Euro International Film.
Darsteller und Personen: *Marcello Mastroianni* (Meursault), Anna Karina (Marie Cardona), Georges Wilson (Ermittlungsrichter), Bernard Blier (Verteidiger), Jacques Herlin (Heimleiter), Georges Geret (Raymond), Jean-Pierre Zola (Büroleiter), Piero Bertin (Gerichtspräsident), Bruno Cremer (Priester), Alfred Adam (Staatsanwalt), Angela Luce (Madame Masson), Mimmo Palmara (Masson), Vittorio Duse (Rechtsanwalt), Marc

Laurent (Emanuele), Joseph Maréchal (Salamano), Saada Cheritel (erster Araber), Mohamed Ralem (zweiter Araber), Brahim Hadjadj (dritter Araber), Paolo Herzl (Gefängniswärter).

Handlung: Die Geschichte spielt in Algier in den dreißiger Jahren: Meursault, ein Angestellter, erhält die Nachricht vom Tode seiner Mutter. Ohne besonderen Schmerz zu empfinden, hält er die Totenwache und gibt ihr das letzte Geleit. Auf der Rückkehr vom Friedhof begegnet er einer Bekannten, der Sekretärin Marie, und beginnt eine Liebesbeziehung mit ihr. Raymond, ein Nachbar, bittet ihn um Hilfe: Er soll für ihn einen Brief an sein Mädchen schreiben. Gleichgültig und hilfsbereit wie immer, schreibt Meursault den Brief und nimmt Raymonds Freundschaft an. In den Tagen danach sieht er Marie wieder, die ihn fragt, ob er sie heiraten wolle. Apathisch lehnt er diesen Vorschlag schließlich ab ebenso wie das Angebot seines Chefs, nach Paris zu gehen, um dort Karriere zu machen. Eines Tages vernehmen Marie und Meursault verzweifelte Schreie aus Raymonds Zimmer: Es ist das Mädchen, dem Raymond geschrieben hat, eine Araberin, die um Hilfe ruft. Sie versucht, dem Mann zu entkommen, der sie blutig schlägt. Die Polizei schreitet ein, doch die Sache wird niedergeschlagen. Von diesem Tage an aber ist Raymond beunruhigt, denn ein Araber, der Bruder des Mädchens, verfolgt ihn schweigend aus der Ferne. Eines Samstags begeben sich Meursault, Marie und Raymond an den Strand, um zu baden. Unter den sengenden Strahlen der frühen Nachmittagssonne schießt Meursault auf den Araber, auf einen Mann, den er zuvor nie gesehen hat, aus Gründen, die ihn nichts angehen und wegen einer Provokation, die wahrscheinlich gar keine war. Der Grund dafür, daß das Gerichtsverfahren mit der Verurteilung Meursaults endet, ist nicht so sehr die Tötung des Jungen als vielmehr seine mangelnde Sensibilität: Aus den Aussagen von Zeugen ergibt sich seine Gleichgültigkeit beim Tode der Mutter und daß er am Tag ihrer Beerdigung eine Liebesbeziehung anfing. Man wirft ihm vor, sein einziger Freund sei der von Frauen ausgehaltene Raymond; ihm habe Meursault geholfen, das Mädchen wieder in seine Gewalt zu bekommen, als es versucht habe, sich gegen Raymond aufzulehnen. Meursault denkt nicht daran, diese Tatsachen zu verdrehen, gegen die Vorurteile anzugehen, mit denen man ihm begegnet. Und gerade deswegen, weil er in diesem Verhalten so anders, eben ein

›Der Fremde‹

»Fremder« ist, wird er zum Tode verurteilt. Erst unter dem Eindruck des Urteils erkennt er plötzlich die Absurdität dieser Welt, von der er nunmehr ausgeschlossen ist. Sein Gewissen erwacht, und er wird sich bewußt, daß der Tod die einzige Realität ist.

Kritik: » ... Die ersten Einstellungen geben eine präzise und mitfühlende Beschreibung der Figur Meursaults. Auch seine apathische Gleichgültigkeit wird umrissen, die, noch bevor sie ihn zu einer Straftat verleitet, das Zeichen eines anonymen Schicksals ist. Dann folgt die Beschreibung des Verbrechens, die im Film einfacher und direkter ist – ich ziehe sie der emphatischen und schwülstigen Erzählung im Roman vor. Nach dem Verbrechen hätte uns der Prozeß den Kontrast zwischen Meursaults Gleichgültigkeit und den Vorurteilen, der Überzeugung der Gesellschaft vor Augen führen müssen. Dies ist nicht geschehen, denn Camus und auch der Film wollen, daß Meursault recht hat. Der Konflikt wird hier ohne Fairneß ausgetragen, und der ganze Prozeß wird dadurch zur Karikatur. Hätte Visconti die Oberflächlichkeit und Einseitigkeit bei der Beschreibung des Prozesses vermeiden können? Sicherlich – allerdings auf Kosten der getreuen Übertragung des Textes. Marcello Mastroianni überzeugt im ersten Teil. Danach scheint er der Ideologie nicht mehr gewachsen zu sein. Doch vielleicht war es auch unmöglich, mit dieser Gestalt besser zu Rande zu kommen, die eben keine lebendige Gestalt ist, sondern nur der Beweisführung einer Anschauung dient.«

Alberto Moravia, »L'Espresso«, Rom, 22. Oktober 1967

Amanti (Der Duft deiner Haut)
Italien/Frankreich 1968
Regie: Vittorio De Sica
Drehbuch: Ennio De Concini, Vittorio De Sica, Tinino Guerra, Brunello Rondi, Cesare Zavattini, nach der gleichnamigen Komödie von Brunello Rondi; Kamera: Pasquale De Santis; Schnitt: Adriana Novelli; Ausstattung: Piero Poletto; Kostüme: Enrico Sabbatini; Musik: Manuel De Sica (Lied: »A Place for Lovers« von Norman Gimbel und Manuel De Sica, es singt Ella Fitzgerald); Regieassistenz: Luisa Alessandri; Produktion: Carlo Ponti, Arthur Cohn für Compagnia Cinematografica Champion, Rom/Les Films Concordia, Paris; Verleih: Interfilm.
Darsteller und Personen: Faye Dunaway (Giulia), *Marcello Mastroianni* (Valerio), Caroline Mortimer (Maggie), Karin Engh (Griselda), Enrico Simonetti, Esmeralda Ruspoli, Mirella Panfili.

Handlung: Giulia, eine junge, geschiedene Amerikanerin, kommt nach Italien und läßt sich in einer der prächtigen Palladiovillen im Veneto nieder. Eines Abends erkennt sie im Fernsehen Valerio wieder – einen Ingenieur, den sie auf dem Flughafen kennengelernt, und der den Wunsch geäußert hatte, sie wieder- zusehen. Giulia hat seine Visitenkarte aufgehoben und ruft ihn an. Valerio kommt, und die beiden werden – nach anfänglichem Zögern Giulias – ein Liebespaar. Sie ziehen in eine Hütte in den Bergen. Doch auch wenn ihre Liebe keinerlei Risse zeigt, so fällt Valerio mit der Zeit auf, daß Giulia ganz in der Gegenwart verhaftet ist und keinerlei Pläne für die Zukunft machen will. Erst anläßlich des Besuches von Giulias Freundin Maggie er- fährt Valerio von der letzteren, daß seine Geliebte unheilbar krank ist, und begreift nun deren scheinbaren Egoismus. Als Giulia dann entdeckt, daß Valerio ihr Geheimnis kennt, denkt

Faye Dunaway und Marcello Mastroianni in ›Der Duft deiner Haut‹

sie sogar an Selbstmord, weil sie das Mitleid des Geliebten ablehnt. Doch Valerio gelingt es, ihr das auszureden. Ihre Verbindung bleibt bestehen. Schließlich bleibt auch die Hoffnung, daß Giulias Krankheit doch nicht so unheilbar ist, wie die Frau zunächst glaubte.

Kritik: » … Marcello Mastroianni ist hier ganz entschieden eine Fehlbesetzung – völlig damit beschäftigt, sein leicht verblaßtes Star-Image, das er überall in den Staaten genoß, wieder etwas aufzupolieren …«

Fabio Rinaudo, »Film Mese«, Rom, Januar/Februar 1969

Diamonds for Breakfast (Diamanten zum Frühstück)
Italien/Großbritannien 1969
Regie: Christopher Morahan
Drehbuch: N. F. Simpson, Pierre Rouve, Ronald Harwood; Kamera: Gerry Turpin; Schnitt: Peter Tanner; Kostüme: Dinah Greet; Musik: Norman Kaye; Regieassistenz: Scott Wodehause; Produktion: Carlo Ponti, Pierre Rouve, Rom/London; Verleih: Paramount.
Darsteller und Personen: *Marcello Mastroianni* (Nicola Wladimirovitch Godunov), Rita Tushingham (Bridget Rafferty), Elaine Taylor (Vittoria), Maggie Blye (Honey), Francisca Tu (Jeanne Silf Fingers), The Karlins (die Drillinge), Warren Mitchell (Popov), Nora Nicholson (Anastasia Petrovna), Bryan Pringle (Polizeiunteroffizier), Leonard Rossiter (Inspektor Dudley), Bill Fraser (Buchhändler), David Horn (Herzog von Windemere), Ann Blake (Naska), Jan Trigge (Popovs Assistent), Charles Lloyd Pack (Butler).

Handlung: In Großbritannien besucht Nicola, im Familienkreis Nicky genannt, ein russischer Großfürst im Exil, Inhaber einer Boutique in Hampstead, eine Ausstellung alten russischen Schmucks im Schloß von Westbury. Dort gleitet er auf einer Bananenschale aus, die die Bildhauerin Bridget Rafferty fallengelassen hatte. Während er wieder zur Besinnung kommt, erscheinen ihm die Geister seiner Vorfahren und ermahnen ihn, die Diamanten, die seinem Vater gehörten, an sich zu bringen. Nicky nutzt seinen angeborenen Charme als Verführer aus, um sieben Mädchen für sich zu gewinnen und zu seinen Komplizinnen zu machen: Die Betrügerin Vittoria, die geschickte Einbre-

210

Frauen zum Frühstück in ›Diamanten zum Frühstück‹: Maggie Blye und Marcello Mastroianni

cherin Honey, die Taschenspielerin Jeanne, die vollkommen gleich aussehenden Drillinge – erfahrene Judo-, Jiu-Jitsu- und Karatekämpferinnen – sowie Bridget, die Tochter eines Einbrechers und Erbin seines Talentes. Mit Hilfe seiner Tante Anastasia Petrovna überredet Nicky den Herzog von Windemere, den Eigentümer von Westbury, zu Wohltätigkeitszwecken eine Vorführung von traditionellen russischen Gewändern zu veranstalten. Nickys verführerische Komplizinnen bringen indessen den sowjetischen Sicherheitsbeamten Popov dazu, zu gestatten, daß bei der Vorführung zu den Gewändern auch der kostbare Schmuck getragen wird. Obwohl die Polizei die Modenschau aufmerksam bewacht, gelingt es Nickys Bande, den Schmuck wie geplant zu entwenden und mit Hilfe von Brieftauben aus dem Schloß hinauszuschmuggeln. Doch als die Bande nach London zurückkehrt, muß sie feststellen, daß Tante Anastasia die Brieftauben um den Schmuck erleichtert und sich, einer alten Familientradition folgend, nach Monte Carlo begeben hat, um ihn dort beim Roulette zu verspielen.

Kritik: »In der Karriere eines Schauspielers werden durch die Begegnung mit einem Autor häufig Zeichen gesetzt: Man kann nicht sagen, daß sich Marcello Mastroianni – trotz der wahllosen Willfährigkeit seiner jüngsten Darbietungen – über die Grenzen hinaus weiter entwickelt hätte, die für ihn dank einiger hervorragender geglückter Werke durch die »Fellini-Legende« gezogen worden sind. Man könnte fast glauben, daß die Traumszene aus Achteinhalb, in der Guido in der Badewanne von den Frauen seines Harems umgeben ist, eine Anregung zu diesem Film gegeben hat, und zwar weil im Ausland Mastroiannis Star-Image zwischen Fellini-Geistern und *latin lover* angesiedelt ist ... Außer dem natürlichen Charme des Schauspielers hat dieser Film nicht viel Interessantes zu bieten, in dem das bekannte Motiv des »großen Coups« als Posse dargeboten wird ...«

Orio Caldiron »Film Mese«, Rom, April 1969

I girasoli (Die Sonnenblumen)
Italien/Frankreich/UdSSR 1970
Regie: Vittorio De Sica
Drehbuch: Cesare Zavattini, Tinino Guerra in Zusammenarbeit mit Giorgij Mdivani; Kamera: Giuseppe Rotunno; Schnitt: Adriana Novelli; Ausstattung: Piero Poletto, David Vinickij; Kostüme: Enrico Sabbatini; Musik: Henry Mancini; Regieassistenz: Luisa Alessandri, Paolo Serbandini; Produktion: Carlo Ponti, Arthur Cohn für Compagnia Cinematografica Champion, Rom/Les Films Concordia, Paris in Zusammenarbeit mit Mosfil'm Moskau; Verleih: Euro International.
Darsteller und Personen: Sophia Loren (Giovanna), *Marcello*

Mastroianni (Antonio), Ljudmila Savaleva (Masa), Anna Carena (Antonios Mutter), Galine Andreeva (Valentina), Nadezda Cerednicenko (die Bäuerin im Sonnenblumenfeld), Germano Longo (Ettore), Glauco Onorato (ein Heimkehrer), Silvano Tranquilli (ein italienischer Arbeiter in der Sowjetunion), Pippo Starnazza (Angestellter im Informationsbüro), Marisa Traversi (eine Prostituierte), Gunnar Cilinskij (ein russischer Offizier), Carlo Ponti jr. (Giovannas Sohn), Dino Peretti.

Handlung: Giovanna, eine junge Neapolitanerin, heiratet während des Zweiten Weltkriegs Antonio, einen Soldaten, in den sie sich verliebt hat. Auf diese Weise hofft sie, ihm den bevorstehen-

Marcello Mastroianni als Antonio in ›Die Sonnenblumen‹

den Fronteinsatz zu ersparen. Doch es wird zwar seine Verwendung in Afrika, nicht aber diejenige in Rußland abgewendet. Von dem Soldaten hört man nichts mehr. Giovanna resigniert nicht und erreicht es, nach Kriegsende, sobald die politische Lage es erlaubt, in die Ukraine reisen zu dürfen, um dort selbst beharrlich nach ihrem Mann weitersuchen zu können. Tatsächlich gelingt es ihr schließlich, Antonio lebend wiederzufinden. Er war bei einer Kampfhandlung auf dem Rückzug verletzt worden und hatte das Gedächtnis verloren. Er konnte sich an sein bisheriges Leben nicht mehr erinnern und hat das russische Mädchen geheiratet, das ihn seinerzeit rettete. Giovanna kehrt verzweifelt nach Hause zurück, entschlossen, ihren Mann zu vergessen. Antonio jedoch reist ihr nach und versucht, sie in Mailand – während eines schrecklichen Unwetters – dazu zu überreden, ihr gemeinsames Leben neu zu beginnen. Giovanna aber lehnt das ab und überredet Antonio, obgleich sie ihn noch immer liebt, nach Rußland zurückzukehren und diejenigen nicht im Stich zu lassen, die nun seine Familie sind.

Kritik: » ...Vittorio De Sicas neuester Film ist wieder einmal ein Aufschrei gegen die blinde Gewalt des Krieges, der der »kleine Mann« hilflos unterliegt – ein erneuter Apell an jene Werte des Friedens und der weltweiten Brüderlichkeit, die seit Jahren ein ernstes Anliegen des Regisseurs und seines getreuen Mitarbeiters Zavattini sind. (...) Die dramatischsten Momente des Filmes verdanken wir der Darstellung der ausgezeichneten Sophia Loren. (...) Mastroianni ist ihr ein ebenbürtiger Gefährte, der ein lebendiges und kluges Bild des schlichter angelegten Charakters des Antonio zeichnet ...«

Guglielmo Biraghi, »Il Messaggero di Roma«, Rom, 14. März 70

Dramma della gelosia: tutti i particolari in cronaca
(Eifersucht auf italienisch/Pizza-Dreieck)
Italien/Spanien 1970
Regie: Ettore Scola
Drehbuch: Age (Agenore Incrocci), (Furio) Scarpelli, Ettore Scola; Kamera: Carlo Di Palma; Schnitt: Alberto Gallitti; Ausstattung: Luciano Ricceri; Musik: Armando Trovaioli; Produktion: Pio Angeletti, Adriano De Micheli für Dean Film, Juppiter Generale Cinematografica, Rom/Midega Film, Madrid; Verleih: Titanus.

Für › Eifersucht auf italienisch‹ erhielt Mastroianni in Cannes den Preis als bester Darsteller

Darsteller und Personen: *Marcello Mastroianni* (Oreste Nardi), Monica Vitti (Adelaide Caprocchi), Giancarlo Giannini (Nello Serafini), Manolo Zarzo (ein Freund Orestes), Marisa Merlini (Adelaides Schwester), Josefina Serratosa (Orestes Frau), Hercules Cortes, Giuseppe Maffioli, Fernando Sanchez Polak, Corrado Gaipa, Paolo Natale, Brizio Montinaro.

Handlung: Oreste, ein fünfundvierzigjähriger römischer Maurer, steht vor Gericht. Er ist des Mordes an Adelaide, einer Blu-

215

menverkäuferin, angeklagt. Er hat die Frau mit Scherenstichen getötet und Nello, einen toscanischen Pizzabäcker, der sie gerade geheiratet hatte, mißhandelt. Die Geschiche hat sich folgendermaßen zugetragen: Oreste lebte zusammen mit seiner viel älteren Ehefrau und deren Kindern aus erster Ehe in großer Trostlosigkeit. Eines Tages begegnet er zufällig bei einem Friedhofsbesuch Adelaide und verliebt sich in sie. Die Leidenschaft läßt ihn an nichts anderes mehr denken: weder die schwierigen Diskussionen, die er sich nach der Arbeit bei der kommunistischen Partei anhört, noch die Zeitungslektüre oder die Meinung der Leute haben noch irgendeine Bedeutung für ihn. Er verläßt seine Frau und lebt zusammen mit Adelaide ein neues, verrücktes, aber glückliches Leben. Eines Tages, während einer öffentlichen Kundgebung, freundet sich Oreste mit Nello an und macht ihn auch mit dem Mädchen bekannt. Obgleich Adelaide Oreste liebt, wird sie Nellos Geliebte, und es beginnt eine lange Serie von Ausflüchten und Finten, die von Oreste jedoch bald durchschaut werden. Nach Geschrei, Streitereien, Schlägen und Selbstmordversuchen beschließen die drei zusammenzuleben, doch das Experiment mißlingt. Adelaide, die sich zwischen den beiden nicht entscheiden kann, versucht, sich mit einem Dritten, einem dicken und reichen Metzger, zu trösten. Doch sie hält das nicht aus, und als sie von einem Selbstmordversuch Nellos erfährt, kehrt sie zu diesem zurück. Inzwischen zieht Oreste, der zu einer Art Landstreicher verkommen ist, ohne Arbeit stumpfsinnig umher. An dem Tag, da Adelaide und Nello, frisch verheiratet, zur Hochzeitsreise aufbrechen wollen, taucht Oreste auf, stürzt sich auf die Frau und bringt sie um. Das Gericht billigt ihm wegen verminderter Zurechnungsfähigkeit mildernde Umstände zu und verurteilt ihn nur zu fünf Jahren Gefängnis.

Kritik: » ... Zu der bestens abgestimmten Regie und der überaus treffsicheren Inszenierung, ... nicht nur, was die spritzigen Dialoge, sondern auch was die psychologischen Gegensätze angeht, fügt sich eine exzellente schauspielerische Leistung. (...) Marcello Mastroianni ist ein blendender und ein verzweifelter Oreste, den die Flamme der Leidenschaft in einen schlafwandlerischen Automatismus hineinbringt. Alles in allem: eine wahrhaft großartige Charakterdarstellung ...«

Guglielmo Biraghi, »Il Messaggero di Roma, Rom 1. Mai 1970

Giochi particolari
Italien/Frankreich 1970
Regie: Franco Indovina
Drehbuch: Tonino Guerra, Franco Indovina; Kamera: Arturo Zavattini; Schnitt: Roberto Perpignani; Ausstattung: Dante Ferretti; Musik: Ennio Morricone; Produktion: Ultra Film, Pic, Rom/PECF, Paris; Verleih: Dear International.
Darsteller und Personen: *Marcello Mastroianni* (Sandro), Virna Lisi (Claude), Timothy Dalton (Mark), John Serret, Aram Stephan.

Handlung: Sandro, ein wohlhabender Mann mittleren Alters, zieht mit seiner Frau nach England. Seit einiger Zeit hat er jegliches Interesse für die Wirklichkeit um sich herum verloren. Das löst bisweilen irrationale, widersprüchliche Verhaltensweisen aus und bringt ihn dazu, sich selbst und seine Frau zu belügen. Eines Tages erwirbt er bei einer Versteigerung – ohne eigentlich recht zu merken, worum es sich handelt – eine Acht-Millimeter-Kamera. Durch das Objektiv beginnt er, die Welt in einer neuen Dimension zu sehen. Er nimmt sogar die Liebesbeziehungen zu seiner Frau wieder auf. Von angstvoller Unruhe getrieben bringt Sandro seine Frau in ein Landhaus. Dort begegnet er, während er seine Filme dreht, Mark, einem jungen Weltenbummler. Er nimmt ihn mit sich nach Hause und versucht mit allen Mitteln, ihm seine Frau in die Arme zu treiben. Als ihm das schließlich gelingt, filmt er den Ehebruch mit seiner Kamera. Den beiden, die das Schlimmste befürchten, schlägt er vor, sich einen von ihm selbst gedrehten autobiographischen Film anzuschauen, der damit endet, daß sich Sandro erhängt. Da ihm der Schluß nicht sehr gelungen erscheint, fordert er Mark zur Mitwirkung auf: Er soll so tun, als erschieße er Sandro mit einem Revolver – aus dem zuvor die Kugeln entfernt wurden. Mark geht darauf ein und schießt während der Aufnahme auf Sandro. Der aber hat eine Kugel in der Waffe gelassen. Als Mark den Abzug bedient, stürzt Sandro tödlich getroffen zu Boden.
Der vorläufige Titel des Films lautete· »Der Voyeur«.

Kritik: » ... *Giochi particolari* ist nicht schamlos und niederträchtig, wie der Titel und die Werbung für ihn suggerieren wollen. Er ist allerdings auch alles andere als tiefsinnig und voller symbolischer Unruhe, wie seine ernsten und ehrgeizigen Zielsetzungen glauben machen wollen. Der Film zeigt keine gewagten Szenen – Virna Lisi zieht sich nur sehr wenig aus und das auf eine sehr diskrete Art. Es wäre ein Verdienst, wenn diese Szenen erforderlich wären, um der restlichen Geschichte einen Sinn zu geben, das heißt, wenn im Drehbuch und in der Inszenierung von Tonio Guerra und Franco Indovina eine Beziehung zwischen der Neurose der Hauptfigur und der Verstörtheit des modernen Menschen zu erkennen wäre. Aber eine stichhaltige historische und soziale Begründung fehlt, so ist der Film nur noch eine allgemeine Fabel über die Unmöglichkeit, sich, wenn die Beziehung zur Wirklichkeit verloren geht, noch ein sittliches Bewußtsein zu bewahren. Die »Schmutzfinken«, so scheint der Film sagen zu wollen, sind unglückliche Menschen, die aus unerfindlichen Gründen ihre eigene Identität verloren haben und denen nichts weiter geblieben ist, als ein Selbstzerstörungstrieb. Der Zuschauer überläßt die schwierige Aufgabe, die Richtigkeit dieser These zu prüfen, den Psychologen. Er denkt an eine Mischung aus *Il deserto rosso, Blow up* und den Filmen von Enzo Muzzi und erträgt tapfer die vielen Szenen, in denen Sandro am Mischpult herumhantiert, in Erwartung von pikanten Szenen, zu denen es dann nicht kommt. Er weiß die Augenblicke durchaus zu schätzen, in denen der Regisseur Indovina mit tiefen Tönen und dunklen Farben eine selbstvergessene, in sich versunkene Atmosphäre schafft, und verläßt schließlich mürrisch das Kino. Er ist im Unrecht: Zumindest mit Virna Lisis Darbietung, die weit entfernt ist von ihrer sonstigen gezierten Darstellungsweise, sollte er zufrieden sein. Sie zeichnet hier, an der Seite eines allzu glanzlosen, eintönigen und in dieser Rolle nicht glaubwürdigen Mastroianni, das überzeugende Bild einer traurigen und ernsten Frau ...«

Giovanni Grazzini, »Corriere della Sera«,
Mailand, 27. November 1970

Leo the Last (Leo der Letzte)
Großbritannien 1970
Regie: John Boorman
Drehbuch: Bill Stair, John Boorman nach der Idee von George Tabori; Kamera: Peter Suschitzky; Schnitt: Tom Priestley; Ausstattung: Tony Woollard; Musik: Fred Myrow; Regieassistenz: Allan James; Produktion: Caribury Films LTD, Robert Char-

Was hier wie eine typische Fellini-Szenerie aussieht, ist in Wirklichkeit unter der Regie des Briten John Boorman entstanden: ›Leo der Letzte‹

toff und Irwin Winkler Artists Associates, London; Verleih: Dear Film UA.

Darsteller und Personen: *Marcello Mastroianni* (Leo), Billie Whitelaw (Margaret), Calvin Lockhart (Roscoe), Glenna Forster Jones (Salambo), Graham Crowden (Max), Gwen Frangcon Davies (Hilda), David De Keyser (David), Vladek Sheybal (Laszlo), Keefe West (Jasper), Kenneth J. Warren (Kowalski), Patsy Smart (Frau Kowalski), Ram John Holder (schwarzer Prediger), Thomas Buson (Herr Madi), Tina Solomon (Frau Madi), Brinsley Forde (Bip), Robert Redman (Kind Madi), Malcolm Redman (zweites Kind), Robert Kennedy (drittes Kind).

Handlung: Leo, Thronerbe in einem Land, das zu einer sozialistischen Republik geworden ist, läßt sich in London nieder, in einem alten Familienpalais, das inzwischen inmitten eines Negerviertels liegt. Zurückhaltend und verträumt hat er einen Ausweg aus der Langeweile in der Ornithologie gefunden und verbringt seine Zeit damit, mit dem Fernglas die in den Slums herumspazierenden Tauben zu erforschen, aber auch die Sitten und Gebräuche seiner Nachbarn auszukundschaften. Von seiner Ankunft an wird er allerdings auch von seinen Freunden aus den obersten Gesellschaftskreisen in Anspruch genommen: unter anderem von seiner Kusine Margaret, die in Scheidung lebt, von Laszlo, einem Anwalt, der noch immer die Sache ihres gemeinsamen Vaterlandes verteidigt, und von David, einem Modearzt der eleganten Gesellschaft. Doch das, was Leo am meisten fasziniert, ist das Leben im Herzen dieses Neger-»Ghettos«. Von seinem Beobachtungsposten aus erfährt er, in welchem Elend seine Nachbarn leben und welchen Übergriffen sie wehrlos ausgesetzt sind. Daraufhin nimmt sich Leo vor, etwas für seine Nachbarn zu tun. Nach einigen Hilfsmaßnahmen, denen aber kein Erfolg beschieden ist, beschließt er, die Familie von Salambo, die ärmste der Straße, in seinen Palast aufzunehmen. Die Mitglieder seines Hauses erklären ihn für verrückt und versuchen, sich mit Waffengewalt der Verschwendung des Vermögens zu widersetzen. Die betroffenen Neger selbst scheinen ihren Wohltäter nicht allzu ernst zu nehmen. Um sie von der Ernsthaftigkeit seiner Absichten zu überzeugen, setzt Leo sich an ihre Spitze, gibt das Zeichen zum Angriff auf seinen ehemaligen Palast und läßt diesen mit Feuerwerkskörpern bombardieren, um die Verteidiger zu vertreiben. Der Palast fängt Feuer und stürzt in sich zusammen. Doch dieser Einsturz bedeutet für Leo Wandlung und Befreiung.

Kritik: » ... Wir begegnen hier, allerdings mit einigen Elementen moderner Protestbewegungen angereichert, wieder einmal der alten Polemik von D. H. Lawrence, mit der er den Intellektualismus der privilegierten Klassen anprangert und ihm die sexuelle und gefühlsbetonte Kraft des Volkes gegenüberstellt. *Leo, the Last,* ist ein entfernter Verwandter des Ehemanns der Lady Chatterley. So gesehen ist natürlich das Erwachen seines Gewissens ein Ablenkungsmanöver, eine Täuschung; tatsächlich ist der Film, solange Leo nur den »Voyeur« spielt, lebendig und voller bissigen Spottes, er wird unaufrichtig, sobald sich die Hauptfigur in einen Revolutionär verwandelt. Womöglich fehlte dem

Regisseur das richtige Rollenverständnis. Hätte er seinen Helden bis zum Schluß am Fenster gelassen, hätten wir eine Charakterrolle klassischen Typs hinzugewonnen, die des »sozialen Voyeurs«, und die Polemik gegen die Privilegien wäre sehr viel wirkungsvoller gewesen. Marcello Mastroianni, der mit Bravour die Rolle des Leo spielt, ist glaubwürdig, so lange er am Fenster steht und sich aus der Ferne empört und erregt – er wird unglaubwürdig, sobald er auf die Straße geht ...«

Alberto Moravia, »L'Espresso«, Rom, 15. September 1970

La moglie del prete (Die Frau des Priesters)

Italien/Frankreich 1970
Regie: Dino Risi
Drehbuch: Ruggero Maccari, Bernardino Zapponi; Kamera: Alfio Contini; Schnitt: Alberto Gallitti; Ausstattung: Lorenzo Baraldi; Musik: Armando Trovajoli; Regieassistenz: Claudio Risi; Produzent: Carlo Ponti für Compagnia Cinematografica Champion, Rom/Editions Cinématographiques Françaises, Paris; Verleih: Warner Bros.
Darsteller und Personen: Sophia Loren (Valeria Billi), *Marcello Mastroianni* (Don Mario Carlisi), Venantino Venantini (Maurizio), Jacques Stany (Jimmy, der Gitarrist), Pippo Starnazza (Arduino Billi), Miranda Campa (Signora Billi), Dana Ghia (Lucia), Anna Carena (Don Marios Mutter), Giuseppe Maffioli (Davide Libretti, der ehemalige Priester), Gino Cavalieri (Don Filippo), Augusto Mastrantoni (Monsignor Caldana), Brizio Montinaro, Paola Natale, Gino Lazzari.

Handlung: Valeria Billi, eine ehemalige neapolitanische Sängerin, die in Padua lebt, ist entschlossen, sich wegen Liebeskummers umzubringen. Zuvor aber möchte sie das jemandem anvertrauen und ruft die Telefonseelsorge an. Ihr Gesprächspartner jedoch, der vierzigjährige Priester Don Mario Carlisi, ist – ohne sich als Geistlicher erkennen zu geben – bemüht, ihr dieses Vorhaben auszureden. Das gelingt zwar nicht, doch Valeria kommt mit dem Leben davon und möchte, beeindruckt von der männlichen Stimme, die so behutsam durch das Telefon mit ihr gesprochen hat, ihren Gesprächspartner kennenlernen. Zunächst ist sie enttäuscht. Sie erfährt nämlich, daß er Priester ist. Sie läßt sich aber dadurch nicht entmutigen und trifft sich wiederholt mit ihm. Sie verliebt sich schließlich in ihn und bringt es so weit, daß auch er sich in sie verliebt. Don Mario beschließt, das Mädchen zu heiraten. In Erwartung des obligaten Dispenses gibt sich Valeria dem Verlobten hin und stellt ihn dann ihren Eltern vor, die sich schließlich mit der Situation abfinden. Endlich erreicht Don Mario eine Aufforderung, nach Rom zu kommen. Der Priester ist überzeugt, daß man ihn ruft, um das Problem endgültig zu lösen. Statt dessen wird er zum Monsignore ernannt. Als Valeria ihm einige Zeit später nach Rom folgt, findet sie ihn verändert, wenn auch nicht in seinen Gefühlen, so doch sicherlich in seinen Absichten. Er spricht nicht mehr davon, die Soutane abzulegen, sondern schlägt ihr vor, sich diskret in Rom niederzulassen und seine Geliebte zu werden. Niedergeschlagen und enttäuscht weist das Mädchen – ohne ihm zu sagen, daß sie schwanger ist – dieses Ansinnen zurück und zieht es vor, ihn zu verlassen.

Kritik: Dieser Film ist der mißglückte Versuch einer Gesellschaftssatire. In Wirklichkeit ist er völlig bedeutungslos. Zwar haben die Autoren keine Gelegenheit ausgelassen, ihre Absichten hervorzuheben, doch sind ihre Anstrengungen fruchtlos. (…) Sophia Loren, mehr und mehr ein Illustriertenstar, gibt sich hier als junges Mädchen und erweist sich als unbedeutende Charakterdarstellerin; Mastroianni abwesend, zerstreut und finster entschlossen (nach seiner bescheidenen Vorstellung in *I girasoli*), seine Beherrschung des norditalienischen Dialekts unter Beweis zu stellen …«

Claudio G. Fava, »Corriere Mercantile«, Genua, 21. Dezember 70

Scipione detto anche l'Africano

Italien/Frankreich/BRD 1971
Regie: Luigi Magni
Drehbuch: Luigi Magni; Kamera: Arturo Zavattini; Schnitt: Ruggero Mastroianni; Ausstattung und Kostüme: Lucia Mirisola; Musik: Severine Gazzelloni; Produktion: Ultra Film, Rom/FIC, Paris/Cinerama Filmgesellschaft, München; Verleih: Interfilm.
Darsteller und Personen: *Marcello Mastroianni* (Scipio der Afrikaner), Ruggero Mastroianni (Scipio der Asiat), Vittorio Gassman (Cato, der Zensor), Silvana Mangano (Emilia, Ehefrau Scipios, des Afrikaners), Turi Ferro (Giove Capitolino), Woody Strode (Massinissa, König von Numidien), Fosco Giachetti (Aulio Gellio).

›Die Frau des Priesters‹

Handlung: Publius Cornelius Scipio, der »Afrikaner«, erscheint vor dem römischen Senat, wo er von Cato angeklagt wird, fünfhundert Talente unterschlagen zu haben, die Antiochus, der König von Syrien, Rom schuldete. Zum Schluß triumphiert Scipios ungeschliffene Beredsamkeit über Catos unerbittliche Dialektik. In Rom zehrt Scipio, der »Afrikaner«, noch immer von seinen früheren militärischen Ruhmestaten. Doch verbittert ob des Undanks der Politiker, enttäuscht von der ewigen Weisheit des Jupiter Capitolinus und nach dem soundsovielten Streit gezwungen, die lustlose Beziehung zu seiner Frau zu lösen, weiß Scipio nichts Besseres, als sich im eigenen Haus Bacchanalen hinzugeben. Auch das Eingreifen des Königs Massinissa, eines brüderlichen Gefährten in nicht allzu weit zurückliegenden Schlachten, kann die Stimmung im Senat für Scipio nicht verbessern. Cato spinnt neue Intrigen gegen den »Afrikaner«, um dessen politisch wie moralisch ohnedies schon verminderte Bedeutung noch weiter abzuwerten. Es gelingt Cato, sich die Buchführung des »Afrikaners« zu beschaffen und die Abrechnung über die afrikanische Expedition einer Revision zu unterziehen. Scipio muß seine Bücher vor dem Senat zerreißen. Caius Scribonius, der römische Steuereintreiber in Syrien, kommt hinzu und bestätigt, er habe die strittigen Talente den beiden Scipios persönlich ausgehändigt. Cato erreicht es außerdem, daß der »Afrikaner«, der gezwungen ist, seinen Bruder, den »Asiaten«, als den Dieb der fünfhundert Talente anzuerkennen, ins Exil gehen muß. An der Grenze von Literno kommt ihm Jupiter Capitolinus zu Hilfe, der ihm im Beisein der alten und armselig aussehenden republikanischen Wölfin erscheint. In der anschließenden Senatsversammlung tritt Scipio in den Halbkreis und bezichtigt sich fürchterlicher Verbrechen, die er niemals begangen hat, und zwar in einer Weise, daß sich selbst Cato von einer solchen moralischen Größe beeindruckt zeigt und – mit allgemeiner Zustimmung – um Gnade bittet. Doch der »Afrikaner« ist schon unterwegs in ein freiwillig gewähltes Exil ohne Wiederkehr.

Kritik: » ... Der Film zeichnet kein glorifizierendes, kein rhetorisches Bild des Siegers von Karthago. (...) Trotz aller politischen Verwicklungen sieht der Regisseur den Film von einem moralisch-ironischen Gesichtspunkt aus, indem er das Geschehen immer wieder auf unsere Zeit bezieht und auf uns näherliegende Ereignisse anspielt. Der typisch römische Tonfall der Dialoge und die Darstellung unterstreichen den Zusammenhang zwischen der hier erzählten Geschichte und einer Gegenwart, die aufgrund des Dialekts örtlich bestimmt werden kann. Die Mitwirkung von Marcello Mastroianni als Scipio Africanus und seines Bruders Ruggero als angehender Schauspieler in der Rolle des Scipio Asiaticus, wecken für diese merkwürdige Darstellung des alten Rom und einiger seiner berühmten historischen Persönlichkeiten ein gewisses Interesse ...«

Vice, »La Stampa«, Turin, 5. März 1971

Permette? Rocco Papaleo
Italien/Frankreich 1971
Regie: Ettore Scola
Drehbuch: Ruggero Maccari, Ettore Scola; Kamera: Claudio Cirillo; Schnitt: Ruggero Mastroianni; Ausstattung: Luciano Ricceri; Kostüme: Danda Ortona; Musik: Armando Trovajoli; Produktion: Pio Angeletti, Adriano De Micheli für Dean Film, Jupiter Generale Cinematografica, Rizzoli Film, Rom/Francoriz Paris Produktion, Paris; Verleih: Cineriz Distributori Associati.
Darsteller und Personen: *Marcello Mastroianni* (Rocco Papaleo), Lauren Hutton (Jenny), Tom Reed (»Tschingis Khan«), Margot Novak (Linda), Umberto Travaglini (Alcantara), André Pierre Farwagt, Peter Goldfarb, Pompeo Capizzano, Nicole Gabucci, Paola Natale.

Handlung: Der aus Sizilien ausgewanderte Rocco Papaleo lebt schon seit mehr als zwanzig Jahren in den Vereinigten Staaten. Ursprünglich war er als Amateurboxer nach Amerika gekommen, um am »Golden Glove« teilzunehmen. Nachdem er als Boxer keinen Erfolg hat, nimmt er jede Arbeit an. Zu Beginn des Filmes ist er Liftboy in einer Mine in Alaska. Eines Tages fahren er und andere italienische Grubenarbeiter nach Chicago, um sich einen wichtigen Boxkampf anzuschauen. Beim Überqueren einer Straße wird Rocco fast von einem hübschen Mädchen angefahren. Es ist Jenny, ein in der Werbebranche recht bekanntes Fotomodell. Das Mädchen lädt ihn zu sich nach Hause ein, um den Boxkampf im Fernsehen zu verfolgen. Die ganze Angelegenheit wäre in ein paar Stunden vorbei, wenn Rocco Jennys Herzlichkeit nicht für einen Freundschafts- oder gar für einen Liebesbeweis hielte. Tag um Tag verschiebt er seine Abreise aus Chicago und sucht stets neue Gelegenheiten, sich in Jennys Gegenwart aufzuhalten. Seine naive, erdrückende und gleichzeitig komische Verehrung belastet das Mädchen immer mehr. In seinem Bedürfnis mit anderen Menschen zu kommunizieren, begegnet Rocco einem alten, halbblinden Stadtstreicher, einer abstoßenden Prostituierten, die ihn bestiehlt, und einem reichen, homosexuellen Landsmann, der sich jedoch weigert, ihm zu helfen. Eines Abends wird er von vier Rowdys zusammengeschlagen. Trotz alledem aber verliert Rocco seinen Optimismus nicht. Erst als Jenny, die seine Anwesenheit nicht mehr ertragen kann, ihm ihre Verachtung ins Gesicht schleudert, kommt es zu einer verspäteten Auflehnung: Rocco bewaffnet sich mit einer Bombe, finster entschlossen, sie bei der ersten sich bietenden Gelegenheit zu benutzen.

Kritik: »Der Film hält einer strengen Prüfung nicht stand. Mastroiannis Rocco ist kein echter Mensch, sondern mehr ein Vorwand, der dazu dient, eine bestimmte Welt, in diesem Fall Amerika, zu beschreiben. Das Bild, das der Regisseur zeichnet, ist aber letztlich recht beschränkt und außerdem schon veraltet. Die Slums von Chicago – bevölkert von philosophierenden Landstreichern und dicken, melancholischen Prostituierten – erinnern doch sehr an die Banlieus von Paris und Le Havre, wie sie in den sozialistischen französischen Filmen der Vorkriegszeit dargestellt wurden. Trotzdem erscheint uns dieser mißlungene Film das bisher interessanteste Werk Scolas, in dem sich dem Zuschauer viele ungeahnte Perspektiven eröffnen. Zwar erweckt Mastroiannis Rocco nur geringes Interesse (besser gesagt, er wirkt meistens regelrecht störend), doch wird man Lauren Huttons Darstellung als Jane nicht so leicht vergessen ...«

Callisto Cosulich, ABC, Rom, 10. Dezember 1971

... Correva l'anno di grazia 1870 (Im Jahre des Herrn 1870)
Italien 1972
Regie: Alfredo Giannetti
Drehbuch: Alfredo Giannetti; Kamera: Leonida Barboni; Schnitt: Renato Cinquini; Musik: Ennio Morricone; Produktion: RAI, Radio Televisione Italiana, Excelsior 151/2, Garden Cinematografica, Rom; Verleih: Medusa.
Darsteller und Personen: Anna Magnani (Teresa Parenti), *Mar-*

cello Mastroianni (Augusto Parenti), Mario Carotenuto (Don Aldo), Osvaldo Ruggeri, Duilio Cruciani, Franco Balducci, Gastone Bartolucci, Silia Bettini, Luciano Bonanni.

Handlung: Rom 1870. Der Anschluß Roms an das Königreich Italien steht bevor, und gerade darum ist die Unterdrückung durch die Machthaber besonders brutal. Zuaven und Polizisten patrouillieren in den Straßen Roms, während immer mehr Verschwörer in den päpstlichen Gefängnissen schmachten. Unter diesen befindet sich auch Augusto Parenti, der, obwohl schwer erkrankt, den Kampf nicht aufgibt. Seine Frau Teresa versucht, so gut sie kann, für sich und den Sohn Mario zu sorgen. Sie wird von dem Priester Don Aldo unterstützt, der ihr rät, das Kind in ein Seminar zu geben, wo es wenigstens nicht Hunger zu leiden braucht. Einige Tage vor der Besetzung Roms durch die königlichen Truppen gelingt es einem mit Augusto befreundeten Patrioten, heimlich in die Stadt einzudringen. Der Mann, der eine Waffenladung mit sich führt, wendet sich an Teresa und bittet sie, die Gesinnungsgenossen zusammenzurufen, doch die meisten wollen nicht kommen. In der Zwischenzeit haben die Piemonteser die Stadt fast kampflos eingenommen. Die politischen Gefangenen werden befreit. Auf der Suche nach dem todkranken Augusto irrt Teresa von einer Zelle zur anderen. Endlich findet sie ihn. Sie hilft ihm, ins Freie zu gelangen; hier schließt sich ihnen der Sohn an. Teresa schildert Roms Befreiung als einen triumphalen Siegeszug, so wie Augusto es sich immer vorgestellt hatte, und der Mann stirbt lächelnd in ihren Armen: alles in allem hatte er recht – die drei Jahre Kerker und der Tod waren nicht vergebens gewesen.

Kritik: » ... Diese Skizze aus der Zeit des Risorgimento ist eine Folge aus der Serie »Italienische Geschichten«, die Alfredo Giannetti im Auftrag des Fernsehens Anna Magnani auf den Leib geschrieben hat. Selbstverständlich spielt Anna Magnani die Rolle der verbitterten und enttäuschten Teresa mit ihrer gewohnten Hochherzigkeit. Auch Mastroianni gibt eine gewitzte Darstellung der Figur des Patrioten Augusto. Ansonsten schleppt sich die Geschichte müde dahin und bietet keinerlei neue Aspekte. Sieht man von einigen wenigen Fällen ab, so haben unsere Regisseure keinerlei Beziehung zu dieser Periode unserer Geschichte.«

Francesco Bolzoni, »Avvenire«, Mailand, 11. Januar 1972

Ca n'arrive qu'aux autres (Das passiert immer nur den anderen)
Italien/Frankreich 1972
Regie: Nadine Marquand Trintignant
Drehbuch: Nadine Marquand Trintignant; Kamera: William Lubtchansky; Schnitt: Nicole Lubtchansky, Carole Marquard; Ausstattung: Gitt Magrini; Musik: Michel Polnareff; Produktion: Films 13, Marianne Production, Paris/Mars Film Produzione, Rom; Verleih: Cinema International Corporation.
Darsteller und Personen: *Marcello Mastroianni* (Marcello), Cathérine Deneuve (Cathérine), Serge Marquand (Xavier), Dominique Labourier (Marguérite), Danièle Lebrun (Sophie), Ca-

›Das passiert immer nur den anderen‹: Marcello Mastroianni und Cathérine Deneuve versuchen, über den Tod ihres Kindes hinwegzukommen

thérine Allegret, Marc Eyraud, Eduard Niermans, Rosa Chiara Magrini, Michel Guden, Andrée Damant, Benoit Ferreux, Marie Trintignant.

Handlung: Marcello, ein italienischer Designer, ist mit der Französin Cathérine verheiratet. Sie führen ein ruhiges, angenehmes Leben, das jedoch durch den plötzlichen und unerklärlichen Tod ihrer kleinen Tochter Camilla zutiefst erschüttert wird. Verzweifelt schließen sie sich in ihrer Wohnung ein, weisen jeden Besuch zurück, brechen ihre Bindungen zu Freunden oder zur Arbeit ab und denken sogar an Selbstmord. Eines Tages jedoch, von einem unüberwindlichen Selbsterhaltungstrieb gedrängt, gehen sie wieder unter Menschen und entdecken schon verloren geglaubte Dinge wieder neu: den Geruch der Felder und Wiesen, die Bäume, Kinderstimmen, die auf den Straßen widerhallen. Während ihres Ausflugs steigen sie in einem Hotel ab, in dem eine Hochzeit gefeiert wird. An diesem Tag und in der darauffolgenden Nacht finden sie das Leben in seinen natürlichsten Formen wieder. Sie singen mit den Unbekannten, feiern und trinken mit ihnen. Doch später stürzt sie ein zufällig wiedergefundenes Foto der Tochter erneut in tiefe Verzweiflung.

Kritik: » ... Dieser Film des Leids und der Verzweiflung ist von herzzerreißender Schönheit – jeder Aufschrei, jedes Aufbegehren ist ein Sieg über Leid und Verzweiflung (der schmerzlich schönen Cathérine Deneuve und dem in seiner Natürlichkeit erschütternden Marcello Mastroianni ist es gelungen, jede Starattitüde, jede Berufsmäßigkeit und Routine zu vermeiden).«

Guy Braucourt, »Ecran«, Paris, Februar 1972

Liza (Allein mit Giorgio)
Frankreich/Italien 1972
Regie: Marco Ferreri
Drehbuch: Ennio Flaiano, Marco Ferreri, Jean-Claude Carrière, nach einer Novelle »Melampus« von Ennio Flaiano; Kamera: Mario Vulpiani; Schnitt: Giuliana Trippa; Ausstattung: Théo Meurisse; Musik: Philippe Sarde (Violonsolo: Stéphane Grappelly); Produktion: Raymond Danon für Lira Film, Paris/Pegaso Film, Rom; Verleih: PAC.
Darsteller und Personen: Cathérine Deneuve (Liza), *Marcello Mastroianni* (Giorgio), Corinne Marchant (seine Ehefrau), Va-

Liza (Cathérine Deneuve) will Giorgio (Marcello Mastroianni) nicht seiner selbstgewählten Einsamkeit überlassen: ›Allein mit Giorgio‹

lérie Stroh (Valeria, seine Tochter), Pascal Loperrousaz (sein Sohn), Michel Piccoli (Giorgios Freund), Dominique Marca (Kellnerin), Claudine Berg, Enrico Balsi, Luigia A. Guerra.

Handlung: Giorgio, ein Comic-Zeichner, hat seine Frau und zwei schon erwachsene Kinder in Paris zurückgelassen und lebt auf einer einsamen Mittelmeerinsel. Der Hund Melampus ist das einzige Lebewesen, das er in seiner Nähe duldet und zum geduldigen Adressaten seines leeren Geredes macht. Auf der Insel gibt es noch eine nicht mehr benutzte Landepiste, das Wrack eines deutschen Flugzeugs und einen Bunker, den sich Giorgio als Wohnung eingerichtet hat. Seine Einsamkeit wird durch ein Radio und einen alten Plattenspieler gemildert. Außerdem fährt er regelmäßig mit einem Schlauchboot zum Festland hinüber, wo er einkauft, seine Zeichnungen bei der Post aufgibt und die Schecks seines Verlegers einlöst. Sein Leben ändert sich schlagartig mit der Ankunft Lizas auf der Insel, die sich aus Langeweile und Verärgerung von der Yacht, auf der sie sich als Gast befand, hierher begeben hat. Aus Eifersucht bringt die Frau den Hund um und nimmt dessen Stelle ein. Ein versuchter Selbstmord der Ehefrau veranlaßt Giorgio, nach Paris zurückzukehren; doch Liza folgt ihm – zärtlich und stumm – auch dorthin. Die beiden kehren auf die Insel zurück. Eines Tages reißt der Sturm das Boot vom Anker und treibt es hinaus aufs Meer. Die beiden essen den Inhalt ihrer letzten Fleischdose auf, dann versuchen sie, ihr Hungergefühl mit Quellwasser zu betäuben. Zu guter Letzt besteigen sie das Flugzeugwrack und versuchen, die Insel zu verlassen. Doch das Flugzeug gleitet die Piste entlang und bleibt am Ende des Abhangs stehen.

Kritik: » … Aus Ergebenheit und Unterwürfigkeit gegenüber dem geliebten Mann, nimmt eine Frau das Wesen und das Verhalten einer Hündin an. In Flaianos Erzählung vollzog sich die

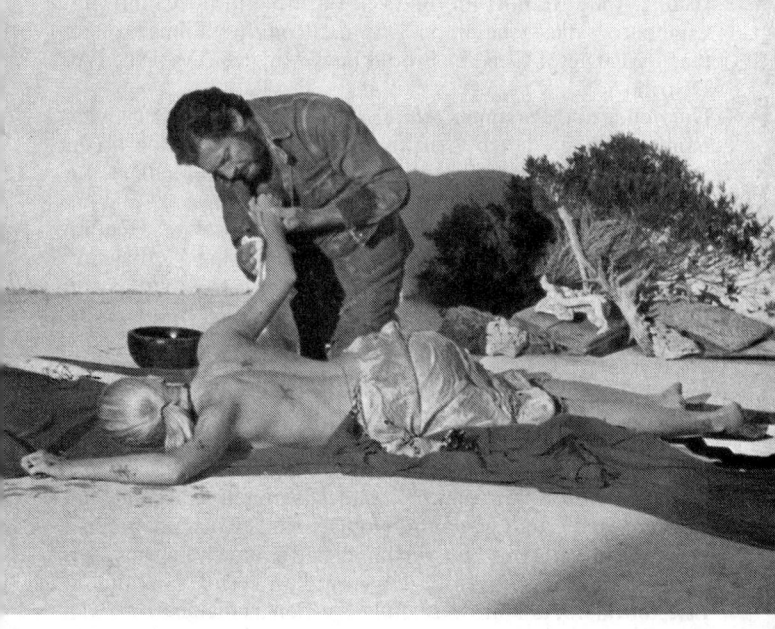

›Allein mit Giorgio‹

Zerrüttung (oder die Eroberung) auf eine Art, die einer Bestrafung des Mannes gleichkam. (…) Im Film – den Flaiano durch seine Mitarbeit am Drehbuch guthieß – ist der Mann viel lauterer. Der Film ist – wie bei Ferreri üblich – eine gewitzte Fabel über die Einsamkeit und die Freiheit, die nur in der Fantasie und im Widerspruch möglich sind. Lobenswerte Darstellungen durch das Gespann Mastroianni/Deneuve …«

Stefano Reggiani, »La Stampa«, Turin, 20. August 1972

What? (Was?)

Italien/Frankreich/BRD

Regie: Roman Polanski

Drehbuch: Gérard Brach, Roman Polansky; Kamera: Marcello Gatti, Giuseppe Ruzzolini; Schnitt: Roberto Silvi; Ausstattung: Aurelio Crugnola; Kostüme: Adriana Berselli; Musik: Claudio Gizzi (Schubert: Der Tod und das Mädchen, Mozart: Sonate zu vier Händen KV 497, Beethoven: Mondscheinsonate); Regieassistenz: Tony Brandt; Produktion: Carlo Ponti für Compagnia Cinematografica Champion s. p. a., Rom/Les Films Concordia, Paris/Dieter Geissler Produktion, München; Verleih: PAC Distribuzione.

Darsteller und Personen: *Marcello Mastroianni* (Alex), Sydne Rome (Nancy), Hugh Griffith (Noblart), Guido Alberti (der Priester), Gianfranco Piacentini (der »Über«-Liebhaber), Romolo Valli (Giovanni, der Verwalter), Roman Polanski (ein junger »Zanzara«), Carlo Delle Piane, Mario Bussolino, Henning Schlueter, Christiane Barry, Pietro Tordi, Nerina Montagnani, Morgen van Jadow, Dieter Hallervorden, Elisabeth Witte, Franco Pesce, Livio Galasse, Alvaro Vitali, Luigi Bonos, Carla Mancini.

Handlung: Nancy, eine junge Amerikanerin, die per Autostop durch die Welt reist, wird von einigen jungen Rowdys angefallen und flüchtet sich in eine Villa an der amalfitanischen Küste. Dort wird sie für einen Gast gehalten und kann sich frei zwischen den anderen Gästen bewegen. Es sind alles recht seltsame Menschen: der alte und gelähmte Noblart weidet sich am Anblick ihrer Nacktheit; Alex, ein Verführer mittleren Alters, vergewaltigt sie zweimal; Giovanni, der Verwalter, verfolgt sie und ein Priester rät ihr, um ihres Seelenheils willen zu fliehen. Ihre Kleider werden ihr gestohlen und das Mädchen irrt, von Mal zu Mal

Marcello Mastroianni in Roman Polanskis ›Was?‹

spärlicher bekleidet, durch die Villa – sogar ihre einfachsten Bedürfnisse werden von allen übergangen. Unbefangen beobachtet sie das Geschehen um sich herum und hält alle in ihrem Tagebuch fest, aus dem dann Giovanni unter allgemeinem Gelächter vorliest. Nancy nähert sich den anderen in der offenkundigen Absicht, mit ihnen zu kommunizieren und ihnen zu helfen, doch alle wollen sie nur belästigen. Am Ende flieht sie entsetzt aus der Villa – Alex versucht vergeblich, sie zurückzurufen – und wird von einem LKW-Fahrer mitgenommen, der eine Ladung Ferkel transportiert.

Kritik: » ... Die vollständig isoliert liegende Villa, der Ort des Geschehens, ähnelt einer Menagerie, die alle Tricks, alle Mythen, alle Tabus und alle Übel der modernen Menschheit enthält. (...) Allerdings einige Grundmotive lassen sich aus der Handlung herausschälen. Als erstes das Motiv der Ohnmacht, an der alle Protagonisten leiden, einer existentiellen Ohnmacht, die schon das Thema in *Cul de sac* war. Dem folgt das Motiv der sexuellen Neurose, die dazu führt, daß jede andere Betätigung an die zweite Stelle verwiesen wird. Dann ist da noch das Motiv der unnütz verstreichenden Zeit, des immer gleichen und fast monotonen Ablaufs des Lebens (oder nur des bürgerlichen Lebens? Denn Charaktere und Themen des Films sind extrem bürgerlich und dekadent ...). Endlich wäre noch die Ironie zu nennen, ein weiterer Angelpunkt für Polanskys Schaffen, der ihn dazu bringt, alle Menschen ohne Nachsicht zu betrachten und sie zu nivellieren. Doch zu guter Letzt löst der Regisseur aus der allgemeinen Erbärmlichkeit die Menschlichkeit einer jeder dieser Gestalten heraus, die alle in irgend etwas verstrickt sind, alle auf etwas aus sind und trotzdem einen melancholisch einnehmenden Zug an sich haben. (...) Der klaren Anweisung des Regisseurs folgend, bieten die Schauspieler eine gelungene und sehr freie Interpretation ihrer Rollen dar. Besonders Mastroianni wirkt sehr locker, wahrscheinlich kam ihm eine (was die Atmosphäre betrifft) ähnliche Erfahrung aus dem Film *Allein mit Giorgio* zugute.«

Enrico Ghezzi, »Rivista del Cinematografo«, Rom, Juli 1973

Mordi e fuggi (Ein Scheiß-Wochenende)
Italien/Frankreich 1973
Regie: Dino Risi
Drehbuch: Ruggero Maccari, Dino Risi, Bernardino Zapponi; Kamera: Luciano Tovoli; Schnitt: Alberto Gallitti; Ausstattung: Luciano Ricceri; Kostüme: Danda Ortona; Musik: Carlo Rustichelli; Regieassistenz: Renato Rizzuto; Produktion: Carlo Ponti für Compagnia Cinematografica Champion s.p.a., Rom/ Les Films Concordia, Paris; Verleih: CIC.
Darsteller und Personen: *Marcello Mastroianni* (Giulio Borsi), Oliver Reed (Fabrizio), Carole André (Danda), Lionel Stander (der General), Nicoletta Machiavelli (Sylvia), Bruno Cirino (Raul), Marcello Mandò (Kommissar Spallone), Gianni Agus (Sergio), Renzo Marignano (Franco), Barbara Pilavin (Norma), Luigi Zerbinati (Giulios Schwiegervater), Regina Bissio (Elsa), Filippo Degara, Gianfranco Barra, Vincenzo Loglisci, Gino Rocchetti, Giulio Baraghini, Ettore Venturini, Aldo Rendine, Lisa Alvorsen, Firmino Palmieri, Alvaro Vitali, Luca Bonicalzi, Giovan Battista Bossio, Enzo Liberti, Lino Nurolo, Piero Mazzinghi, Peter Berling, Valerio Ruggeri, Alexa Paisi, Gianfranco Cardinali, Jean Rougeul, Claudio Nicastro.

Handlung: Giulio, ein römischer Industrieller, fährt mit der hübschen Danda fürs Wochenende fort. Bei einer Autobahntankstelle werden sie von drei revolutionären Studenten, Fabrizio, Raoul und Sylva, angehalten. Die drei haben nach dem mißlungenen Versuch eine Bank auszurauben, auf der Flucht einen Polizeibeamten erschossen. Die Terroristen bemächtigen sich des Wagens und nehmen Giulio und Danda als Geiseln mit. Für ihre Freilassung verlangen die Geiselnehmer ein Lösegeld in Höhe von hundert Millionen und ein Fluchtflugzeug, um Italien verlassen zu können. Giulios Schwiegervater weigert sich zunächst zu zahlen. In der Zwischenzeit haben die Geiselnehmer sich mit ihren Opfern in eine Villa geflüchtet. Danda ist von Giulios Feigheit abgestoßen, der, um sich zu retten, zu jedem Kompromiß bereit ist. Sie fühlt sich zu Fabrizio, einem der Terroristen, hingezogen und verbringt eine Nacht mit ihm. Endlich kommt die ersehnte Nachricht: Das Flugzeug und das Lösegeld

Oliver Reed, Carol André und Marcello Mastroianni in ›Ein Scheiß-Wochenende‹

stehen bereit. Die drei Terroristen lassen Danda frei, nehmen aber Giulio zum Flughafen von Pistoia mit, wo der Austausch stattfinden soll. Sie geraten jedoch in eine Polizeifalle: Die drei Geiselnehmer und Giulio sterben im Kugelhagel der Polizei.

Kritik: » ... Danach verliert die Fabel an Niveau: Die scharfsinnigen, witzigen Bemerkungen werden durch Gags abgelöst, der Aufbau der Erzählung wird banal und der Rhythmus erschlafft, bis es dann zum knalligen Ende kommt, bei dem die Wirklichkeit zum Teufel geht. Marcello Mastroianni gibt eine überzeugende Darstellung des Giulio, den er nach der Manier des Schauspielers Alberto Sordi interpretiert.«

Aldo Scagnetti, »Paese Sera«, Rom, 10. März 1973

» ... Mastroianni spielt ohne große Überzeugung die übliche Karrikatur des neureichen, feigen, banalen, schlauen und konturlosen Italieners. Doch dann – kurz vor dem Ende – erhält die Operette plötzlich einen bitteren, fast tragischen Ton. Wieder einmal bestätigt Risi seinen Ruf als ein gewiefter Filmemacher mit exaktem *Timing*«.

Claudio G. Fava, »Corriere Mercantile«, Genua, 14. April 1973

Rappresaglia (Tödlicher Irrtum)
Italien/Frankreich 1973
Regie: George Pan Cosmatos
Drehbuch: Robert Katz, George Pan Cosmatos, nach dem Roman »Tod in Rom« von Robert Katz; Kamera: Marcello Gatti; Schnitt: Françoise Bonnot, Robert Silvi; Ausstattung: Arrigo Equini; Musik: Ennio Morricone; Produktion: Carlo Ponti für Compagnia Cinematografica Champion, Rom/Les Films Concordia, Paris; Verleih: PAC.
Darsteller und Personen: *Marcello Mastroianni* (Don Pietro Antonelli), Richard Burton (Oberst Herbert Kappler), Leo McKern (General Maeltzer), John Steiner (Oberst Dollmann), Robert Harris (Pater Pancrazio), Delia Boccardo (Elena), Giancarlo Prete (Paolo), Renzo Montagnani (Polizeipräsident Caruso), Guidarino Guidi (Buffarini-Guidi), Anthony Steel, Renzo Palmer.

Handlung: Rom im März 1944. Während der Besetzung durch die Deutschen versucht Don Pietro Antonelli, Direktor des staatlichen Restaurierungsinstituts, ein Gemälde von Masaccio

236

›Tödlicher Irrtum‹

zu retten, dessen Beschlagnahme von den Nazis angeordnet ist, indem er eine Kopie nach Berlin schickt. Auf Drängen seines Vorgesetzten, Pater Pancrazio, entscheidet sich Don Pietro jedoch, dem Oberst Kappler das Original auszuhändigen. Unterdessen verüben italienische Widerständler ein Attentat auf eine SS-Kompanie in der Via Rasella; dabei kommen 32 deutsche Soldaten zu Tode. Zwei der Attentäter, Paolo und Elena, fliehen sofort nach der Explosion und suchen Zuflucht in Don Pietros Haus. Der Stadtkommandant von Rom, General Maeltzer, erhält aus Berlin den Befehl, sofort Vergeltungsmaßnahmen zu ergreifen: für jeden toten Deutschen sollen zehn Italiener erschossen werden. Kappler, der den Befehl durchführen soll, gibt die Nutzlosigkeit einer solchen Maßnahme zu bedenken und Don Pietro schlägt ihm sogar vor, den Vatikan zu einer Intervention zu bewegen, um dieses Blutbad zu vermeiden. Pater Pancrazio begibt sich daraufhin zum Papst, erreicht aber nur, daß der »Osservatore Romano« am 24. März, dem Tag des Massakers in Fosse Ardeatine, einen allgemein gehaltenen Tadel und eine Aufforderung veröffentlicht, in der an das allgemeine Verantwortungsbewußtsein appelliert wird. Nach der Lektüre der Zeitungsnotiz ist Don Pietro vollkommen verzweifelt. Er begibt sich spontan zu Kappler und erklärt, er wolle zusammen mit den anderen unschuldigen Opfern sterben.

Kritik: » ... Vom filmischen Standpunkt aus betrachtet, weist der Film unleugbar zahlreiche Pluspunkte auf. Die Explosion, das heißt, das Attentat in der Via Rasella, spaltet den Film in zwei klar voneinander getrennte Teile. Sorgt im ersten Teil die Beschreibung der präzisen Vorbereitungen des Attentats für dramatische, lebendige Spannung, so beeindruckt im zweiten die beklemmende Atmosphäre, die durch die Aufstellung der Listen mit den Namen der Opfer entsteht. Der Film verliert spürbar an Niveau, sobald in die historische Rekonstruktion des Geschehens die erdachte Figur eines Priesters eingefügt wird. In der Rolle des Priesters, der Zeuge des Attentats wird und freiwillig mit den Geiseln in den Tod geht, kann Mastroianni nicht sein Bestes geben. Sein Gegenspieler, Oberst Kappler, wird von Richard Burton nicht nur verabscheuungswürdig, sondern auch meisterhaft nuanciert dargestellt.«

Guglielmo Biraghi, »Il Messaggero di Roma«, Rom, 14. Okt. 1973

L'événement le plus important depuis que l'homme a marché sur la lune (Die Umstandshose/Hilfe, mein Mann ist schwanger)
Frankreich/Italien 1973
Regie: Jacques Demy
Drehbuch: Jacques Demy; Kamera: Andreas Winding; Schnitt: Anne Cotret; Ausstattung: Bernard Evein; Musik: Michel Legrand; Regieassistenz: Jacques Corbel; Produktion: Raymond Danon für Lira Film, Paris/Roas Produzioni, Rom; Verleih: Alpherat.

Darsteller und Personen: Cathérine Deneuve (Irene Bona-
vena), *Marcello Mastroianni* (Marco Mazetti), Micheline Presle
(Doktor Marie-Louise Delavigne), Marisa Pavan (Maria),
Claude Melki (russischer Frauenarzt Ivan Kamonsky), André
Falcon (Scipione Lemeu), Maurice Biraud (Lemaire), Alice Sa-
pritch (Ramona), Raymond Gerome (Professor Chaumont de
Latour), Jacques Legras (Commendator Lavacca), Monique
Melinand (Frau Solanel), Yves Barsac (Immobilienagent), Mi-
cheline Dax (Frau Corla), Mireille Mathieu, Madeleine Bar-
bulé, Marie Anne Mignal, Dominique Varda, Henri Brier.

Handlung: Der Fahrschullehrer Marco Mazetti lebt in Paris, von
seiner Ehefrau Maria getrennt, mit der Friseuse Irene und dem
Söhnchen Luca zusammen. Eines Abends, während einer Dar-

Marcello Mastroianni und Cathérine Deneuve in ›Hilfe, mein Mann ist
schwanger/ Die Umstandshose‹

Wer würde nicht betreten dreinschaun, wenn plötzlich der Ehemann die wichtigste Aufgabe der Frau übernimmt? ›Hilfe, mein Mannn ist schwanger/ Die Umstandshose‹

bietung, fühlt sich Marco schlecht. Irene besteht darauf, ihn von der Ärztin Madame Delavigne untersuchen zu lassen. Die Diagnose schließt anscheinend jeden Zweifel aus: Marco ist schwanger. Weitere Untersuchungen bestätigen die medizinische Sensation, und Professor Chaumont de Latour trägt den Fall auf einem internationalen medizinischen Fachkongreß vor. Marco wird ein Held: Zeitungen und Fernsehen nehmen sich seiner an; eine namhafte Firma für Umstandsmoden bietet ihm einen vorteilhaften Vertrag an. Das Leben des Paares ändert sich völlig. Marco bittet Irene, ihn um des Kindes willen zu heiraten und diesem den Makel der unehelichen Geburt zu ersparen. Im siebten Monat gibt Marco seine Stellung als Fahrlehrer auf und widmet sich voll und ganz seinem neuen Beruf als Mannequin. Professor Chaumont legt der medizinischen Fakultät eine wissenschaftliche Arbeit vor, in der er die These vertritt, daß infolge der modernen Ernährung, der Medizin und der Umweltverschmutzung der Mensch im Begriff sei, sich langsam aber unaufhaltsam biologisch zu verändern. Endlich ist es soweit: Marco wird von einem Sohn entbunden und ist sehr besorgt, da er das

Mit dem üppigen Hochzeitsmahl hat der Blähbauch Mastroiannis nichts zu tun: ›Hilfe, mein Mann ist schwanger/ Die Umstandshose‹

Die Verklärung der männlichen Mutter: ›Hilfe, mein Mann ist schwanger/ Die Umstandshose‹

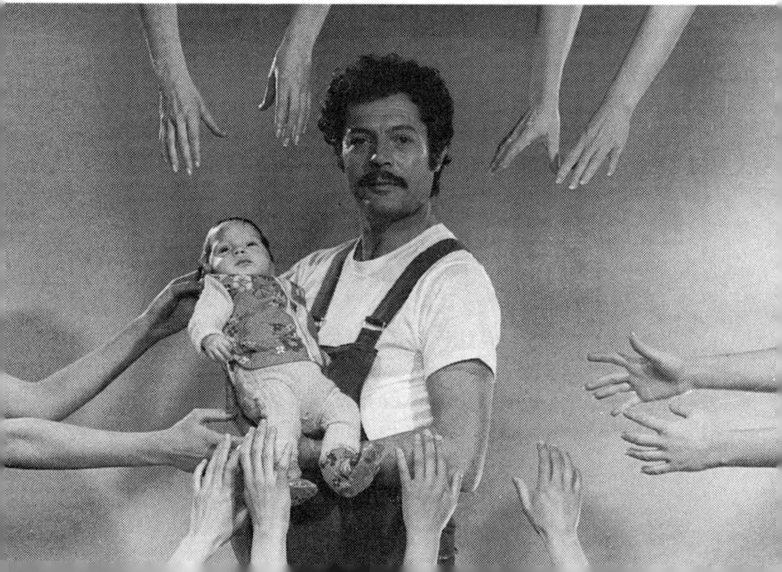

Kind nicht stillen kann. Marco bleibt jedoch kein Einzelfall: Bei einem Arbeiter und einem Verkehrspolizisten zeigen sich die gleichen Symptome.

Kritik: » ... Die ganze Komödie basiert auf dieser biologischen Absurdität und fällt wider alle Erwartungen – bis zuletzt nicht ab; denn der groteske, fiktive Fall dient nur dazu, die Konsumgesellschaft zu verspotten, die eben diesen Fall für ihre Zwecke ausbeutet. (...) Bereitwillig in sein Schicksal ergeben – das halten wir ihm zugute –, schöpft Mastroianni die Komik aus, die sich aus dieser merkwürdigen Situation ergibt.«

Rudi Berger, »Corriere della Sera«, Mailand, 17. November 1973

» ... Marcello Mastroianni nutzt jede Gelegenheit die seine Rolle bietet, um einen überzeugenden und subtilen Humor zu entfalten. Sein Bauch allerdings erinnert – realistisch gesehen – eher an eine ungesunde Fortsetzung seiner im *Großen Fressen* von Ferreri angenommenen Schlemmer- und Vielfraßgewohnheiten.   *Gregorio Napoli, »Il Domani«, Palermo, 20. Juni 1974*

La grande bouffe (Das große Fressen)
Italien/Frankreich 1973
Regie: Marco Ferreri
Drehbuch: Marco Ferreri, Rafael Azcona; Kamera: Mario Vulpiani; Schnitt: Claudine Merlin; Ausstattung: Michel de Broin; Kostüme: Gritt Magrini; Musik: Philippe Sarde; Produktion: Capitolina Produzioni Cinematografiche, Rom/Mara Film, Paris; Verleih: Fida.
Darsteller und Personen: *Marcello Mastroianni* (Marcello), Ugo Tognazzi (Ugo), Michel Piccoli (Michel), Philippe Noiret (Philippe), Andréa Ferreol (Andréa), Monique Chaumette (Madeleine), Florence Giorgetti (Anne), Rita Scherrer (Anulka), Solange Blondeau (Danielle), Michèle Alexandre (Nicole), Cordella Piccoli (Barbara), Henri Piccoli (Hector), James Campbell (Zac), Patricia Milochevitch (Mini), Bernard Menez (Pierre), Louis Navarre (Braguti), Mario Vulpiani (zweiter Pilot), Gérard Boucarout (Fahrer), Guiseppe Maffioli (Chef), Margaret Honeywell (eine Hostess), Annette Carducci (zweite Hostess), Eva Simonnet (Sekretärin).

Handlung: Vier Freunde – zwei Italiener und zwei Franzosen – beschließen, sich in Paris zu einem gastronomischen Wochen-

Andréa Ferreol und Marcello Mastroianni in ›Das große Fressen‹

ende zu treffen. Es sind diese: Ugo, Inhaber eines Restaurants, der Pilot Marcello, der Richter Philippe und der Fernsehproduzent Michel. Die vier ziehen sich in Philippes Villa zurück, einen altehrwürdigen Bau, der seinerzeit Boileau beherbergte, mit einer Linde im Park, in deren Schatten sich schon der Dichter erquickte. Die vier beginnen mit ihrem Schlemmer-Seminar, das in Wirklichkeit ein verbrämter gemeinsamer Selbstmord ist. Marcellos Einladung folgend, kommen auch drei Prostituierte in die Villa, doch, angeekelt von der ihnen unverständlichen »Fresserei«, verlassen die Frauen bald wieder das Haus. Nun willigt die Lehrerin Andréa, die mit ihren Schülern zu einer Besichtigung der »Boileau-Linde« gekommen war, ein, zurückzukehren und bis zum Ende bei den vier Freunden zu bleiben. Einer nach dem anderen wird von seinem Schicksal ereilt: Mar-

243

cello erfriert im Garten in einem alten Bugatti, mit dem er fortfahren wollte. Michel kollabiert beim Versuch, sich von Blähungen zu befreien. Während Andrea an ihm masturbiert, bricht Ugo tot zusammen, weil die Verdauung nicht mehr nachkommt. Philippe stirbt im Garten, während die Angestellten einer Metzgerei neue Speisen anliefern.

Kritik: »*La grande bouffe* ist ein Film von bemerkenswerter Originalität. Manches an ihm ist geradezu genial zu nennen. Außerdem kann der Film zu Recht Einzigartigkeit für sich in Anspruch nehmen. Ferreris Rehschlegel, Ferkel, Geflügel, Steaks, Teigwaren, Suppen, Terrinen und Puddings symbolisieren das Laster nicht nur, nein, sie sind in ihrer ganzen Ursprünglichkeit die Sünde selbst: aus Lust begangen, aber auch als eine Herausforderung zu begreifen. Die Personen dieser Geschichte fressen gierig, lustvoll, übersättigt oder erschöpft, aber nie einfach nur mit Appetit! Das Essen ist für sie ein Laster und kein natürliches Bedürfnis. Das gleiche kann man allerdings vom Sex nicht behaupten, der im Film an sich die gleiche sündhafte Bedeutung wie das Essen haben sollte. Es mag sein, daß diese Sünden einander ausschließen und man sie deswegen einzeln behandeln müßte. Aber es kann natürlich auch sein, daß Ferreri vom Sex nicht so sehr besessen ist wie vom Essen. Fest steht, daß von den gezeigten Busen und den weiblichen Gesäßbacken nicht die gleiche Anziehungskraft, nicht die gleiche Bildhaftigkeit und Unwiderstehlichkeit ausgeht wie von seinen Braten und Speisen. Der beste Schauspieler im Darstellerquartett ist zweifelsohne Philippe Noiret – ein intelligenter, trauriger Schlemmer und Erotomane; Ugo Tognazzi hat meisterhaft groteske Augenblicke. Michel Piccoli ist nur überzeugend und Marcello Mastroianni nicht einmal das …«

Alberto Moravia, »L'Espresso«, Rom, 10. Dezember 1973

Salut l'artiste! (Mach's gut, Nicolas)
Frankreich/Italien 1973
Regie: Yves Robert
Drehbuch: Yves Robert, Jean-Loup Debadie; Kamera: Jean Penzer; Schnitt: Chislaine Desjonquières; Ausstattung: Théo Meurisse; Musik: Vladimir Cosma; Produktion: Gaumont International, Productions De La Gueville, Paris/Euro International, Rom; Verleih: Gaumont International

Darsteller und Personen: *Marcello Mastroianni* (Nicola Monti), Françoise Fabian (Peggy), Jean Rochefort (Clément), Carla Gravina (Elisabeth), Xavier Gelin (Zeller), Evelyne Buyle (Bérénice), Tania Balachova (Signora Gromoff), Georges Staquet, Robert Dalban, Henri Jacques Huet, Bernard Robert, Betty Becker, Bérard Sire, Maurice Barrier, Simone Paris, Lise Delamare, Paul Bonifas, Michel Francini, Max Vialle, Sylvie Joly.

Handlung: Nicola, ein unbedeutender fünfundvierzigjähriger italienischer Schauspieler, ist schon seit Jahren in Paris ansässig. Er hat sich von seiner Familie, von seiner Frau Elisabeth und den beiden Söhnen Ludovico und Louis, getrennt und lebt nun mit Peggy, der neuen Lebensgefährtin, zusammen. Nicola nimmt jede sich ihm bietende Gelegenheit wahr: er arbeitet beim Film, am Theater, bei Synchronisationen und in der Werbung, wo er zusammen mit seinem Freund und Partner Clément auftritt, mit dem er ein gut eingespieltes Gespann bildet. Obwohl er sechzig Stunden pro Woche arbeitet, scheint Nicola sein Privatleben doch einigermaßen zufriedenstellend im Griff zu

Marcello Mastroianni und Jean Rochefort in ›Mach's gut, Nicolas‹

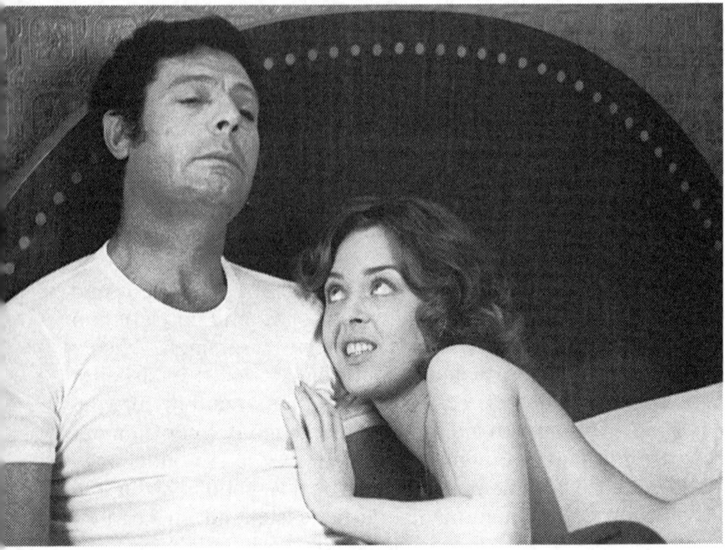

›Mach's gut, Nicolas‹

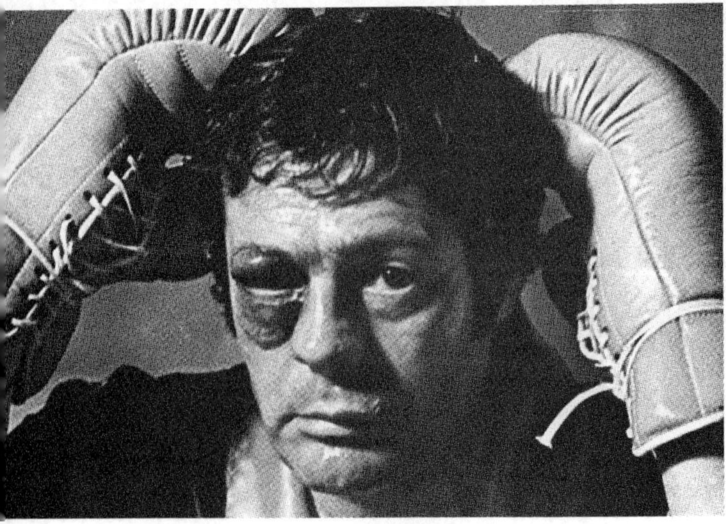

Aufmunterung tut not: ›Mach's gut, Nicolas‹

haben: er teilt seine Zeit zwischen der Geliebten und der Familie auf, der er unregelmäßige Besuche abstattet. Plötzlich jedoch gerät alles aus den Fugen: Clément will sich aus der Schauspielerei zurückziehen, sein Sohn Ludovico geht von zu Hause fort und wird ein Dieb, und Peggy will einen Schlußstrich unter ihre Beziehung ziehen. Nicola reagiert darauf durch ein flüchtiges Abenteuer mit einer kleinen Schauspielerin. Sodann versucht er, Clément zu überreden, mit ihm als Paar weiterzuarbeiten, und sich mit Peggy zu versöhnen – doch ohne Erfolg. Am Ende sucht er Zuflucht bei seiner Frau, aber Elisabeth teilt ihm mit, sie erwarte ein Kind aus einer flüchtigen Liebesbeziehung.

Kritik: » ... Eine mit lockerer Hand skizzierte, aber recht blutleere Geschichte. Zwar ist Yves Robert ein guter Komödiant und ein gewiefter Experte für spritzige Filmkomödien, doch fehlt ihm die Gestaltungskraft, etwas mehr als nur eine reizende Ansammlung von Anekdoten aus der Welt des Schauspiels wiederzugeben. Eine Welt, die – wie der Film beweist – ihm und Jean-Loup Debadie sehr vertraut ist. So ist der Film letztlich nur ein gelungener Entwurf, der eine geschickt aufgebaute, harmlose Handlung, artig spielende Profis aus der Branche, nette kleine Einfälle und liebenswürdige Käuze miteinander vereint und mit Situationskomik würzt. (...) Mastroianni ist ein Nachfahre des italienischen Pulcinella, den es in die Heimat Molières verschlagen hat ...«

Claudio G. Fava, »Corriere Mercantile«,
Genua, 25. August 1975

Allonsanfàn (Allonsanfan)
Italien 1974
Regie: Paolo und Vittorio Taviani
Drehbuch: Paolo und Vittorio Taviani; Kamera: Giuseppe Ruzzolini; Schnitt: Robert Perpagnani; Ausstattung: Giovanni Sbarra; Kostüme: Lina Merli Taviani; Regieassistenz: Ferruccio Castronuovo, Stefano Guerriere; Produktion: Giuliani G. De Negri für Una Cooperativa Cinematografica, Rom; Verleih: Ital Noleggio Cinematografico.
Darsteller und Personen: *Marcello Mastroianni* (Fulvio Imbriani), Lea Massari (Charlotte), Mimsy Farmer (Francesca), Laura Betti (Esther, Fulvios Schwester), Michael Berger (Remigio, ihr Ehemann), Claudio Cassinelli (Lionello), Benjamin Lev

(Vanni »Peste«), Bruno Cirino (Tito), Ermanno Taviani (Massimiliano, Fulvios Sohn), Renato De Carmine (Costantino, Fulvios Bruder), Luisa De Santis (Fiorella, seine Ehefrau), Biagio Pelligra (Priester), Alderice Casali (Haushälterin), Stanko Molnar (Allonsanfan), Francesca Taviani (Giovanna), Raul Cabrera, Roberto Frau, Cyrille Spiga, Pier Giovanni Anchisi, Luis La Torre, Bruna Righetti, Carla Mamini.

Handlung: Im Jahre 1816, die Restauration ist in vollem Gange, wird Fulvio Imbriani aus dem Gefängnis entlassen, in dem er wegen seiner Zugehörigkeit zum Geheimbund der »Erhabenen Brüder« einsaß; er kehrt schwerkrank nach Hause zurück. Da er nicht weiß, wie die Familie ihn aufnehmen wird, gibt er sich als Mönch aus, der beauftragt ist, die Nachricht von Fulvios Tod der Familie zu überbringen. Angesichts der aufrichtigen Trauer seines Bruders und seiner Schwester gibt er sich zu erkennen. Kaum ist er genesen, da erscheint Charlotte, seine ehemalige Geliebte und Mutter seines Sohnes Massimiliano. Die Frau will ihn überreden, zu ihr zurückzukehren und sich den anderen Revolutionären anzuschließen, die eine Expedition zur Befreiung Süditaliens planen. Als dann die Männer, als harmlose Jäger verkleidet, die Villa erreichen, gehen sie den von Fulvios Schwester verständigten Soldaten in die Falle. Mehrere Männer werden getötet, nur eine kleine Gruppe kann sich retten. Charlotte, die beim Versuch, die Männer zu warnen, verletzt wurde, flieht in einer Kalesche, stirbt aber kurze Zeit darauf. Fulvio will mit seinem Sohn nach Amerika flüchten, doch die überlebenden »Erhabenen Brüder« kehren zurück. Sie sind noch immer fest entschlossen, die Expedition in den Süden durchzuführen. Die Zahl der Männer hat sich stark verringert, doch das Boot ist bereit, in See zu stechen. Fulvio sinnt auf Verrat: Er will das Geld an sich bringen, das man ihm zum Waffenkauf anvertraute und Lionello, einen seiner Gefährten und Begleiter, aus dem Weg schaffen. Er täuscht einen Hinterhalt vor, und Lionello begeht daraufhin mit Fulvios Unterstützung Selbstmord. Lionellos Geliebte, Francesca, hat allerdings alles beobachtet und beschuldigt Fulvio, Lionellos Tod verursacht zu haben. Fulvio redet dem Mädchen ein, er liebe es und habe Lionello deswegen beseitigt. Um die Geschichte des Hinterhalts glaubwürdiger zu gestalten und den Verdacht seiner Gefährten von sich abzulenken, verleitet er das Mädchen, ihm ins Bein zu schießen. Obwohl sie weder

Marcello Mastroianni als Fulvio Imbriani in ›Allonsanfan‹

über Geld noch über Waffen verfügen, sind Fulvios Kameraden
entschlossen, ihr Vorhaben durchzuführen. Da sie annehmen,
Fulvio sei auf ihrer Seite, transportieren sie den infolge seiner
Verwundung Bewußtlosen auf das Boot und stechen in See. Als
Fulvio wieder zu sich kommt und begreift, daß es keinen Ausweg
mehr aus der fürchterlichen Lage gibt, entschließt er sich, alles
aufs Spiel zu setzen, um aus der Sache herauszukommen. Der
Mann, der die »Erhabenen Brüder« ortskundig durch den
Süden führen soll, ist ein von der Polizei gesuchter Bandit na-
mens Vanni Peste. Fulvio verbreitet nun unter der Landbevölke-
rung das Gerücht, eine Gruppe Banditen unter dem Befehl von
Vanni Peste sei aus dem Norden in den Süden gekommen. Die
»Brüder« werden jetzt nicht nur von der Polizei und der Armee,
sondern auch von den Bauern verfolgt und schließlich niederge-

metzelt. Fulvio gelingt es, sich rechtzeitig abzusetzen. Schon glaubt er, ein freier Mensch zu sein, da wird er von Allonsanfan, dem einzigen Überlebenden, eingeholt, der ihm im Wundfieberwahn erzählt, die Bauern hätten sich den Revolutionären angeschlossen und würden mit ihnen zusammen bald eintreffen. Fulvio schenkt den Worten des Verletzten Glauben. Er befürchtet, entlarvt zu werden und zieht das rote »Garibaldini«-Hemd wieder an. So wird er von den herannahenden Soldaten als Rebell erschossen.

Kritik: » ... Allonsanfan ist ein in sich geschlossenes lyrisch-dialektisches Werk: wunderbar lyrisch in den kurzen Pausen, die die einzelnen Ereignisse unterbrechen ... und dialektisch, wenn die »Steine« von Matera und Castel Del Monte das feudale, arme Italien repräsentieren, das im Gegensatz zur fruchtbaren Poebene steht. Besser als durch Worte wird der Konflikt zwischen dem Althergebrachten und dem Neuen durch Karnevalsbräuche und Perücken – als Überbleibsel des achtzehnten Jahrhunderts – dargestellt, auch durch Einschübe in die Schilderung der einzelnen Taten der Revolutionäre. Die abwechselnd weich- und scharfkonturierten Bilder, von eigentümlich zauberhaftem Reiz, lassen die Vergangenheit lebendig werden: Es ist das romantische, schwermütige Italien Foscolos und des jungen Manzoni. Marcello Mastroianni, die ungestüme Lea Massari, die zarte Mimsy Farmer sowie Laura Betti, Cirino und Stanko Molnar sind die ausgezeichneten Schauspieler, die eine einfühlsame und einprägsame Darstellung ihrer Rollen geben ...«

Pietro Bianchi, »Il Giorno«, Mailand, 7. September 1974

Touche pas à la femme blanche
Italien/Frankreich 1974
Regie: Marco Ferreri
Drehbuch: Rafael Azcona, Marco Ferreri; Kamera: Etienne Backer; Schnitt: Ruggero Mastroianni; Kostüme: Philippe Sarde; Produktion: Mara Film, Les Films 66, Laser Production, Paris/PEA, Rom; Verleih: 20th Century Fox.
Darsteller und Personen: *Marcello Mastroianni* (George Armstrong Custer), Cathérine Deneuve (Marie-Hélène de Boismonfrais), Michel Piccoli (Buffalo Bill), Philippe Noiret (General Terry), Ugo Tognazzi (Mitch), Alain Cuny (Sitting Bull), Serge Reggiani (verrückter Indianer), Darry Cowl (Major Archibald,

der Tierarzt), Monique Chaumette (Lucia, Krankenschwester), Franca Bettoja (Mitchs Frau – Mondstrahl), Paolo Villaggio (Cia-Agent), Daniele Dublino (Public-Relations-Mann), Franco Fabrizi (Tom, Custers Bruder), Henri Piccoli (Sitting Bulls Vater), Francine Custer (Hermine, Tochter des General Terry), Pierre André Boutang (Politiker), Laurent Vedres (Politiker), Solange Blondeau (Archibalds Verlobte), Giammarco Tognazzi (Sohn des Mitch und seiner Frau), Marco Ferreri (Kellog, der Reporter).

Handlung: Im heutigen Paris leben als Hippies, Lumpenproleten und Landstreicher die nordamerikanischen Indianer des letzten Jahrhunderts. Sie werden von Sitting Bull und seinem alten Vater regiert. In einem Pariser Café diskutieren indessen General Terry und einige amerikanische Politiker jener Zeit über die Gefahren dieser indianischen »Zusammenrottung« und beschließen, General Custer zu Hilfe zu rufen. Der General erscheint in voller Kriegsmontur und möchte am liebsten sofort Sitting Bull und seine Männer angreifen. Custer tritt ziemlich anmaßend auf und stellt große Forderungen an alle und alles. Besonders streng verfährt er mit dem indianischen Kundschafter Mitch, der – um Custer zu folgen – seine Souvenir-Boutique aufgibt, in der er unter anderem auch aus Japan importierte Skalps verkauft. Indessen treffen die Indianer, die dabei von Mitch und einem Anthropologie-Professor heimlich beobachtet werden, ihrerseits kriegerische Vorbereitungen: Sie bewaffnen sich und kommen in der riesigen Baugrube zusammen, die nach dem Abriß der alten Markthallen, »Les halles«, entstanden ist. Es kommt zu Repressalien und grausamen Hinrichtungen. Custer verliebt sich in Marie-Hélène, eine junge Krankenschwester, die sich um die amerikanischen Soldaten kümmert. Sitting Bull hofft auf eine Intervention des Präsidenten Nixon, um die Schlacht noch abwenden zu können. Als der entscheidende Tag anbricht, begeht Custer den gleichen Fehler wie damals bei der Schlacht am Little Big Horn. Ohne die Verstärkung durch das Gros der Armee abzuwarten, greift er die Indianer mit seiner kleinen Truppe an, wird vernichtend geschlagen und stirbt auf dem Schlachtfeld. Terry beobachtet das Kampfgeschehen aus sicherer Entfernung und beeilt sich, seine Anteile an einer im Bau befindlichen Eisenbahn zu verkaufen. Die Indianer bleiben in der Stadt.

Kritik: » ... *Touche pas à la femme blanche* ist die Erzählung eines Völkermordes. Den Genozid in das heutige Paris zu versetzen, in einen staubigen Schlund inmitten einer modernen Großstadt, und ihn mit einer furiosen Endgallopade, die an das Happy-End eines klassischen Western-Films erinnert, ausklingen zu lassen, ist ein glücklicher Einfall. Eine äußerst glückliche Hand hat der Regisseur ebenfalls in der Auswahl und in der Führung aller Schauspieler bewiesen: Marcello Mastroianni ist ein schmachtender Custer mit wallender Haarpracht; Tognazzi eine Art Frosch oder Enterich, der hüpfend und scharrend die Schlachtfelder durchstöbert. Mit Vergnügen erinnert man sich an Mastroianni, wie er, von der Geliebten in der Heimeligkeit seines Zimmers überrascht, mit zittrigen Händen einen riesigen weißemaillierten Nachttopf emporhält. Mit Vergnügen erinnert man sich an das Bild des kurzbeinigen, alten und ergrauten Vaters von Sitting Bull, wie er, nachdem er den General erschossen hat, seine Knollennase runzelt und – das Gewehr wie ein Kind in den Armen wiegend – spricht: »Ich bin froh, ich bin so froh.« Die zynischen und eitlen Militärs; das kleine, wie ein Dornengestrüpp anzusehende Indianer-Fähnlein; Sitting Bull mit schwarzer Melone und strähnigen Flachshaaren; Cathérine Deneuve als Krankenschwester mit zuckersüßer Stimme in makellos gestärkter Kleidung; der Pfeil, der sie durchbohrt und jäh aus dieser Welt verabschiedet; die blutdurchtränkten Zeitungen in den Händen des eifrigen Tierarztes – dies alles ergibt eine groteske Fabel, die uns die Eitelkeit und Grausamkeit der Verfolger sowie die Kraft und den Stolz der Opfer gleichermaßen vor Augen führt ...«

Natalia Ginzburg, »Il Mondo«, Rom, 10. April 1975

La pupa del gangster (Die Puppe des Gangsters)
Italien/Frankreich 1975
Regie: Giorgio Capitani
Drehbuch: Giorgio Capitani, Ernesto Gastaldi, frei nach der Erzählung »Collared« von Cornell Woolrich; Kamera: Alberto Spagnoli; Schnitt: Renato Cinquini; Ausstattung: Enrico Sabbatini; Musik: Piero Umiliani; Produktion: Carlo Ponti für Compagnia Cinematografica Champion, Rom/Les Films Artists Europa Inc. Verleih: United Artists
Darsteller und Personen: Sophia Loren (Pupa), *Marcello Ma-*

stroianni (Michele Cascio, genannt Mike Colletto), Aldo Maccione (Chopin), Pierre Brice (Vize-Kommissar), Mario Maranzana, Nazareno Natale, Gianni Bonagura, Renzo Marignano, Dalila Di Lazzaro, Ester Carloni.

Handlung: Der Tod ihres Zuhälters zwingt die Prostituierte Pupa, sich unter den Schutz des Prostitutions-Bosses Michele Cascio, genannt Mike Colletto, zu stellen. Mike jedoch behandelt sie eher schlecht und Pupa sinnt auf Rache. Als Mike aus Versehen eine andere Dirne, Anna, umbringt, sieht Pupa endlich die günstige Gelegenheit für gekommen. Mike zwingt sie zwar zu einer falschen Zeugenaussage, doch Pupa hetzt ihm die Polizei auf den Hals. Von Mikes Gehilfen Chopin entlarvt, befürchtet das Mädchen nun das Schlimmste. Mike muß flüchten und zwingt Pupa, ihn zu begleiten, doch das rechtzeitige Eingreifen der Polizei rettet das Mädchen vor der drohenden Bestrafung.

Kritik: » … Capitani hat alles auf die Karte des »spritzigen Lustspiels« gesetzt und das ganze mit zahlreichen Slapsticks garniert, ohne überhaupt den Versuch zu unternehmen, die Geschichte mit ein paar originellen Einfällen oder poetischen Impressionen anzureichern. Der Start ist etwas mühsam, doch nachdem die Maschinerie in Gang gekommen ist, rollt die muntere Komödie von selbst. Sophia Loren, als Pupa eine wahre Augenweide, kehrt gerne zum neapolitanischen Akzent und der typischen neapolitanischen Gestik zurück, ohne aber zu vergessen, was sie bei Chaplin gelernt hat. Marcello Mastroianni versucht, die derb-komische Rolle des Gangsters angemessen zu gestalten, auf eine Art und Weise, die an seine Darstellung in *Scheidung auf italienisch* erinnert …«

Guglielmo Biraghi, »Il Messagero di Roma«,
Rom, 12. Febr. 1975

La divina creatura (Ein göttliches Geschöpf)
Italien 1975
Regie: Giuseppe Patroni Griffi
Drehbuch: Giuseppe Patroni Griffi, Alfio Valdarnini, nach dem Roman »La divina fanciulla« (1920) von Luciano Zuccoli; Kamera: Giuseppe Rotunno; Schnitt: Roberto Perpignani; Ausstattung: Fiorenzo Senese; Kostüme: Gabriella Pescucci;

Musik: Ennio Morricone; Regieassistenz: Aldo Terlizzi; Produktion: Alberto Adami, Luigi Scattini, Mario Ferrari für Filmarpa, Rom; Verleih: Titanus.
Darsteller und Personen: Laura Antonelli (Manoela Roderighi), Terence Stamp (Herzog Daniele von Bagnasco), *Marcello Mastroianni* (Marquis Michele Barra), Michele Placido (Martino Biondelli), Dulio Del Prete (Graf Armellino), Marina Berti (Manoelas Tante), Ettore Manni (Professor Marco Pisani), Doris Duranti (Fernanda Funès), Carlo Tamberlani (Pasqualino, Diener des Herzogs Daniele), Cecilia Polizzi, Pietro Di Jorio, Tina Aumont, Corrado Annicelli, Gino Gassani, Anna Maria Cardogna.

Handlung: Der römisch Adelige Herzog Daniele di Bagnasco verliebt sich in das Mädchen Manoela, das scheinbar ein ruhiges und gesichertes bürgerliches Leben führt. In Wirklichkeit hat sie ein Doppelleben: Manoela, die als junges Mädchen vergewaltigt und verführt wurde, verkehrt in einem eleganten Freudenhaus. Selbstverständlich erzählt sie Daniele, in den sie sich verliebt hat, nichts davon. Daniele, der zunächst nur auf eines der üblichen Liebesabenteuer aus war, merkt mit der Zeit, daß er unsterblich und hoffnungslos in Manoela verliebt ist. Als ihn ein Freund über Manoelas Doppelleben aufklärt, geht er ins Bordell und trifft sie dort an. In seiner Wut und Verzweiflung möchte er das Mädchen vergiften, es erwürgen, bringt das aber letztlich nicht übers Herz. Er dringt in das Mädchen, um herauszubekommen, wer ihr erster Verführer war und erfährt dabei, daß es sich um seinen Vetter handelt, den Marquis Barra. Um sich zu rächen, zwingt Daniele Manoela, die alte Beziehung wieder aufzunehmen und den Marquis auf die Folter zu spannen, ohne seinen Wünschen jedoch nachzugeben. Das Mädchen aber betrügt den einen Liebhaber mit dem anderen. Als der Herzog Manoelas Doppelspiel entdeckt, verläßt diese ihre Liebhaber und geht nach Paris. Beide Männer reagieren grundverschieden: Der Marquis Barra streift das Schwarzhemd des neuen faschistischen Regimes über, der Herzog von Bagnasco wird kokainsüchtig und begeht schließlich Selbstmord.

Kritik: » … Patrone Griffi hat in Zuccolis Roman sogar etwas wie einen verfrühten Feminismus entdeckt und diesen in seinem Film akzentuiert. So hat er der Protagonistin das schlimme

Ende erspart, das ihr im Roman widerfährt, in dem ihr von unbekannter Hand die Kehle durchgeschnitten wird. Es ist das Verdienst des Regisseurs, daß es ihm gelungen ist, die Atmosphäre des Romans mit gemäßigter Ironie auf die Leinwand zu übertragen und der ermüdenden Problematik dieser Liebesgeschichte eine historische Dimension zu verleihen, indem er sie am Rande des faschistischen Abgrunds ansiedelt. Symptomatisch dafür die letzte Einstellung: sie zeigt ein Pärchen, einen Lebemann und eine Kokotte, die eine schleppende und schmachtende Version des »Giovinezza«-Lieds singen (A. d. Ü.: Lied der faschistischen Bewegung). Unübertroffen die Darstellung des »jungen Herrn« von Terence Stamp in seiner blutleeren, eiskalten Stilisierung; ausgezeichnet Mastroianni als Schuft, und hinreißend Carlo Tamberlini, der sich bei der Gestaltung seiner Rolle von dem uralten Haus-Hofmeister in Tschechows »Kirschgarten« hat inspirieren lassen.«

Tullio Kezich, »Panorama«, Mailand, 6. November 1975

Per le antiche Scale
Italien/Frankreich 1975
Regie: Mauro Bolognini
Drehbuch: Bernardino Zapponi, Mario Arosio, Tullio Pinelli, Raffaele Andreassi, Sinko Soleville, nach dem gleichnamigen Roman (1972) von Mario Tobino; Kamera: Ennio Guarnieri; Schnitt: Nino Baragli; Ausstattung und Kostüme: Piero Tosi; Musik: Ennio Morricone; Produktion: Fulvio Lucisano für Italien International Film, Rom/Fox Europa, Paris; Verleih: 20 th Century Fox.
Darsteller und Personen: *Marcello Mastroianni* (Professor Bonaccorsi), Françoise Fabian (Anna), Marthe Keller (Bianca), Pierre Blaise (Tonio), Lucia Bosè (Francesca), Barbara Bouchet (Carla), Adriana Asti (Gianna), Charles Fawcett (Direktor der Kinderklinik), Silvano Tranquilli (ein Arzt), Ferruccio De Ceresa (Faschist).

Handlung: Die Geschichte spielt im Italien der dreißiger Jahre. Professor Bonaccorsi, Chefarzt einer psychiatrischen Klinik, forscht seit Jahren nach dem Virus des Wahnsinns in der festen Überzeugung, die Krankheit sei besiegbar, wenn man nur »das schwarze Pünktchen« im Blut entdecke, das nach seiner Überzeugung die Wurzel der Krankheit ist. In Wirklichkeit ist Professor Bonaccorsi von der Zwangsvorstellung besessen, selbst geisteskrank zu sein. Schuld an dieser Überzeugung ist nicht nur der langjährige Aufenthalt in den düsteren Mauern der Irrenanstalt, sondern vor allem die Tatsache, daß er sich erblich belastet fühlt: sein Vater hat Selbstmord begangen, und die Schwester ist in derselben Irrenanstalt untergebracht, in der er als Arzt tätig ist. Daselbst arbeitet auch eine junge Ärztin, die über Freud promovierte und seine Methoden therapeutisch anwendet, obwohl Bonaccorsi diese Theorien ablehnt. Bonaccorsi, der schon die Ehefrauen dreier Kollegen zu seinem »Harem« zählt, versucht auch, sich der jungen Kollegin zu nähern. Die aber weist ihn ab. Dadurch plötzlich einsam und frustriert, verläßt der Professor die Anstalt. Im Zug lauscht er, zutiefst betroffen, dem großsprecherischen und irrsinnigen Geschwafel eines mitreisenden faschistischen Truppführers, der sich lautstark über die rassischen Voraussetzungen des aufsteigenden Regimes verbreitet. All das erscheint als Zeichen dafür, daß sich womöglich ein allgemeiner Wahnsinn auch außerhalb der Anstaltsmauern und über das ganze Land ausbreitet.

Kritik: » … Von der ersten bis zur letzten Einstellung verspürt man die offenkundige gedankliche Unordnung und das völlige Unvermögen, zumindest eines der angeschnittenen und sofort wieder verworfenen Themen wirklich zu erfassen. Von der ersten bis zur letzten Einstellung irrt Mastroianni über die »altehrwürdigen Treppen« mit einem Gesichtsausdruck, als wisse er nicht so recht, ob er seiner wissenschaftlichen oder aber seiner erotischen Neigung nachgeben soll, die ihn zwar beide nur sporadisch und unzusammenhängend zu beschäftigen scheinen, die letztere jedoch stärker als die erste …«

Claudio G. Fava, »Corriere Mercantile«,
Genua, 10. Nov. 1975

La donna della domenica (Die Sonntagsfrau)
Italien/Frankreich 1975
Regie: Luigi Comencini
Drehbuch: Age (Agenore Incrocci), Furio Scarpelli, nach dem gleichnamigen Roman von Carlo Fruttero und Franco Lucentini (1972); Kamera: Luciano Tovoli; Schnitt: Antonio Siciliano; Ausstattung: Mario Ambrosino; Musik: Ennio Morricone; Regieassistenz: Vincenzo D'Errico, Elio Girlanda; Produktion:

Jacqueline Bisset und Marcello Mastroianni in ›Die Sonntagsfrau‹

Roberto Infascelli, Marcello D'Amico für Primex, Rom/Fox Europa, Paris; Verleih: 20th Century Fox.

Darsteller und Personen: Jacqueline Bisset (Anna Carla Dosio), *Marcello Mastroianni* (Kommissar Santamaria), Jean-Louis Trintignant (Massimo Campi), Aldo Reggiani (Lello), Pina Caruso (De Palma), Lina Volonghi (Signora Tabusso), Claudio Gora (Architekt Garrone), Tina Lattanzi (Massimos Mutter), Antonino Faà di Bruno (Massimos Vater), Gigi Ballista (Antiquar), Maria Teresa Albani (Dienstmädchen), Omero Antonutti (Benito, Diener), Renato Cecilia (Nicosia, Polizeibeamter), Mario Ferrero (ein Zeuge), Franco Nebbia (Amerikanist), Massimo Giuliani, Clara Bindi, Mauro Vestri.

Handlung: Der zwielichtige Architekt Garrone wird in seinem Haus in Turin tot aufgefunden. Die Tatwaffe ist ein mächtiger Marmor-Phallus, mit dem man ihm den Schädel gespalten hat. Mit der Verbrechensaufklärung wird Kommissar Santamaria betraut, ein Römer, der im Turiner Polizeipräsidium Dienst tut. Die Ermittlungen gestalten sich aber bald recht heikel. Infolge der Anzeige zweier entlassener Dienstboten werden Anna Carla, eine schöne und reiche junge Frau, sowie Massimo, einer ihrer Freunde und ebenfalls eine stadtbekannte Persönlichkeit, in die Sache verwickelt und von der Polizei besonders aufs Korn genommen. Nach einiger Zeit werden auch Lello, ein schwuler Gemeindeangestellter, Massimos besonderer Freund, außerdem Anna Carlas Mann und zwei betagte Schwestern, denen eine Villa auf dem Turiner Hügel gehört, in die Ermittlungen des Kommissars einbezogen. Bevor Santamaria auf die richtige Spur stößt, ermittelt er noch gegen den Handwerker, aus dessen Werkstatt der Marmor-Phallus stammt, gegen die Bewohner einer Villa, in deren Park sich dreiste Pärchen heimlich treffen sowie gegen den Inhaber einer unseriösen Kunstgalerie. Lello, entschlossen, seinen Freund Massimo zu entlasten, ermittelt auf eigene Faust und untersucht die beim Katasteramt belegten Korruptionsfälle. Das zweite Verbrechen, Lellos Ermordung auf dem Turiner Flohmarkt (dem Balôn), ermöglicht es dem Kommissar, den Mörder zu entlarven. Nach getaner Pflicht kann er sich die verdiente Entspannung gönnen – zusammen mit Anna Carla, der er von Anfang an – allerdings zunächst mit wenig Erfolg – den Hof gemacht hat.

Kritik: » ... Der Regisseur hat die im Roman geschilderten Ereignisse zwar vereinfacht, ihnen aber im wesentlichen Einheitlichkeit verliehen, ohne deswegen auch nur auf einen Effekt oder auf einen Augenblick der Spannung zu verzichten. (...) Ein gelungenes Werk des Regisseurs Comencini, das auch jene Zuschauer fesselt, die schon den Roman gelesen haben und deswegen die Lösung des »Krimirätsels« kennen. (...) Die Schauspieler bieten eine ausgefeilte, ausdrucksvolle Leistung. Die namhafte Besetzung: Jean-Louis Trintignant, die entzückende liebenswürdige Jacqueline Bisset und ein ausgezeichneter Mastroianni, der hier – nach einigen mittelmäßigen Darbietungen – wieder sein üblich hohes Niveau erreicht.«

Mauro Manciotti, »Il Secolo XIX«, Genua, 23. Januar 1976

Culastrisce nobile veneziano

Italien 1976
Regie: Flavio Mogherini
Drehbuch: Flavio Mogherini, Gianfranco Cierici, Barbara Alberti, Amedeo Pagano; Kamera: Carlo Carlini; Schnitt: Adriano Tagliavia; Ausstattung: Daniele Mogherini; Kostüme: Carlo Ambrosino; Musik: Detto Mariano (Lied »Come una Cenerentola«, interpretiert von Claudia Mori und Marcello Mastroianni); Regieassistenz: Serena Canevari; Produktion: Alberto Pugliese für PAC, Produzioni Atlas Cinematografica, Rom; Verleih: PAC.
Darsteller und Personen: *Marcello Mastroianni* (der Marquis Luca Maria Sbrizzon), Claudia Mori (Luisa/Nadia), Lino Toffolo (Professor Agostino Nebiolo), Anna Miserocchi (Helga), Flora Carabella (Marquise Luise, Luca Maria), Adriano Celentano (Sprint Boss), Alvaro Mancori (Nane), Andrea Aureli (der Abgeordnete), Barone Blù (Blauer Baron), Olga Ribera, Rebecca Reder, Niki Gentile.

Handlung: Luisa, die Frau des Marquis Luca Maria, ist während eines Gewitters verschwunden. Der Marquis aber glaubt, sie sei noch bei ihm, oder gibt es zumindest vor. In seiner Villa in Venetien erscheint eines Tages der Organist Agostino. Der Marquis verhilft ihm nicht nur zu einem Engagement am Theater Olimpico in Vicenza, sondern behält ihn auch als Gast in der Villa und freundet sich mit ihm an. Agostino ist anfangs von Luca Marias Gewohnheit, mit dem Geist seiner Ehefrau zu sprechen, verwirrt, doch nach einiger Zeit macht er das Spiel mit. Als dann einige Bauspekulanten versuchen, Luca Maria unter dem Vorwand, er spreche mit dem Geist seiner Ehefrau, entmündigen zu lassen, hilft Agostino dem Marquis, indem er ihm eine Ehefrau verschafft: Nadia, eine Dirne, Freundin des Sprint Boss, soll nur einen Abend lang die Rolle der Luisa spielen. Die Frau jedoch wird aufdringlich. Sie erdreistet sich, in der Villa zu bleiben und will sogar all ihre Verwandten nachkommen lassen. Nachdem ihr Plan, die Frau entführen zu lassen, fehlgeschlagen ist, sehen Agostino und Luca keinen anderen Ausweg, als sie in einen Heißluftballon zu setzen und diesen aufsteigen zu lassen.

Kritik: » ... Die Moral des Märchens ist ziemlich durchsichtig: Die dauerhaftesten Beziehungen sind diejenigen, die man zu Geistern hat, zu eingebildeten Partnern, denn die wirklichen enttäuschen früher oder später doch. Mogherini hat diese Fabel mehr unter dem Gesichtspunkt des Bühnenbildners als des Regisseurs verfilmt. Infolgedessen sind Venedigs Paläste, die herrlichen venetianischen Villen aus dem 18. Jahrhundert die wahren Hauptdarsteller dieses Filmes und nicht Mastroianni, Toffolo oder Claudia Mori. Die nichtssagende Geschichte könnte auch einen anderen Schluß haben, ohne daß dies der Logik einen Abbruch täte. (...) Es hat fast den Anschein, als sei es die Hauptsorge des Autors gewesen, jede Dummheit zu vermeiden und keinerlei – womöglich tadelnswerten – Versuchungen nachzugeben. Doch dies alles ergibt noch keinen guten Film, und letztlich ist somit das ganze Drum und Dran, die Fotografie von Carlini, die Szenenausstattung, die Musik usw., bemerkenswerter als der eigentliche Inhalt. Korrekte schauspielerische Leistungen.«

Callisto Cosulich, »Paese Sera«, Rom, 6. März 1976

Todo modo (Todo Modo)

Italien 1976
Regie: Elio Petri
Drehbuch: Elio Petri, in Zusammenarbeit mit Berto Pelosso, nach dem gleichnamigen Roman von Leonardo Sciascia; Kamera: Luigi Kuveiller; Schnitt: Ruggero Mastroianni; Ausstattung: Dante Ferretti; Kostüme: Franco Carretti; Musik: Ennio Morricone; Regieassistenz: Umberto Angelucci; Produktion: Daniele Senatore für Cinevera s.p.a. Rom; Verleih: P.I.C.
Darsteller und Personen: Gian Maria Volontè (M), *Marcello Mastroianni* (Don Gaetano), Mariangela Melato (Giacinta, M's Ehefrau), Ciccio Ingrassia (Voltrano), Franco Citti (der »Chauffeur«), Cesare Gelli (Arras), Tino Scotti (Koch), Adriano Amidei Migliano (Capra-Porfiri), Giancarlo Badessi (Ventre), Mario Bartoli (Primogenito Lombo), Nino Costa (ein pretino), Guerrino Crivello (Fernsehsprecher), Marcello Di Falco (Saccà), Giulio Donnini (Bastante), Aldo Farina (Restrero), Giuseppe Leone (Martellini), Renato Malavasi (Michelozzi), Riccardo Mangano (Kardinal Beccaris), Piero Mazzinghi (Ca-

prarozza), Lino Murolo (Mozio), Piero Nuti (Schiavò), Loris Perera Lopez (Lombo sr.), Riccardo Satta (Lomazzo), Luigi Uzzo (Aldo Lombo), Luigi Zerbinati (Claudio), Renato Salvatori (Dr. Scalambri), Michel Piccoli (»ER«).

Handlung: M. durchquert in einer Ministerial-Limousine das menschenleere Rom: überall sind beunruhigende Anzeichen einer beginnenden Epidemie zu sehen. Das Auto erreicht einen ausgedehnten Pinienwald, unter dem sich das Hotel und geistige Zentrum »Zafer« befindet. M. wird von Don Gaetano empfangen, dem Direktor des Zentrums und Veranstalter eines Zyklus geistiger Exerzitien, an denen zahlreiche Vertreter aus Politik, Wirtschaft und Unternehmertum teilnehmen. All diese Männer sind an die katholische Mehrheitspartei gebunden. Gleich am ersten Abend verschwindet einer der Teilnehmer, denn die Exerzitien sind nur ein Vorwand für Erpressungen und politische Machenschaften, denen sich auch M. nicht entziehen kann. Außerdem hat M. gegen die Ordnung verstoßen, weil er seine Frau Giacinta mitgenommen hat. Am nächsten Morgen verschwinden die geweihten Hostien, und der Kardinal muß die Meßfeier abbrechen. Während des abendlichen Rosenkranzgebets wird ein bekannter Senator durch einen Pistolenschuß ermordet. Der aus Rom kommende Ermittlungsrichter kann zwar einen Verdächtigen benennen, dieser Mann wird jedoch tot aufgefunden. Weitere Morde folgen, und M. gibt dem Richter zu bedenken, daß alle Mordopfer einen hohen Posten in staatlichen und halbstaatlichen Unternehmen bekleideten. Das Anagramm der Signaturen dieser Unternehmen ergibt einen Satz des Ignatius von Loyola, dessen Anfang lautet: »Todo modo para buscar ...«. Während man versucht zu erraten, wer wohl das nächste Opfer sein wird, hört man plötzlich weitere Schüsse. Man findet Don Gaetanos Leiche, die Pistole in der Hand: alles deutet auf Selbstmord hin. Der Richter teilt den Anwesenden mit, er sei zu der Überzeugung gelangt, Don Gaetano habe, durch leichtsinnige Bauspekulationen ruiniert, erst die anderen und dann sich selbst umgebracht. Die Hotelgäste reisen ab, als letzter verläßt M. das Zentrum. Auf der Fahrt durch den Pinienwald stößt M. nach und nach auf die Leichen der Ermordeten und begreift, daß er sich dem Tod nicht entziehen kann. Er befiehlt seinem Fahrer, anzuhalten, steigt aus, kniet zu einem kurzen Gebet nieder und läßt sich die Pistole an die Schläfe setzen.

Kritik: » ... Zweifelsohne ist der Ich-Erzähler des Romans, der einige Züge des Autors aufweist, im Film in die Gestalt des Don Gaetano eingegangen. In der heftigen und schurkischen Darstellung Mastroiannis ähnelt dieser Don Gaetano aber kaum mehr dem sophistischen Priester aus Sciascias Roman. Mastroiannis Don Gaetano bleibt ein schlechtrasierter, zwielichtiger Gauner auch dort, wo er mit flammenden Blicken und echter Leidenschaft den Mächtigen die Schmährede des barocken Predigers Antonio Vieira entgegenschleudert (nach seinem Tode entdeckt man in seinem Schrank bürgerliche Kleidung für die Flucht und umfangreiche Dossiers, die die Erpressung von Politikern belegen). Und trotzdem ist dieser Mann zugleich auch auf irgendeine Art und Weise Treuhänder eines richtenden christlichen und sozialen Gewissens. (...) Zwar ist der Kontrast zwischen der gewollten dämonischen Darstellung Mastroiannis und dem an Noschese orientierten Rollenverständnis Volontès beabsichtigt, denn darin spiegelt sich die Einstellung des Autors zu den beiden Gestalten wider, das Ergebnis ist jedoch widerspruchsvoll und unbefriedigend. Es ist zwar riskant, bei einem Film, der bewußt Dissonanzen einbezieht, auf Mißklänge hinzuweisen: Doch die Lösung des Krimis – mehrere Anagramme, die einen Satz des Ignazius von Loyola ergeben, dient nicht dem logischen Aufbau der Erzählung. Die nämlich erinnert eher an Agatha Christie als an Borges ...«

Tullio Kezich, »La Repubblica«, Rom, 1. Mai 1976

Signore e signori Buonanotte

Italien 1976
Regie: Luigi Comencini, Nanni Loy, Luigi Magni, Mario Monicelli, Ettore Scola
Drehbuch: Age (Agenore Incrocci), Leo Benvenuti, Piero De Bernardi, Ruggero Maccari, Ugo Pirro, Furio Scarpelli; Kamera: Claudio Ragona; Schnitt: Amedeo Salfa; Ausstattung und Kostüme: Lucia Mirisola, Lorenzo Baraldi, Luciano Spadoni; Musik: Lucio Dalla, Antonello Venditti, Giuseppe Mazzuca, Nicola Salame; Produktion: Cooperativa 15 Maggio, Rom; Verleih: Titanus.
Darsteller und Personen: *Marcello Mastroianni* (Nachrichtensprecher Paolo T. Fiume), Monica Guerritore (seine Assistentin), Vittorio Gassman (Inspektor Tuttunpezzo), Nino Manfredi

(Kardinal Caprettari), Lucretia Love (Englischlehrerin), Adolfo Celi (Commendator Palese), Senta Berger (seine Ehefrau), Ugo Tognazzi (ein General/ein Rentner), Paolo Villaggio (Fernsehmoderator und Prof. Schmidt), Gabriella Farinon (Fernsehmoderatorin), Andréa Ferreol (Köchin des Kardinals), Mario Scaccia (Kardinal), Carlo Croccolo (Polizeipräsident), Eros Pagni, Felice Andreasi, Franco Scandurra, Sergio Graziani, Luigi Uzzo.

Handlung: Der Film soll eine Satire sein über den Alltag einer Fernsehanstalt. In verschiedenen Episoden werden, im Rahmen einer Nachrichtensendung oder unterschiedlicher Unterhaltungssendungen (Englischstunde, Quiz-Sendung, Kinderprogramm, Werbespots, Romanverfilmungen usw.) verschiedene Themen aufs Korn genommen wie Militarismus, CIA, Gerichtsbarkeit, Politiker, Situation der Rentner, Problematik der Abtreibung, Bauspekulationen, Polizei, der Kampf um die Macht. Die einzelnen Episoden sind miteinander verbunden, und zwar durch die glücklich endende Liebesgeschichte zwischen dem Nachrichtenredakteur Paolo T. Fiume, der sich gegen die starren und formalistischen Regeln eines zu sehr verstaatlichten Fernsehens sträubt, und seiner hübschen, jungen Assistentin.

Kritik: » ... Wir hatten uns von den in einer Produktionsgemeinschaft zusammengeschlossenen Drehbuchautoren und Regisseuren mehr erwartet. Der kreisende »Brain-Trust« der Genossenschaft »15. Mai« hat den guten alten Episoden-Film wiedergeboren, in dem Perlen und Flitter, Lachen und Gähnen aneinandergereiht sind. Die beste Episode ist sicher die Neapolitanische »Sinite parvulos«, eine paradoxe und bitterböse Betrachtung zum Thema Kinderarbeit und Geburtenkontrolle. Echt römischer Humor würzt die Episode »Il santo soglio« (der Heilige Stuhl), in der ein spaßhafter Manfredi sich sterbend stellt, um auf einem Konklave des 16. Jahrhunderts seine Wahl zum Papst durchzusetzen. Auch Villaggio, in einer freien Swift-Wiedergabe, und Tognazzi, in der Rolle des Mailänder Stadtstreichers, reizen zum Lachen. Die Muse der Komödie hat die Autoren der anderen Episoden allerdings weniger inspiriert. (...) Mastroianni ist in der Parodie eines Nachrichtenredakteurs zu sehen.«
Tullio Kezich, »Panorama«, Mailand, 23. November 1976

Una giornata particolare (Ein besonderer Tag)
Italien/Kanada 1977
Regie: Ettore Scola
Drehbuch: Ruggero Maccari, Ettore Scola, Maurizio Costanzo;
Kamera: Pasqualino De Santis; Schnitt: Raimondo Crociani;
Ausstattung: Luciano Ricceri; Kostüme: Enrico Sabatini;
Musik: Armando Trovaioli; Produktion: Carlo Ponti für Compagnia Cinematografica Champion s.p.a., Rom/Canafox Films Inc., Montreal; Verleih: Gold Film.
Darsteller und Personen: Sophia Loren (Antonietta), *Marcello Mastroianni* (Gabriele), John Vernon (Emanuele), Françoise Berd (Hausmeisterin), Nicole Magny (Tochter des Cavaliere), Patrizia Basso (Romana), Tiziano De Persio (Arnaldo), Maurizio di Paolantonio (Fabio), Antonio Garibaldi (Littorio), Vittorio Guerrieri (Umberto), Alessandra Mussolini (Maria Luisa).

Handlung: Rom, 8. Januar 1938. Schon im ersten Morgengrauen treffen die meisten Bewohner einer Mietskaserne ihre Vorbereitungen, um an der Massenveranstaltung teilzunehmen, mit der Hitler während seines Italienbesuches in Rom begrüßt werden soll. Antonietta, die Frau des Hausmeisters in einem Ministerium und Mutter von sechs Kindern, kümmert sich darum, daß ihre zahlreiche Familie in ordentlicher Uniform an dem großen Ereignis teilnehmen kann. Allein zurückgeblieben, erledigt sie weiter ihre Hausarbeit. Sie öffnet dabei den Vogelkäfig und läßt unabsichtlich die Amsel entschlüpfen, die auf das Fensterbrett einer Nachbarwohnung fliegt. Die Frau klingelt nun beim Nachbarn, und es öffnet ihr Gabriele, ein Radiosprecher, dem man einige Tage zuvor wegen seiner mangelnden Begeisterung für das faschistische Regime und seiner homophilen Neigungen gekündigt hat, und der nun darauf wartet, abgeholt, an die Grenze begleitet und abgeschoben zu werden. Bei Antoniettas Erscheinen versteckt der Mann rasch eine auf dem Tisch liegende Pistole, mit der er sich hatte umbringen wollen. Die Frau entfernt sich wieder mit dem eingefangenen Vogel. Gabriele beschließt, seiner schmerzlichen Einsamkeit zu entfliehen, begibt sich in Antoniettas Wohnung und bittet sie um eine Tasse Kaffee. Er entdeckt dabei, daß die Frau eine glühende Verehrerin des Duce ist und deswegen all seine Fotos sowie seine bekanntesten Aussprüche aus den Zeitungen ausschneidet und einklebt.

Dann begleitet Gabriele die Frau auf die Dachterrasse und hilft ihr, die Wäsche von der Leine zu nehmen. In einem plötzlichen Aufwallen des Begehrens umarmt ihn die Frau, doch Gabriele reagiert nicht und bekennt ihr seine Homosexualität. Trotzdem kommt es anschließend in Gabrieles Wohnung zu einer Liebesbegegnung, bei der Antonietta mit großer Zärtlichkeit die Initiative ergreift und Gabriele die Liebkosungen der Frau sanftmütig, aber völlig passiv über sich ergehen läßt. Der Tag geht zu Ende; alle kehren von der Veranstaltung zurück. Zwei Polizeibeamte holen Gabriele ab, um ihn zur Grenze zu bringen. Zur Erinnerung an diesen besonderen Tag bleibt Antonietta das Buch »Die drei Musketiere«, das Gabriele ihr geschenkt hat und vielleicht eine Spur der Erkenntnis ihrer wirklichen Situation.

Kritik: » ... Scolas Regie hat manchmal Leerlauf, doch seine Art zu erzählen, die Dinge zu zeigen, sie zu präsentieren, sein in einer Filmwelt, in der sonst alles hemmungslos offen und provozierend ausgebreitet wird, einzigartiges Schamgefühl, seine Kunst, einige Ausschnitte aus dem Gesamtbild herauszuarbeiten, zeugen von höchster Qualität. Seine Bilder, in denen alle Farben einen Grauton haben, wie die handkolorierten Fotos der dreißiger Jahre, sind hervorragend. Sophia Loren und Marcello Mastroianni, früher das Traumpaar des italienischen Films, kommen mit den für sie ungewohnten Rollen gut, wenn auch nicht hervorragend, zurecht ...«
Paolo Valmarana, »Il Popolo«, Rom, 20. September 1977

» ... Sophia Loren und Marcello Mastroianni liefern hier einen Wettstreit schauspielerischer Bravour. Beide pflegen das Understatement, bevorzugen die leisen Töne und erreichen doch ihr Ziel mit unterschiedlichen Ausdrucksmitteln: Die Loren hält sich an den neorealistischen Stil und die mundartliche Sprechweise, während Mastroianni seine Rolle mehr psychologisch und mit größeren mimischen Mitteln aufbaut ...«
Alberto Moravia, »L'Expresso«, Rom, 2. Oktober 1977

Mogliamante (Frau und Geliebte)
Italien 1977
Regie: Marco Vicario
Drehbuch: Rodolfo Sonego; Kamera: Ennio Guarnieri; Schnitt: Nino Baragli; Ausstattung: Mario Garbuglia; Kostüme:

Luca Sabatelli; Musik: Armando Trovaioli; Produktion: Franco Cristaldi für VIDES, Rom; Verleih: P.I.C.

Darsteller und Personen: Laura Antonelli (Antonia), *Marcello Mastroianni* (Luigi), Leonardo Mann (Dario), William Berger (Graf Brandini), Olga Karlatos (Doktor Pagano), Stefano Patrizi (Enrico, Claras Verlobter), Annie Belle (Clara), Helene Stoliaroff (Inhaberin des Gasthauses), Gastone Moschin (Vincenzo), Elsa Vazzoler (Teresa), Armando Brancia (Landarzt), Daniele Gabay (junger Offizier).

Handlung: Antonia und Luigi, zwei reiche Eheleute, leben zu Beginn dieses Jahrhunderts in einer kleinen Stadt im Veneto. Antonia, wegen einer Lähmung der Beine ständig ans Bett gefesselt, ist verhärmt und außerdem frigide – das jedenfalls meint ihr Mann, der ständig geschäftlich außer Haus ist. Als Luigi während einer seiner Reisen fälschlicherweise eines Mordes verdächtigt wird und bei einem Vetter, im Haus gegenüber dem seinigen, untertaucht, wird er von allen totgeglaubt. Antonia, mit einem Schlag vollkommen genesen, reagiert auf die neue Lage, nimmt den Platz ihres Mannes in der Führung des Betriebes ein und inspiziert mit Luigis Kalesche ihre Ländereien. Nach und nach entdeckt sie, daß ihr Mann ein Doppelleben führte: Neben seinem Weinverkauf beschäftigte er sich mit der Abfassung sozialistischer Propagandaschriften, die er heimlich drucken ließ, und hatte – nach Art eines Lebemannes – überall verstreut seine Freundinnen. Neugier und Verärgerung veranlassen Antonia, alles, was Luigi unternommen hatte, nachzuahmen. Schließlich trifft sie auf einen jungen Arzt und wird seine Geliebte. Luigi indessen verfolgt heimlich vom Fenster gegenüber aus voller Unruhe und Entrüstung das Geschehen, bis er begreift, daß die Frau, seine Nähe erahnend, ihn durch die Umarmungen ihres Liebhabers provozieren will. Als er sein Versteck schließlich verlassen kann, kehrt er nach Hause zurück, wo er eine andere, endlich befreite Frau vorfindet.

Kritik: » ... *Mogliamante* ist ein Film voller Ambitionen, der seinen Beitrag zum Problem der Emanzipation der Frau leisten will, indem er einige Aspekte des heutigen Feminismus, vor allem aus dem Bereich der Sexualität, in eine Epoche der Vergangenheit hineinprojiziert, in der die Frauen ihre allerersten Schritte versuchten im Kampf gegen die Ausbeutung bei der Ar-

beit in der Fabrik und in der Landwirtschaft. Doch statt mit Konsequenz Ideen zu verfolgen, hat man seine Bemühungen auf Bühnenbildner, Kostümbildner und Ausstatter von Format konzentriert – desgleichen auf einen namhaften Aufnahmeleiter. Das Ergebnis ist ein Produkt von ansprechender Verpackung, aber dürftigen Inhalts: ein Film vom Niveau eines »Lore-Romans«, aber voller anstrengender Belehrungsversuche. Die Regie vermag sich, von einigen ganz seltenen Augenblicken abgesehen, von Feld- und Gegenfeldbildern nicht zu lösen. Fest steht auch, daß die vollkommen eintönige Interpretation Laura Antonellis keinen Beitrag zum Gelingen des Filmes hat leisten können. (...) Marcello Mastroianni tut, was er kann, allein das Drehbuch zwingt ihn zu unmöglichen Szenen und Einsätzen ...!«

Mirella Acconciamessa, »L'Unità«, Rom, 29. November 1977

Doppio delitto
Italien/Frankreich 1977
Regie: Steno (Stefano Vanzina)
Drehbuch: Age (Agenore Incrocci), (Furio) Scarpelli, Steno, nach dem Roman »Doppia morte al Governo Vecchio« von Ugo

Moretti; Kamera: Luigi Kuveiller; Schnitt: Antonio Siciliano; Ausstattung und Kostüme: Mario Ambrosino; Musik: Riz Ortolani; Produktion: Roberto Infascelli für Primex S.r.l., Rom/ P.E.C.F., Paris; Verleih: P.I.C.

Darsteller und Personen: *Marcello Mastroianni* (Bruno Baldassarre), Agostina Belli (Teresa), Ursula Andress (Prinzessin Dell'Orso), Peter Ustinov (Harry Hellman), Jean-Claude Brialy (van Nijlen), Gianfranco Barra (Cantalamessa), Mario Scaccia (»Sorcio«), Giuseppe Anatrelli (Carrù), Serge Frederic Melzio), Jean Patrick Junoy (Alex), Luigi Zerbinati (der Lüstling).

Handlung: Der Kommissar Bruno Baldassarre, der wegen eines schweren Fehlers (er hat – ohne es zu wollen – einem Mörder die Flucht aus dem Gefängnis erleichtert) zum Archiv für Beweisstücke strafversetzt worden war, kehrt zur Bearbeitung eines aktuellen Falles ins Polizeipräsidium zurück. Eines Tages, als er sich in seiner Stammkneipe aufhält, mehr dem Genuß eines alten »Nick-Carter-Comic« hingegeben als dem des vor ihm dampfenden »Abbacchio« (A.d.Ü.: typisches römisches Lammgericht), wird er wegen eines mysteriösen doppelten Todesfalles zum Ort des Geschehens gerufen: zwei Männer, der adelige Eigentümer eines Palastes im Zentrum von Rom, und ein armer Elektriker, sind während eines Gewitters vom Blitz erschlagen worden. Es scheint sich also um einen Unglücksfall zu handeln. Doch Baldassarre ist nicht überzeugt davon und geht der Sache nach, indem er zunächst die Mieter des Palastes vernimmt – eine wahre Musterkollektion von Verdächtigen. Sie kommen alle als Täter in Frage: Harry Hellman, ein amerikanischer Drehbuchautor in prekären Verhältnissen; die Prinzessin Dell'Orso, die junge und schöne Witwe, die aus ihrem Haß gegen den verstorbenen Ehemann keinen Hehl macht; ein mysteriöser dänischer Bildhauer; ein geschwätziger Antiquar; eine Gruppe Studenten, die Musik aus dem 18. Jahrhundert spielt. Um Baldassarre auf die richtige Spur zu bringen, ist da noch Teresa, die Nichte des toten Elektrikers, die des Prinzen Vergangenheit kennt und nicht daran glaubt, daß es sich um einen Unfall handelt. Sie ist entschlossen, den Mörder ihres Onkels zu finden. Dem Kommissar gelingt es schließlich, den Knäuel der verwikkelten Geschichte zu entwirren. Er weist damit auch nach, daß er kein Tölpel ist, und wird zum Lohn für diesen Fahndungserfolg wieder in seine alte Position im aktiven Polizeidienst zurückberufen.

Kritik: » ... In seinem ungepflegten Aufzug – in einer Mischung zwischen Hulot und Umberto D. – knüpft Baldassarre (...) das Netz der Beziehungen zwischen den Mietern, zeichnet das Bild der Erbschaftsintrigen, des Scheiterns von Existenzen der Träume von Bauspekulationen und kommt auf diese Weise schließlich auf des Rätsels Lösung. Steno, der mit sicherer Hand Regie führt, gelingt es, eine »englische Atmosphäre« zu schaffen, versetzt mit römisch-derben Elementen. Das Ergebnis ist durchaus erfreulich: gestützt auf eine lebendige Inszenierung ist *Doppio delitto,* dank einer wohldosierten Mischung aus »Suspense« und Komik, zu einer spritzigen Kriminalkomödie geworden – mit einem glänzenden Mastroianni, dessen Vortrag so überragend ist, daß er allein den Rhythmus der einzelnen Einstellungen zu bestimmen scheint.«

Riccardo Bianchi, »L'Europeo«, Mailand, 20. Januar 1978

Ciao maschio (Affentraum)

Italien/Frankreich 1978
Regie: Marco Ferreri
Drehbuch: Marco Ferreri, Gérard Brach (in Zusammenarbeit mit Rafael Azcona); Kamera: Luciano Tovoli; Schnitt: Ruggiero Mastroianni; Ausstattung: Dante Ferretti; Kostüme: Nicoletta Ercole; Musik: Philippe Sarde; Regieassistenz: Giuseppe Pollini; Produktion: Giorgio Nocella für 18 Dicembre, Rom/Maurice Benart für Prospectacle, Paris/Yves Gasser und Yves Peyrot für Action Film, Paris; Verleih: Fida.
Darsteller und Personen: Gérard Depardieu (Gérard Lafayette), James Coco (Andreas Flaxman), *Marcello Mastroianni* (Luigi Noccello), Geraldine Fitzgerald (Frau Toland), Gail Lawrence (Angelica), Richard Bowler (Robin), William Berger (Paul Jefferson), Stefania Casini (ein Mädchen aus dem »off«-Theater), Francesca De Sapio (ein zweites Mädchen), Mimsy Farmer (Mädchen aus dem »off«-Theater), Avon Long (Miko), Nathalie Bernart (Mädchen aus dem »off«-Theater), Enrico Blasi (der Blinde), Luciano Pallocchia, Achille Antonaglia, Sandra Monteleone, Rosamaria Caloggero, Mario Dardanelli und der Affe Bella (Cornelius), geführt von Giuseppe Serpe.

Handlung: Ein junger Mann namens Lafayette, der in New York

269

lebt, verbringt seine Zeit damit, daß er mit dem Fahrrad zwischen einem Wachsfiguren-Museum über das alte Rom, wo er als Elektriker arbeitet, einem von Mädchen geleiteten »off«-Theater am Broadway, an dem er als Beleuchtungstechniker mitwirkt, und schließlich dem von Mäusen übervölkerten Kellerloch, in dem er haust, hin- und herpendelt. In dem kleinen Theater lernt er Angelica kennen, die sich in ihn verliebt und ihm nachfolgt. Tag für Tag begegnet Lafayette drei Freunden: Frau Toland, Miko, einem Neger, der ein großer Fotograf sein möchte, und einem anderen, einem ständig schweigenden Alten. Aus der Ferne folgt ihm auch Luigi, ein asthmatischer Italo-Amerikaner, der sich um sein kleines Häuschen herum, inmitten der Wolkenkratzer, einen rührenden kleinen Gemüsegarten angelegt hat. Seine Einsamkeit, verstärkt durch lange sexuelle Abstinenz, bedrückt ihn so sehr, daß er im Laufe der Handlung Selbstmord begeht: den Mund mit einem Pflaster verklebt, erhängt er sich in seinem Gärtchen. Für ihre Spaziergänge bevorzugen Lafayette und seine Freunde den Strand an den Ufern des Hudson-River und genau dort entdeckt die Gruppe eines Tages die Sache, die ihren Alltagstrott völlig durcheinanderbringt: vor dem Hintergrund Manhattans stoßen sie auf ein riesiges Affengerippe; in der Pfote der gewaltigen Attrappe duckt sich ein frischgeborenes Äffchen. Luigi findet es, nimmt es in den Arm, streichelt es und vertraut es dann Lafayette an. Von diesem Augenblick an werden Lafayette und Cornelius (so wird das Tierchen gemäß »amtlicher Geburtsurkunde« genannt) unzertrennlich. Zwischen ihnen entsteht – trotz der feindseligen Haltung des Museumsdirektors – eine quasi-menschliche Beziehung. Eines Tages dann findet Lafayette bei seiner Heimkehr das Tierchen tot vor, von den Mäusen zerfressen. Kurz zuvor hatte ihm Angelica gestanden, daß sie schwanger sei und war ihm davongelaufen, als sie seine Unfähigkeit erkannte, sich der eigenen Verantwortung bewußt zu werden. Lafayette, durch den zuvor entdeckten Tod Luigis schon vollkommen aufgewühlt, stürzt schluchzend aus seiner Behausung und trifft, die Tür des Wachsfiguren-Museums durchbrechend, auf Flaxman, den Direktor, der als Cassius verkleidet, Shakespeare deklamiert. Lafayette erzählt ihm von Cornelius, von Luigi, von allen – doch Flaxman spuckt ihm ins Gesicht: Er habe ihn gewarnt, der Affe sei ein Fehler gewesen – weder Tier noch Mensch – und nun, so

›Affentraum‹

wiederholt Flaxman, sei es unnütz, Tränen zu vergießen. Der junge Mann packt ihn, hebt ihn hoch und schleudert ihn gegen eine Nero-Nixon-Statue. Im Fallen löst Flaxman einen elektrischen Mechanismus aus: ein Kurzschluß führt zu einem Museumsbrand. Angelica sitzt nackt am Strand, genießt die Sonne und ißt Weintrauben. Ihre Tochter kommt hinzu, nimmt ein paar Trauben und läuft wieder fort, um friedlich im Wasser zu spielen.

Kritik: » ... Gérard Depardieu, als Schauspieler ein wahres Urvieh, stellt sich in dieser wohl besten schauspielerischen Leistung seiner Karriere selbst dar, und Mastroianni spielt den Luigi mit untrüglicher Bravour. Doch alle sind zu loben, von den unbekannten James Coco und Gail Lawrence bis zu Geraldine Fitzgerald.«

Morando Morandini, »Il Giorno«, Mailand, 25. Februar 1978

» ... Die Schauspieler tragen zur Qualität dieses Filmes in hervorragender Weise bei: Depardieu ist ein vollkommenes Beispiel natürlicher Sinnlichkeit; Mastroianni bietet abgrundtiefe und vollkommen neue Empfindungen einer existentiellen Verzweiflung; James Coco, ein in Italien wenig bekannter Schauspieler, ist ein außergewöhnlicher Konservator nicht nur des Museums, sondern auch der Mythen einer untergegangenen Zivilisation.«

Sandro Casazza, »La Stampa«, Turin, 9. März 1978

Cosí come sei (Bleib wie du bist)
Italien/Spanien 1978
Regie: Alberto Lattuada
Drehbuch: Enrico Oldoini, Alberto Lattuada; Kamera: Jose Luis Alcaine; Schnitt: Sergio Montanari; Ausstattung: Luigi Scaccianoce; Kostüme: Bona Nasalli Rocca; Musik: Ennio Morricone; Regieassistenz: Fabrizio Sergenti Castellani; Produktion: Giovanni Bertolucci für San Francisco Film, Rom/Producciones Cinematograficas Ales SA, Madrid; Verleih: SEIAD.
Darsteller und Personen: *Marcello Mastroianni* (Giulio), Nastassja Kinski (Francesca), Francisco Rabal (Lorenzo), Anja Pieroni (Cecilia), Monica Randall (Luisa), Giuliana Calandra (Teresa), Barbara De Rossi, Jose Maria Caffarel, Maria Pia Attanasio, Raimondo Penne, Claudio Aliotti, Massimo Bonetti, Mario Cecchi, Adriana Falco, Rodolfo Bigotti.

Handlung: Giulio, ein Städtebau-Architekt, der verheiratet ist und eine achtzehnjährige Tochter hat, muß beruflich in die Gegend von Florenz reisen. Dort trifft er auf Francesca, ein lebhaftes, unbekümmertes Mädchen, zu dem er sich sogleich hingezogen fühlt. Ihre Begegnung endet in einer Liebesnacht. Dann trifft Giulio seinen alten Freund Lorenzo wieder. Zufällig kommen sie auf Francesca zu sprechen, und Lorenzo redet Giulio ein, Francesca könne seine Tochter sein, denn er habe doch zwanzig Jahre zuvor ein Verhältnis mit Fosca gehabt, und ausgerechnet die sei Francescas Mutter. Die Information veranlaßt Giulio, jegliche Beziehung zu dem Mädchen abzubrechen, doch er muß erfahren, daß dies gar nicht so einfach ist, weil Francesca von ihm nicht lassen will und alles unternimmt, um ihn wiederzusehen. Unterdessen versucht Giulio, die Wahrheit über Francescas Geburt herauszubekommen. Doch seine Nachforschungen führen zu nichts. Der Zweifel bleibt. Francesca gelingt es, Giulio zu einem Geständnis zu bringen. Das Mädchen aber beschließt, die Enthüllung zu irgnorieren: es ist verliebt – das allein zählt. Außerdem kann sie nicht irgend jemanden als Vater akzeptieren, der sich nach zwanzig Jahren meldet und als Beweis für seine Vaterschaft nur einen vagen Verdacht angeben kann. Luisa, Giulios Frau, demonstriert in dem Bestreben, die Ehe zu retten, tiefe Verbundenheit zu ihrem Mann. In der Familie kommt es noch zu weiteren Schwierigkeiten: Ilaria, Giulios und Luisas Tochter, ist schwanger und will abtreiben. Giulio reist nach Madrid, um Ilaria zu besuchen, die nun aber entschlossen ist, das Kind zu behalten. Francesca folgt Giulio und verbringt mit ihm eine Zeit ungetrübter Liebe. Bei ihrer Rückkehr nach Florenz zieht das Mädchen es vor, Giulio zu verlassen: es will

Nastassja Kinski bringt den älteren Herrn in enorme Gewissenskonflikte:
›Bleib wie du bist‹

nicht das banale Ende einer derart schönen Liebesbeziehung erleben.

Kritik: » ... Auch wenn man Lattuada sehr viel Geschmack bei der Behandlung des Themas zubilligen muß, sieht man sich doch einem fast skandalösen Werk von unterschwelliger sinnlicher Erregung gegenüber – einem Film, in dem darüber hinaus die Motive der Handelnden waghalsig sind und bleiben, in dem die Psychologie der Protagonisten unzureichend erklärt wird. (...) In der undankbaren Rolle des Fünfzigjährigen, der zwischen seinen Liebesgefühlen und den Gedanken an die beunruhigenden Folgen dieser Liebe hin- und hergerissen ist, ein Marcello Mastroianni in großer Form ...«

Mario Foglietti, »Il Popolo«, Rom, 22. September 1978

Fatto di sangue fra due uomini per causa di una vedova, si sospettano moventi politici

Italien 1978
Regie: Lina Wertmüller
Drehbuch: Lina Wertmüller; Kamera: Tonio Delli Colli; Schnitt: Franco Fraticelli; Ausstattung: Enrico Job; Kostüme: Benito Persico; Musik: Dangió e Nando De Luca; Produktion: Liberty Film, Rom; Verleih: Titanus.
Darsteller und Personen: Sophia Loren (Titina Paternò), *Marcello Mastroianni* (Rosario Maria Spallone), Giancarlo Giannini (Nick Sanmichele), Turi Ferro (Vito Acicatena), Mario Scarpetta (Gennaro Spaventa), Antonella Murgia (schwangeres Mädchen), Lucio Amelio (Dr. Crisafulli), Isa Danieli (die Frau im Hafen), Maria Carrara (Donna Santa), Guido Cerniglia (Gemeindesekretär), Vittorio Baratti (Apotheker), Oreste Radi (der Lehrer), Toti Palma (Tutino).

Handlung: Die Geschichte spielt Anfang der zwanziger Jahre in einem kleinen sizilianischen Dorf. Titina, die aus Neapel stammt, ist die Witwe eines Köhlers, der von Vito Acicatena, einem örtlichen Gutsherren, einem Anhänger des Faschismus, umgebracht wurde, weil er die Landarbeiter zum Streik aufgefordert hatte. In der Nacht, in der man ihr den Mann umbrachte, hatte Titina wegen dieses schrecklichen Ereignisses eine Fehlgeburt und hilft seither kostenlos den Frauen des Dorfes abzutreiben. Sie unterhält Beziehungen zu zwei Männern: zu Nick Sanmichele, einem italo-amerikanischen Gangster, der in das Dorf mit einem Auftrag der Mafia zurückgekehrt ist, zu dem es auch gehört, den Mord an Titinas Mann zu rächen, und zu dem Rechtsanwalt Spallone, einem Sozialisten, der einer reichen bürgerlichen Familie entstammt und sie beschützte, als Acicatena Titina, nachdem er sie zur Witwe gemacht hatte, auch noch vergewaltigen wollte. Titina, Geliebte des Erstgenannten aus Liebe, des Letzteren aus Dankbarkeit, wird abermals schwanger und weiß nicht, wer von beiden der Vater ist. Die Rivalität, die zwischen beiden Männern auszubrechen droht, findet ihr jähes Ende in einer Tragödie: Acicatena wird von Nick tödlich verletzt, schafft es, diesen, Spallone und Titina zu erreichen und ein Blutbad anzurichten. Die Frau drückt ihre beiden sterbenden Männer an die Brust und flüstert ihnen zu: »Es ist dein Kind – ich liebe dich!«.

Kritik: » ... Sophia Loren, ... Marcello Mastroianni ..., Turi Ferro ... versuchen alles, um die auseinanderdriftende Geschichte zusammenzuhalten. Ein vergebliches Bemühen: Diesen versierten Schauspielern gelingt es, wenngleich sie sich die Erfahrung aus ähnlichen Rollen (die Loren aus *La ciociara*, Mastroianni aus *I compagni* und Giannini aus *Film d'amore d'anarchia*) zunutze machen können, nicht, sich von den karikierenden Masken und aus dem Durcheinander zu befreien, dem man sie ausgeliefert hat ...«

Sauro Borelli, »L'Unità«, Mailand, 23. Dezember 1978

» ... Der erste Platz in dem Terzett des Filmtitels gebührt Sophia Loren, und das nicht nur nach dem Motto »Ladies first«. Sophia Loren, schwarzumränderte Augen, umflorter Blick, schwarze Haare – eine klassische Lina-Wertmüller-Gestalt, zeigt hier den Seelenschmerz und die Ausbrüche, die ihre Rolle in *La ciociara* geprägt haben, doch in Übereinstimmung mit dem neuen realistischen Modell des Filmes *Ein besonderer Tag.* Sie schreit, windet sich, geißelt und greift an – das alles auf eine ganz eigene, prägende Art, die an Anna Magnani und an einige ihrer sprichwörtlich gewordenen Gefühlsausbrüche erinnert. Ihr Spiel zeigt eine neue, jugendliche Frische, und sie hat zwar nicht ihr ureigenstes Gesicht wiedergefunden, dafür aber eine neue »Maske«, die ausgezeichnet funktioniert. Die beiden Männer wirken oberflächlicher und blasser. Mastroianni war ein besserer Sozialist in *I compagni* und ein glaubwürdigerer Sizilianer in *Scheidung auf italienisch;* Giancarlo Giannini verfügt noch immer über ein breites Spektrum schauspielerischer Ausdrucksmöglichkeiten, doch das Drama gibt ihm nicht genügend Spielraum zu ihrer Entfaltung ...«

Gian Luigi Rondi, »Il Tempo«, Rom, 23. Dezember 1978

L'ingorgo (Stau)
Italien/Frankreich/Spanien/BRD 1978
Regie: Luigi Comencini
Drehbuch: Luigi Comencini, Ruggero Maccari, Bernardino Zapponi; Kamera: Ennio Guarnieri; Schnitt: Nino Baragli; Ausstattung: Mario Chiari; Musik: Fiorenzo Carpi; Produktion: Silvio und Anna Maria Clementelli für Clesi Cinematografica, Rom/Greenwich Film Production, Paris/José Frade Producciones Cinematograficas, Madrid/Alba Produktion, München; Verleih: Ritanus.
Darsteller und Personen: Alberto Sordi (Ra. De Benedetti), Annie Girardot (Irene), Fernando Rey (Carlo, ihr Mann), Patrick Dewaere (Maras Freund), Angela Molina (Martina), Harry Baer (Mario), *Marcello Mastroianni* (Marco Montefoschi), Stefania Sandrelli (Teresa), Ugo Tognazzi (Professor), Miou Miou (Angela), Gérard Depardieu (Franco, Angelas Mann), Orazio Orlando (Ferreri, Sekretär des De Benedetti), Giovannella Grifeo (Germana), Ciccio Ingrassia (der Sterbende), Nando Orfei (Montefoschis Fahrer), Gianni Cavina (Pompeo, Teresas Mann), José Sacristan (Priester), Ernst Hanneward (Stefano).

Handlung: Auf der Autobahn in der Nähe von Rom kommt es zu einem gewaltigen Autostau, dem auch mit den Kommandos und Warnungen der Polizeihubschrauber nicht beizukommen ist. Die in dem Stau eingesperrten Menschen reagieren auf die plötzliche Nötigung, indem sie ihren Ängsten, ihrer Wut und ihrem Drang zu überleben freien Lauf lassen. Der berühmte Schauspieler Marco Montefoschi wird von einem Bauern aus dem Stau befreit. Der beherbergt ihn bei sich und treibt ihm seine schwangere Frau in die Arme, in der Hoffnung, künftigen Nutzen daraus zu ziehen. Es folgen weitere Szenen aus dem Stau: ein süditalienischer Proletarier schimpft unablässig auf seine schwangere Tochter ein, weil sie nicht bereit ist abzutreiben. Ein reifes Ehepaar zermürbt sich in endlosen Streitereien darüber, wer von ihnen wohl den Hausschlüssel vergessen habe, der sich zu guter Letzt wieder auffindet. Ein wahnsinnig Verliebter gerät in Gedanken an seine Geliebte völlig aus dem Häuschen. Ein alter Linksintellektueller sitzt (im Auto) im Stau zusammen mit seiner jungen Geliebten. Deren Ehemann, zudem ein Freund des Liebhabers, entdeckt den Verrat. Eine Gruppe Halbstarker vergewaltigt ein Mädchen, dem nur die zärtliche Zuneigung eines jungen LKW-Fahrers bleibt, der bei dem Versuch, sie zu verteidigen, verletzt wird. Der Rechtsanwalt De Benedetti, ein milliardenschwerer Geschäftemacher, versucht, sich mit allen Mitteln und unter Verletzung sämtlicher Verkehrsregeln aus dem Stau zu befreien; schließlich fügt er sich in sein Schicksal als Gefangener – nicht ohne auch hieraus seinen Vorteil zu ziehen: als er die junge schwangere Italienerin erblickt, macht er sie sich mit dem Versprechen eines Film-Engagements gefügig, denkt allerdings schon daran, das Mädchen auf eine andere Weise auszunutzen, das sich jedoch nun – im Gegensatz zu früher – für die Abtreibung entscheidet.

Kritik: » ... Einige Episoden sind ausgesprochen gut gelungen (wie zum Beispiel Mastroiannis Mißgeschick, das ihm aber – durchaus nicht zufällig – außerhalb des Staus widerfährt), während andere etwas abgegriffen und beklemmend wirken. Ausgehend von den Dialogen, über die Aufnahmen und den Schnitt wird viel Technik aufgeboten, und so fällt die Geschichte nicht auseinander. Vor allem liefert Comencini dem italienischen Film eine überzeugende Mutprobe, indem er sich den tausend Risiken eines solchen Unternehmens stellt: dem Risiko, daß wir nicht mehr über uns selbst lachen können, wie bei sonstigen italienischen Komödien (hier kann man nicht einmal sehr bitter lächeln – es ist ein Weltuntergang, der an den Film *Salò* von Pasolini erinnert); dem Risiko, einen ungewöhnlichen und unpopulären, teuren Film zu drehen; dem Risiko, der Satire ins Auge zu schauen, um dann mit offenen Augen die Tragödie zu wählen.
Davide Grieco, »L'Unità«, Rom, 13. Januar 1979

Giallo napoletano (Leichen muß man feiern, wie sie fallen)
Italien 1979
Regie: Sergio Corbucci
Drehbuch: Sabatino Ciuffini, Giuseppe Catalano, Elvio Porta;

Kamera: Luigi Kuveiller; Schnitt: Amedeo Salfa; Musik: Riz Ortolani; Produktion: Irrigazione Cinematografica, Rom; Verleih: Cidif.

Darsteller und Personen: *Marcello Mastroianni* (Raffaele Capece), Ornella Muti (Lucia), Renato Pozzetto (der Kommissar), Michel Piccoli (Victor), Zeudi Araya (Elisabeth), Capucine (Schwester Angela), Peppino De Filippo (Natale Capece), Elena Fiore (Filomena), Giuseppe Barra.

Handlung: Raffaele Capece, Mandolinen-Lehrer in Neapel, muß als fahrender Musikant leben. Er tritt in Restaurants auf und versucht, sich schlecht und recht durchzuschlagen. Infolge einer Poliomyelitis in der Kindheit ist Raffaele lahm. Aber mehr noch als an den Folgen dieser Krankheit leidet er unter den hef-

Capucine, M. M. und Zeudi Araya in ›Leichen muß man feiern, wie sie fallen‹

Marcello Mastroianni als Raffaele Capece in ›Leichen muß man feiern, wie sie fallen‹

tigen Launen seines Vaters, Natale, einer süchtigen Spielernatur. Natale verliert im Lotto und beim Roulette einen großen Teil der Einkünfte seines Sohnes und ist für ihn eine ständige Plage. Um einenWechsel einzulösen, den der Vater wegen Spiel-

Als Transvestit lebt sich's sicherer: ›Leichen muß man feiern, wie sie fallen‹ – die Dame heißt Marcello Mastroianni

schulden ausgestellt hat, willigt Raffaele ein, ein nächtliches Ständchen unter den Fenstern eines luxuriösen Wohngebäudes zu bringen. Mitten im Spiel fällt eine Leiche auf ihn herab. Von da an wird er in einen wahren Strudel von Verbrechen gerissen: nacheinander sterben ein junger Jamaikaner, der Inhaber einer verbotenen Spielhölle, ein Zwerg und so weiter. In Wirklichkeit ist Raffaele in undurchsichtige, kriminelle Machenschaften verstrickt, die bis in die Zeit der deutschen Besetzung von Neapel im Jahre 1943 zurückreichen: ein Tonband, das in einer alten Villa verborgen ist, birgt das Geheimnis, wen das Verschulden an dem Tod eines Juden trifft. Auch eine beträchtliche Geldsumme spielt eine Rolle bei dieser heiklen Angelegenheit, in die auch ein berühmter Dirigent und eine Nonne mit obskurer Vergangenheit verwickelt sind. Am Ende schließlich löst Raffaele den komplizierten Fall.

Kritik: » ... Ein Scherz, der vom Kriminalfilm nur das Schema immitiert, um es alsbald zynisch als Posse zu verschlüsseln. Die Hauptpersonen werden ausgiebig charakterisiert und darin liegt die Stärke des Films, ebenso wie in der Wahl der Darsteller. Beginnend mit dem fahrenden Musikanten, den Sergio Corbucci, ein die Schau liebender Regisseur, schlauerweise von Marcello Mastroianni darstellen läßt. Endlich ist dieser Schauspieler den Klischees von Lina Wertmüller und Alberto Lattuada entronnen und zur pfiffigen, verschmitzten italienischen Komödie der sechziger Jahre zurückgekehrt. Schnurrbart à la Blasetti, das Haar gelockt, den Blick mal lebhaft und dann wieder teilnahmslos, spielt Mastroianni den Helden wider Willen nach bewährter Manier, aber auch mit neuen Einfällen, mit munterem Ton, mit fast immer glaubhaften, augenzwinkernden Anleihen bei früheren Rollen und vor allem mit einer Darstellung, die sich, je mehr alles andere oberflächlicher und äußerlicher wirkt (und ist), um so mehr auf Blicke und Mimik verläßt, wobei er auf eine freundliche, aber nicht minder subtile und durchdachte Art der Rolle auf den Grund geht ...«

Gian Luigi Rondi, »Il Tempo«, Rom, 13. April 1979

La terrazza (Die Terasse)

Italien 1980
Regie: Ettore Scola
Drehbuch: Age (Agenore Incrocci), (Furio) Scarpelli, Ettore Scola; Kamera: Pasqualino De Santis; Schnitt: Raimondo Crociani; Ausstattung: Luciano Ricceri; Musik: Renato Marinelli; Produktion: Pio Angeletti und Adriano Micheli für Dean/International Dean, Rom; Verleih: United Artists.
Darsteller und Personen: *Marcello Mastroianni* (Luigi, Journalist), Ugo Tognazzi (Amedeo, Produzent), Vittorio Gassman (Mario, Abgeordneter), Jean-Louis Trintignant (Enrico, Bühnenbildner), Serge Reggiani (Sergio, Fernsehfunktionär), Stefano Satta Flores (Tizzo, Kritiker), Stefania Sandrelli (Giovanna), Ombretta Colli (Enza), Carla Gravina (Luigis Frau),

Galeazzo Benti, Milena Vikutic, Helena Ronée, Marie Trintignant, Venantino Venantini, Ritza Brown, Olimpia Carlisi, Age, Leo Benvenuti, Francesco Maselli, Ugo Gregoretti, Lucio Lombardo Radice, Mino Mincelli, Lucio Villari.

Handlung: Auf der Terrasse eines römischen Wohngebäudes trifft sich ziemlich regelmäßig eine Gruppe alter Jugendfreunde. Es sind alles Männer um die Fünfzig, arriviert und skeptisch. Bei diesen Zusammenkünften pflegen sie bei einem Teller Spaghetti oder um ein Klavier herum, auf dem einer klimpert, während die anderen im Chor Nachkriegslieder singen, ihren Arbeitstag zu beenden. Obwohl es alles erfolgreiche Männer sind, sind sie alle zutiefst unbefriedigt und von dem Gefühl gequält, trotz äußerlichen Erfolgs fürchterlich versagt zu haben. Die Terrasse fungiert als Ort der Begegnung und zugleich der Geselligkeit, als Alibi und als Arena. Es ist der Platz, zu dem alle immer wieder zurückkehren, das Bindeglied zwischen den privaten Geschichten der einzelnen Protagonisten: da ist Luigi, ein sehr bekannter Journalist, ein Leitartikel-Schreiber von Rang und Direktor einer großen Tageszeitung, der aber faktisch alle wirkliche Macht verloren hat – der Redaktionsausschuß hält ihn eisern unter Kontrolle und die feministische Ehefrau hat ihm eine »Trennung auf Probe« aufgezwungen; dann Mario, der an sich asketische und linientreue kommunistische Abgeordnete, der ein leidenschaftliches Liebesverhältnis zu der viel jüngeren und schönen Giovanna unterhält, aus Furcht vor den Folgen und dem Urteil von Partei und Gesellschaft aber nicht den Mut hat, sich zu seiner »späten« Liebe offen zu bekennen und daher schließlich zu seinem üblichen Leben zurückkehrt – ein wichtiger Kämpfer für die Partei, doch menschlich ein Ausgegrenzter; Sergio, früher ein erfolgreicher Romanschriftsteller, nun Fernsehfunktionär, der glaubt, an den Schalthebeln der Macht zu sitzen, plötzlich aber merkt, daß man ihn langsam aber sicher ausbootet (man reduziert die »Module« des Zimmers, zwingt ihm ein Drehbuch auf, das er nicht wünscht, und so weiter): er ißt immer weniger, hat eine Waage im Büro, wird dann magersüchtig und stirbt an Unterernährung im Fernsehstudio, inmitten des Kunstschneesturms einer Szene aus jenem Drehbuch, das man ihm aufgezwungen hatte; der ungebildete und vulgäre Amadeo, der seinen Erfolg der italienischen Filmkomödie der 60er Jahre verdankt und leidenschaftlich in seine Frau verliebt ist, die ihn verachtet und sich zu einem jungen dünkelhaften und unfähigen Regisseur der »Neuen Welle« hingezogen fühlt; der Drehbuchautor Enrico, der die Drehbücher zu zahlreichen Erfolgsfilmen Amedeos geschrieben hat, jedoch dem Zwang, immer nur lustige Drehbücher zu schaffen, nicht gewachsen ist und einen totalen Nervenzusammenbruch erleidet. Tizzo, ein süditalienischer Filmkritiker, ein Mann voll polemischen Ungestüms und von politisch-fortschrittlichen Ideen, der völlig unbeherrscht und inkonsequent auf familiäre Probleme reagiert. Zu der Freundesgruppe gehört außerdem ein ehemals populärer Komiker (im Film sehen wir auch einige Szenen aus einer italienischen Komödie der fünfziger Jahre), der nach Venezuela ausgewandert war und in der Hoffnung auf ein Comeback im Film, zurückgekehrt ist. Dieser Mann ist von dem Schauspiel, das seine reichgewordenen, ergrauten und verspießerten Freunde bieten, angewidert und entsetzt. Sergio stirbt zwar, doch alle anderen bleiben am Leben und kommen unweigerlich auf der Terrasse immer wieder zusammen: nachdem sie ihre Spaghetti gegessen haben, singen sie wieder die alten Lieder, während einige im Haus wohnende Kinder und Jugendliche ihnen mit zerstreuter Nachsicht zusehen.

Kritik: » ... La Terrazza ereifert sich nicht als Satire der kulturellen Elite, sondern ergreift Partei für die armen Teufel, die noch immer intellektuellen Illusionen nachjagen. Die Entzauberung des Salon-Mythos und der Kraft des Geistes zeigt sich an den »Gogol-Figuren«, die unter pathetischen Ticks leiden und durch die bald erbarmungslose, bald resigniert-nachsichtige Einschätzung ihrer Partnerinnen demaskiert werden. Langweile beherrscht das armselige Leben der erschlaffenden Protagonisten. Verdrehter Titanismus liegt diesen neurotischen Männern mittleren Alters im Magen, die vergeblich um Amüsement bemüht sind. Es handelt sich nicht so sehr um einen satirischen Film, als vielmehr um ein melancholisches Bekenntnis, das die Generation der arrivierten Fünfzigjährigen betrifft. Der Film erinnert bisweilen an Tschechow-Szenen. Es ist gewiß einer von Scolas gelungensten Filmen, in dem der Regisseur zusammen mit Age und Scarpelli die Struktur der »Commedia« aufgegeben hat, um ihre Stimmung besser, subtiler und authentischer zu bewahren.«
Sergio Frosali, »La Nazione«, Florenz, 14. Februar 1980

La città delle donne (Fellinis Stadt der Frauen)
Italien/Frankreich 1980
Regie: Federico Fellini
Drehbuch: Federico Fellini, Bernardino Zapponi – in Zusammenarbeit mit Brunello Rondi; Kamera: Giuseppe Rotunno; Schnitt: Ruggero Mastroianni; Ausstattung: Danta Ferretti; Kostüme: Gabriella Pescucci; Musik: Luis Bacalov, Leitung Gianfranco Plenizio (Lied:»Una donna senza uomo è« von Mary Francolao;»Donna addio« von Antonio Ammuri); Regieassistenz: Maurizio Mein, Giovanna Bentivoglio, Franco Amurri; Produktion: Opera Film Produzione S.r.l., Rom/Gaumont S. a., Paris; Verleih: Gaumont Italia.
Darsteller und Personen: *Marcello Mastroianni* (Snàporaz), Anna Prucnal (Elena), Bernice Stegers (Dame im Zug), Donatella Damiani (Soubrette), Iole Silvani (Motorradfahrerin), Ettore Manni (Dr. Sante Katzone), Fiametta Baralla (Onlio), Helene G. Calzarelli (Feministin), Cathérine Carrel (Kommandeuse), Marcello Di Falco (ein Sklave), Silvana Fusacchia (Rollschuhläuferin), Gabriella Giogelli (Fischverkäuferin), Dominique Labourier (Feministin), Stephane Emilfork (Feministin), Sylvie Mayer (Feministin), Meerberger Nahyr (Feministin), Francesca Libertucci (Feministin), Sibilla Sedat (Richterin), Alessandra Panelli (Casalinga), Loredana Solfizi (Feministin im Haus von Katzone), Rosaria Tafuri (Soubrette), Carla Terlizzi (die 10000ste Geliebte von Katzone), Katren Gebelein (die Frau mit sechs Ehemännern), Nadia Vasil (Feministin), Fiorella Molinari (Punk-Mädchen), Sylvie Wacrenier (Feministin), Jill und Viviane Lucas (die Zwillinge), Armando Parracino, Umberto Zuanelli, Pietro Fumagalli (drei Clowns), Mara Ciukleva (Kellnerin).

Handlung: Während einer Bahnfahrt fühlt sich Snàporaz, die Hauptfigur des Films, von einer unbekannten, geheimnisvoll verführerischen Frau angezogen. Nach einem verstohlenen Kuß hält der Zug unerklärlicherweise auf freier Strecke, und die Frau steigt aus. Snàporaz folgt ihr, nachdem sie ihn zugleich angelockt und verspottet hat, in ein großes abgelegenes Hotel, das von oben bis unten von Feministinnen belegt ist. Es handelt sich um eine Art *Happening*, bei dem mit Hilfe pantomimischer Darstellungen die Unterdrückung der Frau in der Familie, am Arbeitsplatz und so weiter ins Bewußtsein gerufen werden soll; wo

Mit ›Fellinis Stadt der Frauen‹ drehte Mastroianni seinen einhundertsten Film

man »Selbstbefreiungsséancen« abhält; wo Frauen triumphierend die Trophäen ihrer Befreiung zur Schau stellen (eine von ihnen zum Beispiel hat sechs Männer, die sich bescheiden und glücklich am Bühnenrand zeigen) und desgleichen mehr. Snàporaz, der sich verstört und verwirrt in den Fluren und Salons ergeht, wird für einen Journalisten gehalten und von einer Gruppe Frauen in arge Bedrängnis gebracht. Er wird – so scheint es wenigstens – von einem hübschen Mädchen auf Rollschuhen, das wie eine Soubrette aussieht, in einen großen Hof gebracht, wo ihn eine Menge von Rollschuhläuferinnen mit fröhlichem Spott umgibt. Schließlich landet er in einem Keller bei einer dicken Frau von zerstreuter Mütterlichkeit, die ihm in stark Triestiner Dialekt Rettung verspricht: Sie will ihn mit einem Motorrad zum Bahnhof fahren. Als sie jedoch das freie Feld erreicht haben, bringt sie ihn zu einem Treibhaus und versucht dort, ihn zu vergewaltigen. Es wird Abend, und Snàporaz ist auf der Flucht. Am Rande einer Straße findet er sich plötzlich umringt von einigen Autos mit wilden, rauschgiftsüchtigen Punkerinnen am Steuer. In jener Gegend aber befindet sich noch eine Insel der Männlichkeit: die Villa des Dr. Sante Katzone, des letzten »Libertins«, der ein alter Schulkamerad des Protagonisten ist. Katzone erwehrt sich eines Überfalls der Frauen dank einer Meute wilder Hunde. Freudig empfängt er Snàporaz und bittet ihn in sein Haus – eine Art Tempel der Libertinage im alten Stil. Justament an diesem Abend will der Hausherr seine zehntausendste Eroberung vor dem Hintergrund der erotisierenden Ausstattung seiner Villa festlich begehen. Snàporaz ist fasziniert von einer Galerie von Video-Recordern, die auf Knopfdruck alle Frauen, die Katzone im Verlauf seiner langen Karriere eroberte, erscheinen und ihre Liebesworte wie mitten aus der Umarmung heraus sprechen lassen. Voller Verwunderung entdeckt Snáporaz unter den Gästen seine leicht berauschte Frau Elena und schließlich auch die kleine Soubrette, die er zuletzt auf Rollschuhen gesehen hatte, und die sich weiterhin spöttisch und zugleich sinnlich gibt. Auf der Flucht vor seiner Frau gelingt es Snàporaz, in eine kindliche und jugendliche Welt zu entkommen: zu einer Achterbahn, auf der drei Alte hoch oben am Himmel kreisen; zu einer Schaubude mit zwei »Motorradfahrerinnen des Todes« in schwarzen Lederanzügen; zu einem Dorfkino, das wie ein riesiges Bett konstruiert ist und von dem aus die Zuschauer die weiblichen »Leinwandstars« begaffen; zu einer Küche der Romagna, in der ein Kind unter dem Tisch sitzt und die Beine des Dienstmädchens bewundert, und so weiter. Aus diesem Kinderland zurückgekehrt, sieht sich Snàporaz erneut als Gefangener der Feministinnen, die ihn wie einen Gladiator in einem Käfig vor ein circensisches Publikum enthemmter Frauen schleppen. Man macht ihm den Prozeß, spricht ihn frei und entläßt ihn zum Bahnhof, damit er nach Hause zurückkehren kann. Er aber macht sich auf die Suche nach der idealen Frau. In einem Stadion voller Frauen klettert er auf einen Ring und kann sich zunächst mit Hilfe eines Luftschiffs in Frauengestalt retten. Er steigt auf in die Lüfte und ist schon fast in Sicherheit, da wird er durch eine Maschinengewehrgarbe – von einer Frau, versteht sich – zum Absturz gebracht. Snàporaz fährt jäh aus dem Schlaf und findet sich in dem Zug wieder, in dem wir ihn

286

zu Anfang kennenlernten: seine Frau sitzt ihm gegenüber und betrachtet ihn mit zärtlichem und zugleich spöttischem Blick, als hätte sie auf irgendeine Weise an seinen Träumen teilgehabt.

Kritik: » ... Wir unsererseits beschränken uns auf die Feststellung, daß es zumindest zehn Gründe dafür gibt, sich den Film *La città delle donne* anzuschauen: 1. Wegen seines außerordentlichen Reichtums an Fantasie ...; 2. weil er – trotz seiner Länge von 160 Minuten – weder weitschweifig noch ermüdend oder kraftlos ist, weil seine scheinbare Unordnung wohl kalkuliert, seine erzählerische Struktur streng ausgestaltet und eher von kreativen Einfällen getragen ist ...; 3. weil er den Wunsch weckt, ihn ein zweites Mal anzuschauen ...; 4. weil er trotz seines Reichtums und seiner Komplexität ein einfacher, eingängiger und verständlicher Film ist ...; 5. weil der Film bei der traumhaften Erforschung des eigenen Unterbewußtseins mit Hilfe des weiblichen Universums eine geradezu hellseherische und eine fantastische Kohäsion aufweist – wie sie Fellini in der Vergangenheit nur zwei oder drei Mal erreicht hat ...; 6. weil er, zwar angreifbar in seiner Konzeption von der Frau als Mysterium, zugleich doch eine glänzende Illustration zu dem Paradoxon von Karl Kraus liefert, wonach man die Frauen bis ins Innerste zu kennen glaubt, solange man nicht bis zu ihrer Oberfläche vorgestoßen ist ...; 7. weil es ein ernster und ehrlicher Film ist ...; 8. weil es der erste Film in Fellinis Werk ist, in dem das Kino aus seinen Kindheits- und Jugenderinnerungen heraus betrachtet wird ...; 9. weil der Film nicht nur ein faszinierendes Fest für die Augen bietet ..., sondern auch einen bewundernswert reichen Klangteppich für die Ohren bereithält ...; 10. weil Mastroianni, indem er – wie in *Das süße Leben* und vor allem in *Achteinhalb* – dazu zurückkehrt, Sprachrohr und Instrument des Regisseurs zu sein, eine der ausgefeiltesten und scharfsinnigsten Interpretationen seiner Karriere liefert ...«

Morando Morandini, »Il Giorno«,
Mailand, 29. März 1980

La pelle (Die Haut)
Italien/Frankreich 1980
Regie: Liliana Cavani
Drehbuch: Robert Katz, Liliana Cavani, nach dem gleichnamigen Roman von Curzio Malaparte; Kamera: Armando Nan-

nuzzi; Musik: Lalo Schifrin; Produktion: Opera/Gaumont; Verleih: Cinéfrance

Darsteller und Personen: *Marcello Mastroianni* (Curzio Malaparte), Burt Lancaster (General Cork), Claudia Cardinale (Prinzessin Caracciolo), Ken Marshall (Jimmy Wren), Alexandra King (Deborah Wyatt), Carlo Giuffre (Mazullo).

Handlung: Der Film orientiert sich am episodischen Charakter der Vorlage. Curzio Malaparte wird dem amerikanischen General Cork als Verbindungsoffizier zugeteilt. Cork ist ein strammer Militär, der das Wort Selbstzweifel nicht kennt. Sein größtes Interesse sieht er darin, dem gewieften Neapolitaner Mazzullo die deutschen Kriegsgefangenen abzunehmen, die dieser in verschiedenen dunklen Verliesen versteckt und nur gegen einen be-

›Die Haut‹

Claudia Cardinale und Marcello Mastroianni in ›Die Haut‹

stimmten Preis pro Kilogramm Lebendgewicht hergeben möchte. Als die Ehefrau eines Senators, der weibliche Offizier Deborah Wyatt, eintrifft, die mit ihren spektakulären Flugeinsätzen viel Aufmerksamkeit auf sich zieht, fühlt er sich in seiner unumschränkten Spitzenposition gefährdet. Sie will sich lediglich selbst verwirklichen, doch der General glaubt ihr nicht. Der Zuschauer erfährt einen großen Teil dessen nur, weil Malaparte ihre menschliche Anlaufstation ist. Als Deborah Wyatt mit der Bevölkerung vor einem Ausbruch des Vesuvs fliehen muß, wird sie von anderen Flüchtlingen auf dem Lastwagen mehrfach vergewaltigt.

Eine andere Szene zeigt die Landung der amerikanischen Truppen bei Salerno, die sich bald darauf auf Neapel zu bewegen.

Eine kleine Vorhut kommt in einen italienischen Ort und stellt voller Erstaunen fest, daß hier Walzermusik gespielt wird. Vorsichtig – schließlich läßt Walzermusik ja auf die Anwesenheit deutscher Soldaten schließen – nähern sie die Amerikaner einer Piazza mit Cafétischen, wo sie eine friedliche Gesellschaft antreffen. Kaum merken die Gäste, daß sie es bei diesen Soldaten nicht mit Deutschen, sondern mit Amerikanern zu tun haben, wird die Platte gewechselt, man spielt von nun an Jazz, und der Kellner beschwört mit der ganzen Inbrunst eines Levantiners, daß es im Ort nie auch nur einen einzigen Faschisten gegeben habe.

Ansonsten handelt der Film in immer wieder kurz eingefangenen Randszenen von der Findigkeit, aber auch Verwahrlosung einer Menschheit, der es um nichts als ums nackte Überleben geht, eben um die Rettung der eigenen Haut.

Kritik: »Die Haut kann formal wie thematisch durchaus als Fortsetzung des 1944 geschriebenen Malaparte-Romans »Kaputt« gelten, denn in beiden Büchern prangert der Autor jedwede Form von Gewalt, Brutalität, Verrohung und Unterdrückung auf der Basis eigener Kriegserlebnisse an. Ganz gleich, wie man seinen Werken gegenüberstehen mag, eins muß man ihnen zugestehen: In ihnen legt Malaparte herausfordernd und schonungslos Zersetzungserscheinungen und Zerstörungen bloß, wie sie nur eine entmenschlichte moderne Zivilisation hervorzubringen vermag, deren aggresivster, selbstmörderischster Ausdruck der Krieg ist. Diesen hat Malaparte dann auch als Kriegsberichterstatter und Verbindungsoffizier der vorrückenden Amerikaner massiv miterlebt, wobei er sich gerade in der letztgenannten Funktion in den Mittelpunkt von *Die Haut* stellt, um aus betont subjektiver Sicht Eindrücke und Episoden aus dem Einzug der Alliierten in Neapel zu schildern.

Diese subjektive Sicht fehlt allerdings ganz in der Verfilmung der Italienerin Liliana Cavani, einer Regisseurin, deren Werke in der Regel ebenfalls Aufregung und Polemik provozieren. So auch diesmal, wo ihre Version von *Die Haut* auf den diesjährigen Filmfestspielen in Cannes wie eine Bombe einschlug und die heftig argumentierenden Kritiker in divergierende Lager spaltete. Die Cavani, die immer schon mehr auf den Unterleib als auf den Kopf zielte, schildert nämlich in ihrem jüngsten Werk ihr Land als ein einziges Bordell, in dem sich die Menschen bis aufs äußerste erniedrigen oder erniedrigen lassen. Dabei ist dieses Phänomen der »Kriegsvergewaltigung« historisch als ein psychologisches Moment belegbar, wonach die Sieger aus der Verelendungsprostitution von Frauen und Kindern doppelten Triumph ziehen. (...) Liliana Cavani hat dies alles im Stil eines Federico Fellini inszeniert: mit drastischen, direkten, provozierenden, zum Teil prall gefüllten Bildern und Sequenzen, deren Wirkung von der Erheiterung bis zum Schock reicht. In dieses Wechselbad der Stimmungen setzt sie dann noch mythologische Akzente, die die Realität bis zur Unkenntlichkeit deformieren und sie in ihrer latenten obszönen Schrecklichkeit noch stärker hervortreten lassen ...«

J. M. Thie

Fantasma d'amore (Die zwei Gesichter einer Frau)
BRD/Italien/Frankreich 1980
Regie: Dino Risi
Drehbuch: Bernadino Zapponi, Dino Risi, nach dem Roman von Mino Milani; Kamera: Tonino Delli Colli; Musik: Riz Ortolani, gespielt von Benny Goodman; Produktion: Pio Angeletti, Adriano de Micheli für Roxy-Film/Dean-Film/A.M.L.F.; Verleih: Tobis
Darsteller und Personen: *Marcello Mastroianni* (Nino Monti), Romy Schneider (Anna), Eva Maria Meineke (Teresa Monti), Wolfgang Preiss (Conte Zighi), Giampiero Bescherelli (Professor Arnaldi), Michael Kröscher (Don Gaspare)

Handlung: Nach zwanzig Jahren begegnet der Rechtsanwalt Nino Monti seiner Jugendliebe Anna wieder, die jedoch bereits seit drei Jahren tot ist – Krebs. Er ist hin- und hergerissen zwischen Abscheu vor ihrer greisenhaften Gestalt und seiner Erinnerung an sie, in der sie sprühend und begehrenswert ist. Sie begegnet ihm immer wieder in diesen beiden Gesichtern, und er versucht zunächst, dieses Phänomen mit seinem Verstand zu bewältigen. Als ihm das nicht gelingt, öffnet er sich metaphysischen Vorstellungen und dringt beinahe zwangsläufig in eine andere Welt vor. In dieser Welt wird die Vergangenheit zur Gegenwart, und mißliebige Zeugen werden durch seltsame Herztode hinweggerafft. Zu dieser Welt gehört auch ein rätselhafter Fremder, der Monti bei einem Bootsausflug vom Ufer aus beobachtet. Es ist der Mann – das stellt sich erst später heraus –, der

›Die zwei Gesichter einer Frau‹: Romy Schneider und Marcello Mastroianni

Anna einst schwängerte und die Abtreibung von seiner Tante vornehmen ließ. Später tötete derselbe Mann im Zusammenhang mit Annas Reinkarnation seine Tante, indem er ihr die Kehle durchschnitt. Am Schluß akzeptiert Monti Anna als ein Wesen, das nur durch seine, Montis, intensive Liebe wieder menschliche Qualitäten bekommt. Doch gerade deshalb verflüchtigt sich ihre scheinbare Physis wieder zur jenseitigen Schattengestalt. Was bleibt, ist ihr Mantel, der über das Brückengeländer in den Fluß gleitet. Doch da diese Liebe stärker als der Tod ist, ist sie mit diesem mysteriösen Abgang auch nicht auf immer beendet. Anna hat sich nämlich auch über eine junge Krankenschwester reinkarniert. Diese Krankenschwester empfängt ihn am Schluß in der Nervenklinik, in die Monti eingewiesen wurde. Zusammen schreiten sie dabei durch ein monumentales Eingangstor, das den Übergang in eine neue Welt verheißt.

Kritik: »›Das Jenseits ist mitten unter uns‹ – dieser, dem Zuschauer im Gedächtnis bleibende Satz, ist gewissermaßen der Schlüssel zu diesem, sich verschlüsselt gebenden Film von Dino Risi. Der italienische Regisseur interessiert sich offensichtlich für Existenzen am Rande der sogenannten Normalität. Sein Film ist kein philosophisch-theologischer Traktat, wie das zitierte Schlüsselwort vermuten lassen könnte, sondern ein unterhaltsames Kinostück aus dem Zwischenbereich, ein kunstfertiges Spiel mit Wirklichkeit und Unwirklichkeit, Träumen und parapsychologischen Vorgängen, vor allem: irritierendes Vexierspiel über das Bewahren des Vergänglichen, der Liebe zumal.«

Filmdienst

La Nuit de Varennes (Flucht nach Varennes)
Frankreich/Italien 1981
Regie: Ettore Scola
Drehbuch: Sergio Amidei, Ettore Scola; Kamera: Armando Nannuzzi; Schnitt: Raimondo Crociani; Kostüme: Gabriella Pescucci; Musik: Armando Trovajoli; Regieassistenz: Paolo Scola; Produktion: Renzo Rossellini für OPERA-FILM/Rom – Gaumont – FR3/Paris; Verleih: Concorde
Darsteller und Personen: Jean-Louis Barrault (Nicolas Edmonde Restif de la Bretonne), *Marcello Mastroianni* (Giacomo Casanova), Hanna Schygulla (Comtesse Sophie de la Borde), Harvey Keitel (Thomas Paine), Jean-Claude Brialy (M. Jacob, Sophies Coiffeur), Daniel Gelin (De Wendel, Industrieller), Andrea Ferreol (Mme. Adelaide Gagnon, Witwe), Michel Vitold (De Florange, Beamter), Laura Betti (Virginia Capacelli, Opernsängerin) sowie Jean-Louis Trintignant (Monsieur Sauce) u. a.

Handlung: Frankreich, Juni 1791, es geht ins dritte Jahr der Revolution. Eine Gruppe Reisender, die sich anscheinend nur zufällig getroffen haben, fährt in einer Kutsche in Richtung Verdun. Die Landschaft ist so friedlich und malerisch, daß man beinahe vergessen könnte, in welch unruhigen Zeiten man lebt. Bei

Marcello Mastroianni als Giacomo Casanova und Andréa Ferreol als Adelaide Gagnon in ›Flucht nach Varennes‹

ihren Rastaufenthalten in kleinen Bauerndörfern erfahren die Reisenden, daß der König, Ludwig XVI., und seine Familie in derselben Richtung auf der Flucht ins Ausland unterwegs sein sollen. Wenig später wird ihnen klar, daß es sich nicht nur um ein Gerücht handelt, sondern daß die Karosse des Königs tatsächlich mit nur wenigen Stunden Vorsprung vor ihnen herfährt. Diese Wahrnehmung führt bei den Insassen der Kutsche zu den unterschiedlichsten Reaktionen, je nach ihrer politischen Überzeugung, ihrer sozialen Herkunft, nach ihrer Einstellung zur Französischen Revolution.

Die Reisenden verstricken sich immer tiefer in diese Geschichte, bis die Reise in Varennes mitten in der Nacht am 21. Juni ein abruptes Ende findet; der König und seine Familie sind enttarnt und verhaftet worden, das Volk tobt ob dieses Verrats; die Reisenden drängen sich durch die tobenden Menschenmassen, um einen letzten Blick auf den französischen König und die mit ihm untergehende Epoche werfen zu können.

Kritik: » ... Ein Film über die Revolution, aber nicht verstanden als Streit der Ideologien, sondern ein differenziertes Panorama der Ängste, Hoffnungen, Erinnerungen und Visionen. Regisseur Scola schildert seine Figuren (gespielt von einem hervorragenden Schauspielerensemble) mit liebevoller Genauigkeit, mit viel Witz und Charme und mit einem Schuß tragischer Ironie.

(LIF)

Oltre la Porta (Pforte zum Fleisch)
Italien 1981
Regie: Liliana Cavani
Drehbuch: Liliana Cavani, Enrico Medioli; Kamera: Luciano Tovoli; Schnitt: Ruggero Mastroianni; Ausstattung: Dante Ferretti, Verde Visconti; Musik: Pino Donaggio; Produktion: Futur Film '80/RAI/Cineriz; Verleih: Atlas
Darsteller: *Marcello Mastroianni,* Eleonora Giorgi; Michel Piccoli, Tom Berenger, Paolo Bonettii

Handlung: Ein junger Amerikaner versucht vergebens, die geliebte Frau aus ihrer inzestuösen Vaterbindung zu lösen und gerät dabei in eine konfuse Dreiecksgeschichte.

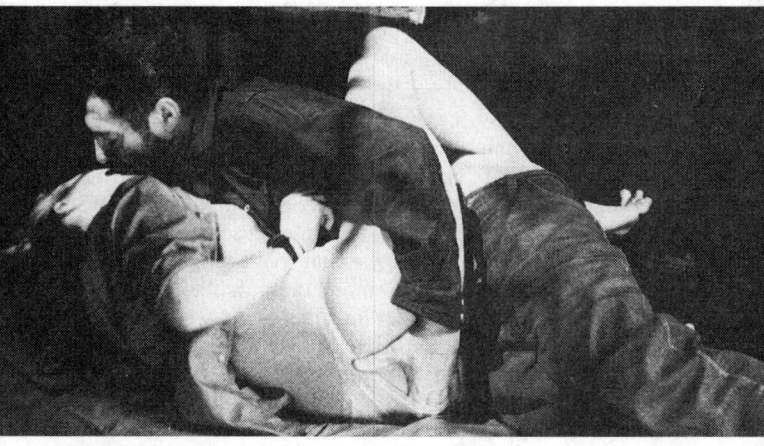

›Oltre la Porta‹

Kritik: »Eine mit schwüler Erotik und grellen Klischees überladene Studie über Sex und Abhängigkeit, Gewalt und Leidenschaft, mit der die italienische Filmemacherin Liliana Cavani an ihre sexualpolitischen Spekulationen von *Nachtportier* und *Die Haut* anschließt.«

(LIF)

Storia di Piera (Die Geschichte der Piera)
BRD/Italien/Frankreich 1982
Regie: Marco Ferreri
Drehbuch: Piera Degli Esposti, Dacia Maraini, Marco Ferreri; Kamera: Ennio Buarneri, Schnitt: Ruggero Mastroianni; Musik: Philippe Sarde, Vladimir Cosma, Renato Angiulini; Produktion: Ascot/Faso/Sara; Verleih: Ascot/Avis
Darsteller und Personen: Hanna Schygulla (Eugenia), Isabelle Huppert (Piera), *Marcello Mastroianni* (Vater), Bettina Grühn (Piera als Kind)

Handlung: Eugenia bekommt eine Tochter, der sie den Namen Piera gibt. Ihr Mutterinstinkt läßt sehr bald nach, da sie ihre Gier nach Männern, Liebe und Sex nicht länger zügeln kann. Ihre mittlerweile zehn Jahre alte Tochter beobachtet sie heimlich in allen Lebenslagen und erprobt die Finessen der Mutter beinahe postwendend an den Nachbarsjungen. Daß Eugenia noch einen Sohn hat, spielt für sie so gut wie keine Rolle, ebensowenig wie ihr Mann, der sich gegen ihr Treiben in seiner Gutmütigkeit nicht zur Wehr setzt. Eugenias nervliche Gesundheit läßt inzwischen immer mehr nach, so daß sie in einer Nervenheilanstalt Elektroschocks verabreicht bekommt. Kaum wird sie entlassen, macht sie den Männern wieder schöne Augen, wenn sie nicht gleich mit dem einen oder anderen schläft. Piera ist in der Zwischenzeit eine gefeierte Schauspielerin geworden, hat versucht, eine Beziehung mit einer Frau aufzubauen, die aber gescheitert ist. Der Vater landet im Altersheim, wo Piera ihn besucht; daß es dabei zum Inzest kommt, ist nicht auszuschließen. Das Verhältnis zur Mutter entkrampft sich erst, als Piera deren sadistischen Liebhaber zur Schnecke macht. Sie holt ihre Mutter endgültig aus der psychiatrischen Anstalt. Sie fahren ans Meer, wo sich die beiden am Strand nackt umarmen.

Hanna Schygulla als nymphomanische Frau, die ihren Ehemann (Marcello Mastroianni) zum Statisten degradiert: ›Die Geschichte der Piera‹

Kritik: »Marco Ferreri scheint die Ebene seiner oft bizarren Auseinandersetzung mit einer aus den Fugen geratenen Welt nun endgültig zugunsten einer intellektualisierten Vulgär-Sexualität verlassen zu haben. Konnte man *Ganz normal verrückt* noch als kaputtes Sauf-und-Eros-Spektakel abtun, so wirkt die ›Kaufhaus‹-Psychologie, mit der in *Die Geschichte der Piera* Sexualität mit gesellschaftlichen Realitäten in Zusammenhang gebracht wird, allzu gewollt. Da werden faschistische Bauwerke als Hintergrund benutzt, vor die Ferreri einen vertrottelten kommunistischen Lehrer stellt, der von seiner Frau weder politisch noch sexuell ernstgenommen wird. Kein Wunder, daß er erst im Irrenhaus seinen Frieden findet. Seine Frau sucht ihre Bestimmung derweilen auf der Straße: mal als feine Dame, mal als Frau aus dem Volke. Verstört dazwischen die Tochter, die sich einerseits in stiller Übereinkunft zum Vater hingezogen fühlt, andererseits die Mutter ›beschützen‹ will. Schließlich versteht auch sie, die Männer zu benutzen, findet ihre Erfüllung in der Schauspielerei, die es ihr letztlich auch ermöglicht, ihr ambivalentes Verhältnis zur Mutter aufzuarbeiten.

In der Bebilderung der Beziehungen Vater-Tochter und Mutter-Tochter gelingen Ferreri einige schöne Momente. Dabei spielt die dreizehnjährige Berliner Schülerin Bettina Grühn den Star Hanna Schygulla glatt an die Wand. Hanna Schygulla, die immer noch nicht gelernt hat, Dialoge zu sprechen, ergeht sich nur in unerträglich chargierten Hysterie-Ausbrüchen und tumbem Lächeln. Dagegen wirken Isabelle Huppert mit ihrem Mut zur ›Unebenheit‹ und Marcello Mastroianni mit seiner verletzbaren Melancholie wie ›Entdeckungen‹. Die Hauptschwäche des Films liegt aber in seiner Unfähigkeit, Symbole und Metaphern mit der Handlung zu verbinden. So stehen sie zwar bedeutungsschwanger, aber ziemlich isoliert im Raum ...«

R. R. Hamacher

Gabriela (Gabriela)
Brasilien 1983
Regie: Bruno Barretto
Drehbuch: Leopoldo Serran, Bruno Barretto, nach dem Roman »Gabriela, Cravo e Canela« von Jorge Amado; Kamera: Carlo di Palma; Schnitt: Emanuelle Castro; Musik: Antonio Carlos Jobim; Produktion: Harold Nebenzal, Ibrahim Moussa für Sultana; Prod.; Verleih: Interteam, Zürich/Warner Home Video
Darsteller und Personen: Sonia Braga (Gabriela), *Marcello Mastroianni* (Nacib), Antonio Cantafora (Tonico Bastos), Paulo Goulart (Coronel), Nelson Xavier (Capitano), Nuno Leal Maia, Fernando Ramos, Nicole Puzzi

Handlung/Kritik: »Im Städtchen Ilhèos im Hinterland Brasiliens spielt sich 1925 eine dramatische Liebesgeschichte ab. Einmal mehr wird hier der Mythos von der unbezähmbaren und hingebungsvollen Frau und ihrer Besitznahme und Bändigung durch den Mann ritualisiert. Daß der Film dennoch nicht zum Ramsch seines Genres abgleitet, liegt nicht zuletzt an den Darstellern und der Kameraführung, die Bilder von schlichter, schöner Direktheit liefert.«

Zoom

Enrico IV (Heinrich IV)
Italien 1984
Regie: Marco Bellocchio
Drehbuch: Marco Bellocchio, Tonio Guerra, nach dem Stück von Luigi Pirandello; Kamera: Giuseppe Lanci; Schnitt: Mirco Zolla; Ausstattung: Leonardo Scarpa, Giancarlo Basili; Musik: Astor Piazzolla; Produktion: RAI Radiotelevisione Italiana Rete 2 TV/Odyssia; Verleih: Gaumont
Darsteller und Personen: *Marcello Mastroianni* (Heinrich IV.), Claudia Cardinale (Mathilde), Leopoldo Trieste (Psychiater), Paolo Bonacelli (Belcredi), Gianfelice Imparato (Di Nolli), Claudio Spadaro (Lolo), Giuseppe Cederna (Fino Pagliuca), Giacomo Bertozzi (Giacomo), Fabrizio Macciantelli (Fabrizio), Luciano Bartoli (der junge Heinrich IV.), Latou Chardons (Frida)

Handlung: Ein Mann lebt seit zwanzig Jahren zurückgezogen in seinem Schloß. Er hält sich für den deutschen Kaiser Heinrich IV. Keiner weiß, ob er vielleicht aufgrund eines Sturzes vom Pferde verrückt geworden ist, oder weil ihn die innigst geliebte Mathilde nicht erhörte. Eine Gruppe alter Bekannter unternimmt einen letzten Versuch, ihn zurückzuholen. Im Schloß kommen an: Di Nolli, Eigentümer des Schlosses und zugleich Heinrichs Neffe, seine Verlobte Frida, seine Mutter Mathilde, sein Geliebter Belcredi und ein Psychiater. Heinrich trifft Mathilde zum ersten Mal seit zwanzig Jahren wieder. Und Frida ähnelt der jungen Mathilde zum Verwechseln. Ist Heinrich vielleicht gar nicht verrückt? Vielleicht hat er am Ende diese Lebensform nur gewählt, um sich der Realität völlig entziehen zu können.

Oben: Marcello Mastroianni als Heinrich IV.

*Rechts: Zwei Altstars vereint – Jack Lemmon und Marcello Mastroianni in
›Macaroni‹*

Maccheroni (Macaroni)
Italien 1985
Regie: Ettore Scola
Drehbuch: Ruggero Maccari, Furio Scarpelli, Ettore Scola; Kamera: Claudio Ragona; Schnitt: Carla Simoncelli; Musik: Armando Trovaioli; Produktion: Franco Committeri für Filmauro/Massfilm; Verleih: Jugendfilm
Darsteller und Personen: Jack Lemmon (Bob Traven), *Marcello Mastroianni* (Antonio Jasiello), Isa Danielli (Carmelina), Daria

Nicolodi (Laura di Falco), Bruno Espisito (Julio), Maria Saniella, Luisa Patrizzia Sacchi, Marc Berman

Handlung: Der erfolgreiche, ziemlich abgearbeitete Manager Robert Traven kehrt nach vierzig Jahren nach Neapel zurück. Kurz nach dem Krieg war er hier als Soldat stationiert, doch es sind Geschäfte, die ich hierherführen, keine sentimentalen Gefühle. Es geht ihm einzig und allein darum, diese Geschäfte so schnell wie möglich durchzuziehen. Da besucht ihn der Bankarchivar und Hobbydichter Antonio Jasiello, der den jungen GI trotz der vierzig Jahre, die mittlerweile vergangen sind, nicht vergessen hat, um so weniger, als seine Schwester Robert sehr geliebt hat. Um sie zu trösten, hat ihr Antonio seit Roberts Heimkehr unter dessen Namen regelmäßig Briefe geschrieben. Traven weiß zunächst nicht, wie er auf Antonios herzliche Begrüßung reagieren soll, doch langsam gelingt es ihm, sich dieser Herzlichkeit zu öffnen. Das geht so weit, daß ihm der Wert seiner Karriere immer zweifelhafter erscheint, dagegen die spontane Menschlichkeit der Neapolitaner immer mehr bedeutet. So erstaunt es nicht, daß er sich schließlich auf ebenso spontanmenschliche Weise für Antonios Sohn einsetzt, der von der Camorra gejagt wird.

Kritik: »Nicht das erste Mal dient der Kontrast zwischen italienischem Leben und amerikanischer Geschäftstüchtigkeit als Aufhänger für eine Komödie. Bereits 1972 hat Billy Wilder diesen Zusammenprall unterschiedlicher Welten komödiantisch aufbereitet. Die Erinnerung an *Avanti, Avanti!* wird wach, weil dort wie hier Jack Lemmon den frustrierten, geplagten Geschäftsmann verkörpert, der die Begegnung mit dem Leben in einem anderen Land erst mißtrauisch, aber dann immer glücklicher erfährt. Sein Freund – und Gegenspieler – ist Marcello Mastroianni, der den Ruf begründete, italienische Männer seien unwiderstehlich. Doch die »Helden« sind in die Jahre gekommen, verkörpern nur noch Liebenswürdigkeit, sind Männer, die in Erinnerungen schwelgen und wissen, daß es auch noch andere Werte gibt. (...) Die liebenswert-altmodische Komödie, nicht ohne Längen und mit Brüchen in der Handlung inszeniert, verläßt sich überwiegend auf ihre beiden Hauptdarsteller, deren subtiles Spiel den eigentlichen Reiz dieser Geschichte ausmacht.«

Joe Hill, Filmdienst

Giulietta Massina und Marcello Mastroianni in ›Ginger und Fred‹

Ginger et Fred (Ginger und Fred)
BRD/Italien/Frankreich 1985
Regie: Federico Fellini
Drehbuch: Federico Fellini, Tonino Guerra, unter Mitwirkung von Tullio Pinell; Kamera: Tonino Delli Colli, Ennio Guarnieri; Schnitt: Nino Baragli, Udo De Rossi, Ruggero Mastroianni; Musik: Nicola Piovani; Produktion: Alberto Grimaldi für Stella/ Bibo TV/Anthea/PEA/Revcom; Verleih: Tobis/Thorn-EMI Video
Darsteller und Personen: Giulietta Masina (Ginger alias Amelia), *Marcello Mastroianni* (Fred alias Pippo), Franco Fabrizi (Showmaster), Friedrich von Ledebur (Admiral), Augusto Poderosi, Martin Maria Blau, Friedrich von Thun, Jacques Henri Lartigue

Handlung: Im Mittelpunkt steht ein ehemaliges Tanzpaar, das vor Jahrzehnten gemeinsam als Ginger und Fred – oder besser: Pippo und Amelia – große Erfolge feierte. Sie haben sich eine Ewigkeit nicht mehr gesehen, bis das Fernsehen sie wieder zusammenführt. Er ist mittlerweile ein heruntergekommener Hausierer, sie Witwe und Großmutter, vom Duft der großen weiten Welt ist beiden nichts geblieben.

Kritik: »Menschen, Fernsehen, Sensationen – Federico Fellini hält der schweigenden Mehrheit unserer bürgerlichen Gesellschaft, den Mattscheiben-Glotzern, einen zynisch-sarkastischen, temperamentvoll-grotesken Spiegel vor. Der mittlerweile 66jährige Regisseur ist wieder mal in Hochform – was seine herrlich monströsen Phantasien angeht ebenso wie seinen poetischen, melancholischen und romantischen Zärtlichkeiten. An einem spezifischen Typ von TV-Unterhaltung, der Show im Studio vor permanent begeistertem Claqueur-Publikum, demonstriert er den obszönen Oberflächenreiz der modernen Unterhaltungsmedien. Fellini wäre nicht Fellini, wenn er da nicht kräftig in seine eigene wollüstige Kuriositäten- und Raritätenkiste greifen würde. Ein ganzes Panoptikum skurriler Monster, oft jenseits kühnster Vorstellungskraft, führt er da vor – von einer Kuh mit achtzehn Zitzen über einen Erfinder eßbarer Damenslips, jede Menge Doppelgänger von Prominenten bis zu jener wackeren Hausfrau, die es geschafft hat, einen Monat ohne Fernsehen auszukommen. Der rote Faden der Nostalgie, Erinnerung an frühere, phantasie- und liebevollere Zeiten, ist ein altes Tingel-Tangel-Paar, das vom Moloch Fernsehen aus seiner dreißigjährigen Vergangenheit gegraben wurde. (...) Grandios, wie Fellini – kleine Längen seien ihm verziehen – uns die Augen öffnet für unsere eigene Monstrosität.«

Frauke Hanck, tz

O Melissokomos (Der Bienenzüchter)
Griechenland/Frankreich/Spanien 1986
Regie: Theo Angelopoulos
Drehbuch: Theo Angelopoulos, Dimitris Nollas, Tonino Guerra; Kamera: Giorgos Arvanitis; Schnitt: Takis Yannopoulos; Kostüme: Giorgos Ziakas; Musik: Hélène Karaindrou; Produktion: Theo Angelopoulos und Martin Karmitz für GreekFilm-Centre/ERT1, Verleih: Pondora

Darsteller und Personen: *Marcello Mastroianni* (Spyros), Nadia Mourozi (Das junge Mädchen), Serge Reggiani (der kranke Mann), Jenny Roussea (die Frau von Spyros), Dinos Ilopoulos (der Freund von Spyros), Vassia Panagopoulou, Dimitris Poulikakos, Nikos Kouros, Yannis Zaveadinos

Handlung: Der frühere Lehrer Spyros verheiratet seine Tochter, um gleich nach ihrer Hochzeit sein Haus, seine Frau und seinen Sohn für immer zu verlassen. Er packt seine Bienenstöcke auf einen Lastwagen und fährt der Sonne entgegen. Er besucht alte Freunde, die offensichtlich im Bürgerkrieg mit ihm gemeinsam gekämpft haben. Er besucht auch einen alten Mann im Krankenhaus und macht mit ihm einen Ausflug ans Meer, doch das alles verliert für den Bienenzüchter Spyros an Bedeutung, als er eine junge Anhalterin aufnimmt, die ihn von nun an eine ganze Zeit begleitet. Spyros verliebt sich in die junge Frau, für die er allerdings kaum mehr ist, als eine Figur, die man so nebenbei mitnimmt. Daß sie sich ihm in einem leerstehenden Kino hingibt, bedeutet ihm viel mehr als ihr, und als ihm das klar wird, versucht er dennoch mit aller Macht, sie bei sich zu behalten. Er fährt mit seinem Lastwagen in das Schaufenster eines Cafés, in dem sie mit Freunden zusammensitzt, doch auch das kann die junge Frau nicht beeindrucken. Ihre Zurückweisung treibt den Bienenzüchter in einen Zustand grenzenloser Verzweiflung. Er läßt seine Bienenvölker mit einer solchen Rabiatheit frei, daß die geängstigten Tiere ihn zu Tode stechen.

Kritik: »So wie der Regisseur mit seiner zum Markenzeichen verkommenen Erzählfigur bricht, so bricht der Hauptdarsteller mit dem Rollencliché des ewigen Liebhabers. Mastroianni ist meist stumm, brutal in Augenblicken, doch dann wieder inwendig abwesend, geradewegs so, als würde seine Figur Spyros die ganze Zeit den Tod ins Leben bitten, um ihm am Ende die längst angelehnte Tür zu öffnen. (...) Im verlassenen Kino namens »Pantheon« gibt sie sich ihm nackt hin, während sie ihm nur Schuhe und Strümpfe auszieht. Die Fernfahrerkleidung des ruppigen Mannes, die fragile Nacktheit der Frau, das ergibt visuell einen reizvollen Kontrast, ist aber für die Haut der Geliebten schädlich. Der Geliebte hält sich schadlos. Er sitzt in einer Reihe des Kinos, der Kamera frontal gegenüber und raucht. Die Zigarette, das postkoitale Signal, das Gesicht, die Haltung, alles drückt zufriedene Entspannung aus, die dem Zuschauer als Glücksmoment dargeboten wird. Umschnitt: die junge Frau, nun bewegungslos schlafend, zur Leinwand gedreht, bietet ihre Rückenlinie Mastroianni dar wie ein Modell seine Form dem bildenden Künstler.

Im Kino »Pantheon« läuft nichts mehr. Die alten Sinnversprechen haben ausgedient. (...)

Nicht allein die Story, die Räume, die Symbole erzählen vom Ende. Die Montage ist daraufhin angelegt. Wo sie früher sich bei diesem Regisseur autonom entfalten durfte, wird sie nun in kleinen Einheiten gedrosselt. Der Zeit selber geht hier die Luft aus. Bildet Angelopoulos in vorausgegangenen Filmen Partisanen für sein Pathos aus, wird er nun im *Bienenzüchter* mit den Tollkühnen der Melancholie rechnen.«

Karsten Witte, epd Film 10/87

Oci Ciorne (Schwarze Augen)
Italien 1986
Regie: Nikita Michalkov
Drehbuch: Alexander Adabachian, Nikita Michalkov, unter Mitarbeit von Suso Cecchi d'Amico, nach den Kurzgeschichten von Anton Tschechov; Kamera: Franco Di Giacomo, Roberto Brega; Schnitt: Enzo Meniconi; Kostüme: Carlo Diappi, Larissa Lebedeva; Musik: Francis Lai; Regieassistenz: Anatoly Ermilov; Produktion: Excelsior TV/RAI 1/Adriana; Verleih: Concorde

Darsteller und Personen: *Marcello Mastroianni* (Romano), Silvana Mangano (Elisa), Marthe Keller (Tina), Elena Sofonova (Anna), Pina Cei (Elisas Mutter), Vsevolod Larionov (Pavel), Innokenti Smoktunovski (Gouverneur von Sisoiev, Roberto Herltzka (der Rechtsanwalt), Paolo Baroni (Manlio), Oleg Tabakov (Seine Hochwürden), Jury Bogatiriov (Marschall des Adels), Dimitri Zolothukin (Konstantin), Jean-Pierre Bardos (der faule Gast), Nino Bignamini (der Käufer), Maria Grazia Bon (seine Frau), Maurio Brusini (der Taschenspieler), u. a.

Handlung: Um die Jahrhundertwende an Bord eines Schiffes. In dem leeren Speisesaal trifft der russische Passagier Pavel einen einsamen Italiener, der schwermütig ein Foto betrachtet. Sein Name ist Romano, und er ist offensichtlich bereit, seine Lebensgeschichte zu erzählen. Von nun an ist der Film ein Rück-

Elena Sofonova und Marcello Mastroianni in ›Schwarze Augen‹

blick: Elisa feiert ihren Geburtstag, und Romanos herrische Schwiegermutter ist auch anwesend. Sie verachtet ihn, weil er aus einer niedrigeren Gesellschaftsschicht kommt, und weil Elisa, die ihn aus wahrer Liebe geheiratet hat, ihn immer wieder verteidigt. Auch Tina ist dabei, die Freundin der Familie und Geliebte Romanos. Romano findet die Party so langweilig, daß er sich zurückzieht und schläft. Unterdessen sucht ihn Elisa überall. Sie hat gerade erfahren, daß ihre Familie vor dem Bankrott steht. Als sie ihn in seinem Schlafzimmer findet, wirft sie ihm vor, daß er ein Feigling und Versager sei, von dem niemand sich Hilfe erwarten dürfe. Und Romano, der sich weder der Wahrheit noch irgendwelchen Problemen gerne stellt, flieht in ein Heilbad. Dort wimmelt es von Frauen, die nichts gegen ein Liebesabenteuer hätten. Romano ist mehr als ausgefüllt. Eines Tages besucht ihn Tina, die ihn in ihrer provozierenden Art auf eine junge Russin aufmerksam macht, die immer ihren kleinen Hund bei sich hat, und von Romano bis dahin wegen ihrer Schüchternheit als mögliche Beute unbemerkt blieb. Er schafft es, die charmante Anna aus ihrer Reserve zu locken. Anna verzeiht sich jedoch ihren Fehltritt nicht und reist nach Hause ab. Alles, was sie Romano hinterläßt, ist ein Brief. In diesem gesteht sie ihm, daß sie verheiratet sei, daß sie sich sehr schäme, daß sie ihn, Romano, liebe, ihn aber dennoch nicht wiedersehen wolle. Romano verliebt sich daraufhin unsterblich in sie, und beschließt, nach Rußland zu fahren, um sie wiederzufinden.

Romano setzt Himmel und Hölle in Bewegung, bis er endlich die ersehnte Reiseerlaubnis bekommt. Als er in Annas Kleinstadt – ihre Adresse kennt er nicht – ankommt, wird ihm ein großer Empfang bereitet, doch Anna findet er zunächst nicht. Plötzlich sieht er aus dem Fenster seines Hotelzimmers ein Dienstmädchen, das einen kleinen Hund bei sich hat. Am gleichen Abend gibt Annas Mann, der Gouverneur ein Fest, bei dem sich Anna allerdings entschuldigen läßt. Romano sucht das ganze Haus nach ihr ab, um sie schließlich im Hühnerstall zu finden. Sie verspricht ihm, sich von ihrem Mann zu trennen, doch müsse er vorher nach Italien zurückkehren, Romano folgt ihr, und findet bei seiner Rückkehr das fast leergeräumte Haus seiner Frau, die ihn voller Weichheit empfängt. Sie verlangt jedoch, daß er ihr nur dieses eine Mal in seinem Leben die Wahrheit sagen solle: gibt es in Rußland eine Frau, die ihn liebt? Romano streitet es ab und verrät damit Anna.

Elisa kommt wie ein Wunder wieder zu ihrem Vermögen, und trotzdem bleibt Romano nicht bei ihr. Nun ist er hier auf dem Schiff und bringt sich als Kellner durch.

Kritik: »Ein kleines Meisterwerk – hinreißend und beglückend! (…) Alles dreht sich in diesem Film um den unvergleichlichen Mastroianni alias Romano: ein Mann Mitte 50 und kein bißchen weise, Spaßvogel und Müßiggänger, charmanter Verführer und impertinenter Lügner, flatterhafter Leichtfuß und kindlicher Träumer.«

DIE WELT

Intervista (Fellinis Intervista)
Italien 1987
Regie: Federico Fellini
Drehbuch: Federico Fellini; Kamera: Tonino Delli Colli;
Schnitt: Nino Baragli; Musik: Nicola Piovani; Produktion: Ibra-
him Moussa für Aljosha Film/RAI/Cinecittà
Darsteller und Personen: Sergio Rubini (Journalist), Paola Li-
guori (Die Diva), Maurizio Mein (Regieassistenz), Nadia Otta-
viani (Nadia), Lara Wendel (Die Braut), Antonella Ponziani
(Junge Schauspielerin), Anita Ekberg, *Marcello Mastroianni*

Ein sagenhaftes Trio: Federico Fellini, Anita Ekberg und Marcello Mastro-
ianni in ›Fellinis Intervista‹

Handlung: Der Film hat an sich keine Handlung; er ist im Stil eines Dokumentarfilms gehalten, der in vielen Windungen einen Abriß der Geschichte der Cinecittà-Studios in Rom, oder vielmehr die Verbindung des Studios mit dem Regisseur Fellini und seinem Werk aufzeigt.

Kritik: » ... Fellini läßt Fellini bei Dreharbeiten besuchen und beantwortet die Fragen eines japanischen Fernsehteams mit Anekdoten und Geschichten. Aus dieser kleinen Idee macht der Meisterregisseur des italienischen Autorenkinos aber gleich ein buntes nostalgisches Schaustück mit Widerhaken. *Fellinis Intervista* ist ein warmer, witziger, leicht melancholischer Film, der die Lust Fellinis am circensischen Schaueffekt deutlich hervorkehrt. ›Wie war das damals bei Ihrem ersten Besuch in Cinecittà?‹, fragt das Fernsehteam. Federico Fellini beginnt zu erzählen, und sogleich werden die entscheidenden Requisiten für eine Straßenbahnfahrt zum Filmstudio herangeschoben. Ein junger Schauspieler übernimmt die Rolle des jungen Fellini. ›Alles bereit‹, meldet der Regieassistent, und schon ist der Zuschauer mitten im Film über den Eintritt des künftigen Meisters in die Traumfabrik vor den Toren von Rom. Die Straßenbahn ist vollbesetzt mit Fellini-Typen – drallen Schönheiten mit aufreizendem Augenzwinkern, kauzigen Originalen mit dünnem Lächeln. Nie läßt uns der Regisseur aber vergessen, daß diese Szenen quasi die Inszenierung der Interview-Antworten sind. Auf dem Gelände des Filmstudios wird wieder inszeniert: faschistisches Unterhaltungskino. Ein cholerischer Regisseur versucht, eine pompöse Liebesgeschichte mit einer kapriziösen Diva hinzubekommen: einen Film im Film also. Als Verwandlungskünstler und Zauberer inmitten dieses rasanten Potpourris quer durch die Glanzzeiten der italienischen Filmfabrik in Cinecittà und durch die filmischen Stilformen, die teils wehmütig, teils scharf satirisch ins Spiel gebracht werden, erlaubt sich Fellini auch gelegentlich, Kulissen einzureißen, den Fluß der jeweiligen Geschichte zu unterbrechen, um etwa Probleme in der großen »Familie« der Filmleute zu klären. Schließlich ist er der Patriarch dieser Familie. Da wundert es auch nicht, daß verlorene Söhne einfach einmal vorbeischauen – wie etwa Marcello Mastroianni, der im Kostüm des Zauberers Mandrake (einer beliebten Comic-Figur) gerade in einem Werbefilm zu tun hat. Er

310

steigt durchs Fenster und verbreitet Rauch und Zinnober. Gemeinsam macht man sich auf zu einem Besuch bei einer alten Freundin: Anita – Anita Ekberg wohnt noch immer in ihrer Villa in der Nähe von Rom. Etwas füllig ist sie geworden, aber wenn Marcello und Anita sich gemeinsam mit dem Filmteam Fellinis berühmten Film *Das süße Leben* anschauen, und es kommt zu der legendären Liebesszene in der Fontana di Trevi in Rom, dann hat nicht nur Anita Ekberg Tränen in den Augen.

Interview-Intervista mit Federico Fellini ist eine feuilletonistische Selbstreflexion des Autors, ein kleiner Film im immer noch wachsenden Werk eines großen Regisseurs. Es sind Geschichten am Kaminfeuer erzählt, filmische Plaudereien, die auch etwas darüber verraten, wie Federico Fellini das Filmemachen versteht: für ihn sind Dreharbeiten immer noch ein herrlicher großer Rummel, ein Spiel mit den Wünschen und Sehnsüchten aller, die zu einem Film beitragen, und die Leute vom Film sind eine große Familie – die von Fellini eben.«

Josef Schnelle, Filmdienst

Marcello Mastroianni war außerdem in folgenden Fernsehproduktionen zu sehen:

Le Général de l'armée morte (Regie: Luciano Tovoli, 1982)
Le due Vite di Mattia Pascal (Regie: Mario Monicelli, 1984)

Register

A

8 ½ (Achteinhalb) 181
Adua e le compagne (Adua und ihre Gefährtinnen) 164
Affentraum → Ciao maschio
Allein mit Giorgio → Liza
Allonsanfàn (Allonsanfan) 247
Amanti (Der Duft deiner Haut) 208
Amore e guai 151
Arzt und Hexenmeister → Il medico e lo stregone
A Tale of Five Women (Fünf Mädchen und ein Mann) 88
Atto d'accusa (Einer war zuviel) 96
Aufstand im Inselparadies → La principessa della canarie

B

Bel Antonio → Il Bell'Antonio
Bienenzüchter, Der → O Melissokomos
Bigamie ist kein Vergnügen → Il bigamo
Bleib wie du bist → Così come sei
Break-Up → L'uomo dai palloni
Bringt ihn lebend →Tam Tam Mayumbe

C

Ça n'arrive qu'aux autres (Das passiert immer nur den anderen) 228

Casanova '70 (Casanova '70) 189
Casa Ricordi (Casa Ricordi) 119
Chronik armer Liebesleute → Cronache di poveri amanti
Ciao maschio (Affentraum) 269
Contro la legge (Gegen das Gesetz) 94
… Correva l'anno di grazia 1870 (Im Jahre des Herrn 1870) 226
Così come sei (Bleib wie du bist) 272
Cronaca familiare (Tagebuch eines Sünders) 178
Cronache di poveri amanti (Chronik armer Liebesleute) 113
Culastrisce nobile veneziano 259
Cuori sul mare 93

D

Das passiert immer nur den anderen → Ça n'arrive qu'aux autres
Diamanten zum Frühstück → Diamonds for Breakfast
Diamonds for Breakfast (Diamanten zum Frühstück) 210
Diebe haben's schwer → I soliti ignoti
Dirnentragödie → Schiava del peccato
Divorzio all'italiana (Scheidung auf italienisch) 175
Doppio delitto 267

Dramma della gelosia: tutti i particolari in cronaca (Eifersucht auf italienisch/Pizza-Dreieck) 214

Drei vom Spanischen Platz, Die → Le ragazza di Piazza di Spagna

Duft deiner Haut, Der → Amanti

E

Ehe auf italienisch → Matrimonio all'italiana

Eifersucht auf italienisch → Dramma della gelosia: tutti i particolari in cronaca

Ein besonderer Tag → Una giornata particolare

Eine Frau für schwache Stunden → La bella mugnaia

Ein göttliches Geschöpf → La divina creature

Einer war zuviel → Atto d'accusa

Ein Scheiß-Wochenende → Mordi e fuggi

Ein Sonntag im August → Una domenica d'agosto

Elenden, Die → I Miserabili

Enrico IV (Heinrich IV.) 299

F

Fantasma d'amore (Die zwei Gesichter einer Frau) 291

Fantasmi a Roma (Das Spukschloß in der Via Veneto) 172

Fatto di sangue fra due uomini per causa di una vedova, si sospettano moventi politici 274

Febbre di vivere (Die Lust des Bösen) 109

Fellinis Intervista → Intervista

Fellinis Stadt der Frauen → La città delle donne

Ferdinando I. re di Napoli 157

Flucht nach Varennes → La Nuit de Varennes

Frau des Priesters, Die → La moglie del prete

Frauennot – Frauenglück → Il Momento più bello

Frau und Geliebte → Mogliamante

Fremde, Der → Lo straniero

Fünf Mädchen und ein Mann → A Tale of Five Women

G

Gabriela (Gabriela) 298

Gegen das Gesetz → Contro la legge

Geschichte der Piera, Die → Storia di Piera

Gesetz, Das → La loi

Gestern, heute, morgen → Jeri, oggi, domani

Giallo napoletano (Leichen muß man feiern, wie sie fallen) 277

Ginger et Fred 303

Giochi particolari 217

Giorni d'amore (Tage der Liebe) 117

Gli eroi della domenica (Die Helden des Sonntags) 106

große Fressen, Das → La grande bouffe

H

Haut, Die → La pelle

Heinrich IV. → Enrico IV

Helden des Sonntags, Die →
  Gli eroi della domenica
Heute, morgen, übermorgen →
  Oggi, domani, dopodomani
Hilfe, mein Mann ist schwanger
  → L'événement le plus
  important depuis que l'homme
  a marché sur la lune
Hundeleben → Vita da cani

I

Ich, ich, ich … und die anderen
  → Io, io, io … e gli altri
I compagni (Die Peitsche im Ge-
  nick/Die Weber von Turin) 184
  184
I girasoli (Die Sonnenblumen)
  212
Il Bell'Antonio (Bel Antonio) 162
Il bigamo (Bigamie ist kein
  Vergnügen) 131
Il medico e lo stregone (Arzt und
  Hexenmeister/Der Arzt und
  der Zauberer) 142
Il Momento più bello (Frauennot
  – Frauenglück) 137
Il nemico di mia moglie 156
Il viale della speranza 108
I Miserabili (Die Elenden) 87
Im Jahres des Herrn 1870 →
  … Correva l'anno di grazia 1870
Intervista (Fellinis Intervista) 309
Io, io, io … e gli altri (Ich, ich,
  ich … und die anderen) 200
I soliti ignoti (Diebe haben's
  schwer) 147

J

Jeri, oggi, domani (Gestern,
  heute, morgen) 186

K

Ketten der Leidenschaft →
  L'eterna catena

L

La bella mugnaia (Eine Frau für
  schwache Stunden) 125
La città delle donne (Fellinis
  Stadt der Frauen) 284
La decima vittima (Das 10. Opfer)
  191
La divina creature (Ein göttliches
  Geschöpf) 253
La dolce vita (Das süße Leben)
  158
La donna della domenica (Die
  Sonntagsfrau) 256
La fortuna di essere donna (Wie
  herrlich, eine Frau zu sein)
  129
La grande bouffe (Das große
  Fressen) 242
La loi (Das Gesetz/Wo der heiße
  Wind weht) 152
La moglie del prete (Die Frau des
  Priesters) 221
La notte (Die Nacht) 167
La Nuit de Varennes (Flucht nach
  Varennes) 293
La pelle (Die Haut) 287
La principessa della canarie
  (Aufstand im Inselparadies)
  123
La pupa del gangster (Die Puppe
  des Gangsters) 252
La ragazza della salina (Mädchen
  und Männer/Salz und Brot) 135
L'assassino (Trauen Sie Alfredo
  einen Mord zu?) 170

314

La terrazza (Die Terrasse) 281
Le due Vite di Mattia Pascal
  (Fernsehen) 311
Le Général de l'armée morte
  (Fernsehen) 311
Leichen muß man feiern, wie sie
  fallen → Giallo napoletano
Le notti bianche (Weiße Nächte)
  139
Leo der Letzte → Leo the Last
Leo the Last (Leo der Letzte) 218
Le ragazza di Piazza di Spagna
  (Die Drei vom Spanischen
  Platz) 100
L'eterna catena (Ketten der
  Leidenschaft) 98
L'événement le plus important
  depuis que l'homme a marché
  sur la lune (Die Umstandshose/
  Hilfe, mein Mann ist
  schwanger) 238
L'ingorgo (Stau) 276
Liza (Allein mit Giorgio) 229
Lo straniero (Der Fremde) 205
Lulù (Lulu) 112
L'uomo dai palloni (Break-Up)
  198
Lust des Bösen, Die → Febbre di
  vivere

M

Maccheroni (Maccaroni) 301
Mach's gut, Nicolas → Salut
  l'artiste!
Mädchen und Männer → La
  ragazza della salina
Matrimonio all'italiana (Ehe auf
  italienisch) 188
Mogliamante (Frau und Geliebte)
  265

Mohn ist auch eine Blume → The
  Poppy is also a Flower
Mordi e fuggi (Ein Scheiß-
  Wochenende) 234

N

Nacht, Die → La notte
Non è mai troppo tardi 111

O

Oci Ciorne (Schwarze Augen)
  306
Oggi, domani, dopodomani
  (Heute, morgen, übermorgen)
  194
Oltre la Porta (Pforte zum
  Fleisch) 295
O Melissokomos (Der Bienen-
  züchter) 304

P

Padri e figli (Väter und Söhne)
  133
Parigi è sempre Parigi (Paris ist
  immer Paris) 97
Paris ist immer Paris → Parigi è
  sempre Parigi
Peccato che sia una canaglia
  (Schade, daß du eine Kanaille
  bist) 121
Peitsche im Genick, Die →
  I compagni
Penne nere (Schwarze Federn)
  105
Per le antiche Scale 255
Permette? Rocco Papaleo 225
Pforte zum Fleisch → Oltre la
  Porta

Pizza-Dreieck → Dramma della gelosia: tutti i particolari in cronaca

Poppy is also a Flower, The (Mohn ist auch eine Blume) 201

Privatleben → Vie privée

Puppe des Gangsters, Die → La pupa del gangster

R

Racconti d'estate (Sommererzählungen) 149

Rappresaglia (Tödlicher Irrtum) 236

S

Salut l'artiste! (Mach's gut, Nicolas) 244

Salz und Brot → La ragazza della salina

Schade, daß du eine Kanaille bist → Peccato che sia una canaglia

Scheidung auf italienisch → Divorzio all'italiana

Schiava del peccato (Dirnentragödie) 116

Schwarze Augen → Oci Ciorne

Schwarze Federn → Penne nere

Scipione detto anche l'Africano 222

Sensualità (Die Sinnlichkeit) 103

Signore e signori Buonanotte 262

Sinnlichkeit, Die → Sensualità

Sommererzählungen → Racconti d'estate

Sonnenblumen, Die → I girasoli

Sonntagsfrau, Die → La donna della domenica

Spara forte, più forte … non capisco! 203

Spukschloß in der Via Veneto, Das → Fantasmi a Roma

Stau → L'ingorgo

Storia di Piera (Die Geschichte der Piera) 296

süße Leben, Das → La dolce vita

T

Tagebuch eines Sünders → Cronaca familiare

Tage der Liebe → Giorni d'amore

Tam Tam Mayumbe (Bringt ihn lebend) 127

Tempi nostri (Tempi nostri) 115

Terrasse, Die → La terrazza

Tödlicher Irrtum → Rappresaglia

Todo modo (Todo Modo) 260

Touche pas à la femme blanche 250

Tragico ritorno 102

Trauen Sie Alfredo einen Mord zu? → L'assassino

Tutti innamorati (Verliebte haben's schwer) 155

U

Umstandshose, Die → L'événement le plus important depuis que l'homme a marché sur la lune

Una domenica d'agosto (Ein Sonntag im August) 90

Una giornata particolare (Ein besonderer Tag) 264

Un ettaro di cielo 143

V

Väter und Söhne → Padri e figli
Verliebte haben's schwer →
    Tutti innamorati
Vie privée (Privatleben) 176
Vita da cani (Hundeleben) 92

W

Was? → What?
Weber von Turin, Die →
    I compagni

Weiße Nächte → Le notti bianche
What? (Was?) 232
Wie herrlich, eine Frau zu sein →
    La fortuna di essere donna
Wo der heiße Wind weht → La loi

Z

10. Opfer, Das → La decima
    vittima
zwei Gesichter einer Frau, Die
    → Fantasma d'amore

HEYNE
FILMBIBLIOTHEK

Unvergeßliche Stars · Große Filme
Geniale Regisseure

Alan G. Barbour
Humphrey Bogart
32/1 - DM 5,80

Foster Hirsch
Elizabeth Taylor
32/2 - DM 8,80

Howard Thompson
James Stewart
32/3 - DM 6,80

Jerry Vermilye
Cary Grant
32/5 - DM 7,80

Renè Jordan
Marlon Brando
32/7 - DM 6,80

Alvin H. Marill
Katharine Hepburn
32/8 - DM 7,80

Tony Thomas
Gregory Peck
32/11 - DM 6,80

Curtis F. Brown
Ingrid Bergman
32/12 - DM 6,80

Michael Kerbel
Paul Newman
32/13 - DM 9,80

Robert Chazal
Louis de Funès
32/20 - DM 7,80

Benichou/Pommier
Romy Schneider
32/21 - DM 9,80

Michel Leburn
Woody Allen
32/23 - DM 7,80

Gregor Ball
Heinz Rühmann
32/24 - DM 7,80

René Jordan
Gary Cooper
32/25 - DM 6,80

Tony Thomas
Burt Lancaster
32/29 - DM 7,80

Gerald Peary
Rita Hayworth
32/30 - DM 6,80

Francois Guérif/
Stéphane Levy-Klein
Jean-Paul Belmondo
32/31 - DM 7,80

Ludwig Maibohm
Fritz Lang
32/32 - DM 9,80

Robert Payne
Greta Garbo
32/33 - DM 9,80

Joe Hembus
Charlie Chaplin
32/34 - DM 5,80

Gregor Ball
Gert Fröbe
32/37 - DM 8,80

Claude Gauteur/
André Bernard
Jean Gabin
32/38 - DM 6,80

Roland Flamini
Vom Winde verweht
32/40 - DM 9,80

Stuart Kaminsky
John Huston
32/41 - DM 9,80

Leonard Maltin
**Der klassische
amerikanische
Zeichentrickfilm**
32/42 - DM 14,80

Stephen Harvey
Fred Astaire
32/43 - DM 7,80

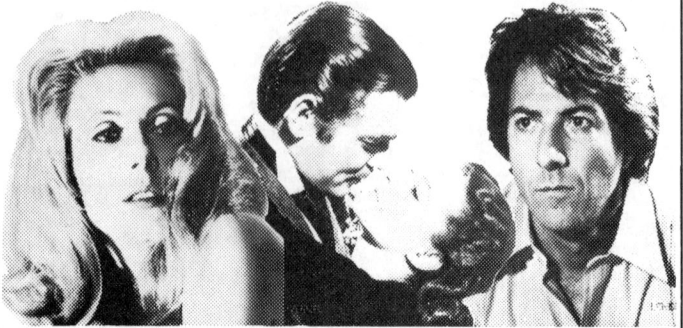

HEYNE BÜCHER

HEYNE FILMBIBLIOTHEK

Unvergeßliche Stars · Große Filme
Geniale Regisseure

Erich Kocian
Die James-Bond-Filme
32/44 - DM 10,80

Gerhard Lenne
Der erotische Film
32/46 - DM 19,80

Joseph McBride
Orson Welles
32/47 - DM 7,80

René Jordan
Clark Gable
32/48 - DM 9,80

Meinolf Zurhorst/
Lothar Just
Jack Nicholson
32/52 - DM 9,80

Philippe Setbon
Klaus Kinski
32/53 - DM 7,80

Christian Hellmann
Der Science-Fiction-Film
32/54 - DM 9,80

Michael Kerbel
Henry Fonda
32/56 - DM 8,80

Joan Mellen
Marilyn Monroe
32/57 - DM 9,80

Gregor Ball
Grace Kelly
32/58 - DM 9,80

Jeff Lenburg
Dustin Hoffman
32/60 - DM 9,80

George Morris
Doris Day
32/61 - DM 7,80

Ulrich Hoppe
Casablanca
32/62 - DM 7,80

Raymond Lefévre
Sir Laurence Olivier
32/63 - DM 9,80

Thomas Allen Nelson
Stanley Kubrick
32/64 - DM 12,80

Meinolf Zurhorst/
Lothar Just
Lino Ventura
32/65 - DM 9,80

Thomas Jeier
Robert Redford
32/66 - DM 9,80

Françoise Gerber
Catherine Deneuve
32/67 - DM 9,80

Norbert Stresau
Der Fantasy-Film
32/68 - DM 10,80

A. E. Hotchner
Sophia Loren
32/69 - DM 9,80

Rein A. Zondergeld
Alain Delon
32/70 - DM 9,80

George Carpozi
John Wayne
32/71 - DM 9,80

David Dalton
James Dean
32/72 - DM 9,80

Ronald M. Hahn/
Volker Jansen
Kultfilme
32/73 - DM 12,80

Michael Feeney Callan
Sean Connery
32/74 - DM 12,80

David E. Outerbridge
Liv Ullmann
32/75 - DM 7,80

Ulrich Hoppe
Die Marx Brothers
32/76 - DM 12,80

John Howlett
Frank Sinatra
32/77 - DM 9,80

Siegfried Tesche
Die neuen Stars des Deutschen Films
32/78 - DM 12,80

Leslie Frewin
Marlene Dietrich
32/79 - DM 9,80

Willi Winkler
Die Filme von François Truffaut
32/80 - DM 9,80

Robert J. Kirberg
Steve McQueen
32/81 - DM 9,80

Norbert Stresau
Der »Oscar«
32/82 - DM 16,80

Gregor Ball
Anthony Quinn
32/83 - DM 10,80

Willi Winkler
Humphrey Bogart und Hollywoods Schwarze Serie
32/84 - DM 9,80

Norbert Stresau
Audrey Hepburn
32/85 - DM 9,80

Frauke Hanck/
Lothar Just
Shirley MacLaine
32/86 - DM 12,80

Preisänderungen
vorbehalten.

**Wilhelm Heyne Verlag
München**

HEYNE FILMBIBLIOTHEK

Unvergeßliche Stars · Große Filme Geniale Regisseure

Rolf Thissen
Russ Meyer – Der König des Sexfilms
32/87 - DM 12,80

Roland Lacourbe
Kirk Douglas
32/88 - DM 12,80

Rolf Thissen
Heinz Erhardt und seine Filme
32/89 - DM 9,80

Gudrun Lukasz-Aden/ Christel Strobel
Der Frauenfilm
32/90 - DM 12,80

Bodo Fründt
Alfred Hitchcock und seine Filme
32/91 - DM 12,80

Gerald Cole/ Peter Williams
Clint Eastwood
32/92 - DM 12,80

Michael Althen
Rock Hudson
32/93 - DM 12,80

Michael Feeney Callan
Julie Christie
32/94 - DM 12,80

Ulli Weiss
Das neue Hollywood
32/95 - DM 12,80

Norbert Stresau
Der Horror-Film
32/96 - DM 12,80

Michael Freedland
Jack Lemmon
32/97 - DM 12,80

Allan Hunter
Walter Matthau
32/98 - DM 12,80

Herbert Spaich
Maria Schell
32/99 - DM 12,80

Claudius Seidl
Der Deutsche Film der fünfziger Jahre
32/100 - DM 12,80

Michael Althen
Robert Mitchum
32/101 - DM 12,80

Thomas Jeier
Der Western-Film
32/102 - DM 14,80

Michael O. Huebner
Lilli Palmer
32/104 - DM 12,80

Lothar Just
Heyne- Film-Jahrbuch 1987
32/105 - DM 19,80

Andreas Missler
Alec Guinness
32/106 - DM 12,80

John Daniell
Ava Gardner
32/107 - DM 12,80

Meinolf Zurhorst
Robert de Niro
32/108 - DM 12,80

Andrea Thain
Meryl Streep
32/109 - DM 12,80

Rolf Thissen
Howard Hawks
32/110 - DM 12,80

Michael R. Collings
Stephen King und seine Filme
32/112 - DM 12,80

Allan Hunter
Faye Dunaway
32/113 - DM 12,80

Tony S. Camonte
100 Jahre Hollywood
32/118 - DM 12,80

Preisänderungen vorbehalten.

Wilhelm Heyne Verlag München

WILHELM HEYNE VERLAG MÜNCHEN